"十三五"国家重点图书出版规划项目
交通运输科技丛书·公路基础设施建设与养护
特大型桥梁防灾减灾与安全控制技术丛书（一期）

Design Guidelines for Super Long-span Bridges under Multiple Hazards

多灾害作用下特大跨径桥梁结构设计指南

张喜刚 陈艾荣 刘 高 马军海 田 雨 编著

人民交通出版社股份有限公司
CHINA COMMUNICATIONS PRESS Co.,Ltd.

内 容 提 要

本指南在近年来我国大跨径桥梁防灾减灾设计经验、工程建设实践的基础上,系统总结和深入提炼交通运输重大科技专项项目"多灾害作用下特大跨径桥梁适宜结构体系、关键结构与原型设计研究"的相关成果,将基于性能、风险和全寿命设计的核心思想和理念引入多灾害作用下特大跨径桥梁设计过程,形成了多灾害作用下特大跨径桥梁结构设计指南。本指南是我国在多灾害作用下特大跨径桥梁设计方法方面的最新研究成果,填补了国内外在该方面的空白。本指南具备很好的可操作性,将对今后我国复杂条件下的特大跨径桥梁建设起到重要的指导作用。

本指南包括总则,术语与符号,设计原则、方法与过程,材料,作用,桥梁总体设计,主要结构设计,结构计算分析,多灾害作用下结构性能评价与设计对策以及指南用词说明共10章内容。

本指南主要供桥梁设计人员使用,亦可供桥梁科研及桥梁专业师生参考使用。

Abstract

Based on the design experience and construction practice of disaster prevention of long-span bridges in recent years of China, this book summarizes and refines in-depth the relevant results of transportation special major science and technology project "Research on Suitable Structural System, Key Structure and Prototype Design about Super Long-span Bridge under Multiple Hazards", introduces the core idea and concept based on the performance, risk and whole life design into the design process of super long-span bridges, and forms a design guidelines for super long-span bridges under multiple hazards. This book introduces our original achievements in the design method of super long-span bridges under multiple hazards, which has filled the gap both at home and abroad. This book has maneuverability, which will play an important role in guiding the construction of super long-span bridges under complex conditions in China.

This book includes 10 chapters, which are general provisions, terms and symbols, design principle, method and process of design, materials, actions, overall design of the bridge, design of main structures, structural calculation and analysis, evaluation and design of structure performance under multiple hazards and wording explanation. This book is mainly used by bridge designers, and also can be used for reference by teachers and students engaging in bridge research.

交通运输科技丛书编审委员会

（委员排名不分先后）

顾　问：陈　健　周　伟　成　平　姜明宝

主　任：庞　松

副主任：洪晓枫　袁　鹏

委　员：石宝林　张劲泉　赵之忠　关昌余　张华庆

　　　　郑健龙　沙爱民　唐伯明　孙玉清　费维军

　　　　王　炜　孙立军　蒋树屏　韩　敏　张喜刚

　　　　吴　澎　刘怀汉　汪双杰　廖朝华　金　凌

　　　　李爱民　曹　迪　田俊峰　苏权科　严云福

序

科技是国家强盛之基,创新是民族进步之魂。中华民族正处在全面建成小康社会的决胜阶段,比以往任何时候都更加需要强大的科技创新力量。党的十八大以来,以习近平同志为总书记的党中央作出了实施创新驱动发展战略的重大部署。党的十八届五中全会提出必须牢固树立并切实贯彻创新、协调、绿色、开放、共享的发展理念,进一步发挥科技创新在全面创新中的引领作用。在最近召开的全国科技创新大会上,习近平总书记指出要在我国发展新的历史起点上,把科技创新摆在更加重要的位置,吹响了建设世界科技强国的号角。大会强调,实现"两个一百年"奋斗目标,实现中华民族伟大复兴的中国梦,必须坚持走中国特色自主创新道路,面向世界科技前沿、面向经济主战场、面向国家重大需求。这是党中央综合分析国内外大势、立足我国发展全局提出的重大战略目标和战略部署,为加快推进我国科技创新指明了战略方向。

科技创新为我国交通运输事业发展提供了不竭的动力。交通运输部党组坚决贯彻落实中央战略部署,将科技创新摆在交通运输现代化建设全局的突出位置,坚持面向需求、面向世界、面向未来,把智慧交通建设作为主战场,深入实施创新驱动发展战略,以科技创新引领交通运输的全面创新。通过全行业广大科研工作者长期不懈的努力,交通运输科技创新取得了重大进展与突出成效,在黄金水道能力提升、跨海集群工程建设、沥青路面新材料、智能化水面溢油处置、饱和潜水成套技术等方面取得了一系列具有国际领先水平的重大成果,培养了一批高素质的科技创新人才,支撑了行业持续快速发展。同时,通过科技示范工程、科技成果推广计划、专项行动计划、科技成果推广目录等,推广应用了千余项科研成果,有力促进了科研向现实生产力转化。组织出版"交通运输建设科技丛书",是推进科技成果公开、加强科技成果推广应用的一项重要举措。"十二五"期间,该丛书共出版72册,全部列入"十二五"国家重点图书出版规划项目,其中12册获得国家出版基金支持,6册获中华优秀出版物奖图书提名奖,行业影响力和社会知名度不断扩大,逐渐成为交通运输高端学术交流和科技成果公开的重要平台。

"十三五"时期,交通运输改革发展任务更加艰巨繁重,政策制定、基础设施建设、运输管理等领域更加迫切需要科技创新提供有力支撑。为适应形势变化的需要,在以往工作的基础上,我们将组织出版"交通运输科技丛书",其覆盖内容由建设技术扩展到交通运输科学技术各领域,汇集交通运输行业高水平的学术专著,及时集中展示交通运输重大科技成果,将对提升交通运输决策管理水平、促进高层次学术交流、技术传播和专业人才培养发挥积极作用。

当前,全党全国各族人民正在为全面建成小康社会、实现中华民族伟大复兴的中国梦而团结奋斗。交通运输肩负着经济社会发展先行官的政治使命和重大任务,并力争在第二个百年目标实现之前建成世界交通强国,我们迫切需要以科技创新推动转型升级。创新的事业呼唤创新的人才。希望广大科技工作者牢牢抓住科技创新的重要历史机遇,紧密结合交通运输发展的中心任务,锐意进取、锐意创新,以科技创新的丰硕成果为建设综合交通、智慧交通、绿色交通、平安交通贡献新的更大的力量!

2016 年 6 月 24 日

前　言

跨越江河海峡或崇山峻岭的特大跨径桥梁面临的灾害种类多、频率高、强度大，且由于其重要性突出、维修加固难度大、缺乏替代线路等多种原因，一旦结构损伤或破坏往往会造成严重后果。因此，只满足结构基本功能、从单一灾害层面上寻求结构安全的传统设计方法难以有效支撑多灾害环境下特大跨径桥梁的合理设计。

针对特大跨径桥梁面临的多灾害作用，面向未来我国特大跨径桥梁建设需求，本指南在近年来我国大跨径桥梁防灾减灾设计经验、工程建设和运营养护实践的基础上，系统总结和深入提炼交通运输重大科技专项项目"多灾害作用下特大跨径桥梁适宜结构体系、关键结构与原型设计研究"的研究成果，将基于性能设计、风险评估、全寿命设计的核心思想和理念引入多灾害作用下特大跨径桥梁设计过程，填补了多灾害作用下特大跨径桥梁设计的空白。本指南具备很好的可操作性，将对未来特大跨径桥梁建设起到重要的指导作用。

本指南包括总则，术语与符号，设计原则、方法与过程，材料，设计作用，桥梁总体设计，主要结构设计，结构计算分析，多灾害作用下结构性能评价与设计对策以及本指南用词说明共10章内容。在条文组织方面，本指南全面采用性能设计的基本格式要求组织指南条文，条文编写以明确设计要求和设计过程为主，对具体参数尽量不进行强制性的规定。在编写体例方面，本指南采用了指南正文和条文说明相结合的方式，以方便工程师阅读和理解。本指南除给出多灾害作用下特大跨径桥梁设计的条文和条文说明外，还以本指南为指导，开展了地震、强风、巨浪、船撞、火灾、爆炸等单一灾害及其可能的灾害组合作用下琼州海峡跨海大桥方案的性能分析、评价与优化设计，为多灾害作用下特大跨径桥梁建设提供了重要参考，体现了本设计指南良好的应用效果和推广前景。

在本指南编写过程中，吴宏波、马如进、吴文明、刘天成、陈上有、过超、付佰勇、王昆鹏、徐源庆、唐亮、高原、李冲等也参加了部分内容的编写工作,在此一并致谢!

多灾害作用下特大跨径桥梁设计理论和方法的研究是一项长期工作,设计指南也需相应不断研究完善。限于研究时间和精力,有偏颇或不足之处,请不吝指正!

2018 年 7 月

目　录

1 总则 ··· 1
2 术语与符号 ·· 4
　2.1 术语 ·· 4
　2.2 符号 ·· 5
3 设计原则、方法与过程 ··· 7
　3.1 一般原则 ·· 7
　3.2 总体设计过程 ·· 9
　3.3 灾害分析 ··· 15
　3.4 性能设计 ··· 18
　3.5 风险评价 ··· 28
　3.6 对策与措施设计 ·· 31
　3.7 成本分析 ··· 33
4 材料 ·· 36
　4.1 一般原则 ··· 36
　4.2 混凝土、钢筋及预应力筋 ·· 36
　4.3 缆索材料 ··· 36
　4.4 结构用钢材 ·· 40
　4.5 焊接材料 ··· 42
　4.6 锚头铸体材料 ··· 43
5 作用 ·· 44
　5.1 一般原则 ··· 44
　5.2 作用分类 ··· 45
　5.3 永久作用 ··· 48
　5.4 可变作用 ··· 48

1

5.5	施工作用	51
5.6	灾害作用	51
5.7	作用组合	55

6 桥梁总体设计 60
- 6.1 一般规定 60
- 6.2 总体布置 61
- 6.3 结构及构件寿命给定 64
- 6.4 结构体系 65
- 6.5 主梁设计 80
- 6.6 索塔设计 81
- 6.7 缆索系统设计 82
- 6.8 锚碇和桥墩设计 85
- 6.9 基础设计 86

7 主要结构设计 89
- 7.1 主梁结构设计 89
- 7.2 索塔结构设计 95
- 7.3 缆索结构设计 106
- 7.4 锚碇结构设计 109
- 7.5 大型基础设计 115
- 7.6 约束体系附加装置设计 119
- 7.7 巡检系统及附属设施设计 123

8 结构计算分析 125
- 8.1 一般规定 125
- 8.2 总体静力计算 125
- 8.3 主梁结构计算 128
- 8.4 索塔结构计算 129
- 8.5 缆索结构计算 130
- 8.6 锚碇结构计算 132
- 8.7 基础结构计算 139
- 8.8 动力特性计算 146

9 多灾害作用下结构性能评价与设计对策 148
- 9.1 一般原则 148
- 9.2 地震作用下结构性能评价与设计对策 150

9.3 强风作用下结构性能评价与设计对策 …………………………………… 156
9.4 船撞作用下结构性能评价与设计对策 …………………………………… 161
9.5 火灾作用下结构性能评价与设计对策 …………………………………… 167
9.6 爆炸作用下结构性能评价与设计对策 …………………………………… 174
9.7 风-浪-流耦合作用下结构性能评价与设计对策 ………………………… 179
9.8 风-雨组合作用下缆索结构性能评价与设计对策 ……………………… 184
10 指南用词说明 ……………………………………………………………………… 191
参考文献 ………………………………………………………………………………… 192

1 总　　则

1.0.1　为规范和指导多灾害作用下特大跨径桥梁的设计,使特大跨径桥梁在多灾害作用下的性能得到满足并实现综合性能最优,特编写本指南。

条文说明

特大跨径桥梁是重要的基础设施,其设计理论和方法与常规桥梁有显著不同。首先,特大跨径桥梁结构性能的特殊性使得一般规范和设计指南难以覆盖,目前世界各国的设计规范均未覆盖特大跨径桥梁;其次,目前规范中采用的设计理论和方法,难以描述特大跨径桥梁设计过程中的多灾害作用,现有的设计参数和指标难以满足其设计的要求。因此,研究桥梁设计理论的前沿发展情况,探索新的设计理论并用于多灾害作用下特大跨径桥梁的设计,是建立和完善特大跨径桥梁设计方法与标准体系的重要基础性工作。根据交通运输重大科技专项项目"多灾害作用下特大跨径桥梁适宜结构体系、关键结构与原型设计研究"(以下简称"项目")中多灾害作用下特大跨径桥梁性能设计方法、适宜结构体系、关键结构等方面的相关研究成果,编写本指南。

1.0.2　特大跨径桥梁的设计过程应全面考虑包含灾害组合场景在内的所有可能的灾害场景的综合需求。

条文说明

对桥梁设计来说,"多灾害"有两层含义:一是多种单一灾害,比如在设计中统筹考虑地震、强风、船撞等多种单一灾害作用;二是多种灾害的组合,比如考虑强风和巨浪这两种灾害伴随发生而形成的一种灾害组合场景。因此,多灾害作用下的桥梁设计应依据桥址环境综合考虑所有可能的灾害场景,每种灾害场景既可以由单一灾害构成也可以由灾害组合构成。多灾害作用下特大跨径桥梁的设计,应合理考虑灾害组合场景的设计需求,在不过分增加成本的基础上得到性能满意的设计方案,还需进一步平衡不同灾害场景的设计需求和减灾对策,取得所有灾害场景下综合性能最优的设计方案。

1.0.3　对特大跨径桥梁,应针对多灾害作用,采用基于性能、风险、全寿命的设计理念进行结构设计。

条文说明

基于性能的设计通过将业主、使用者和社会的需求转化为技术体系的个性化性能要求,建立并优化结构方案以实现这些要求,并最终通过分析、计算和评价,验证桥梁确实能够实现这些要求。基于风险的设计是通过引入风险指标并基于风险准则进行决策和优化的设计方法,能够考虑灾害的风险本质,并从对结构造成影响的角度提供多种灾害场景相互比较的合理途径。全寿命设计将设计决策的时间域拓展到结构的整个寿命期,并基于寿命期总成本比选最优设计方案。针对多灾害作用下特大跨径桥梁设计的特点和应考虑的关键问题,本指南综合基于性能设计方法、风险评估和全寿命设计方法的核心思想和理念,形成一套完整的适用于多灾害作用下特大跨径桥梁设计的方法与过程。

1.0.4 本指南可供考虑多灾害作用的千米级双塔或多塔斜拉桥、3 000m 级悬索桥和斜拉-悬索协作桥等特大跨径桥梁设计参考使用。

条文说明

桥梁往往通过缆索承重的形式来实现特大跨径的需求。目前,世界上已建成的最大跨径斜拉桥为俄罗斯岛跨海大桥,其主跨跨径为 1 104m;规划建设的意大利墨西拿海峡大桥为主跨 3 300m 的悬索桥。综合考虑各方面的技术成熟性和项目研究的前沿性,确定本指南适用范围为千米级双塔或多塔斜拉桥、3 000m 级悬索桥和斜拉-悬索协作桥。

1.0.5 特大跨径桥梁的设计使用年限不得低于 100 年,考虑其重要性显著高于常规桥梁,建议其设计使用寿命为 120~150 年。

条文说明

《工程结构可靠性设计统一标准》(GB 50153—2008)规定,重要中桥、大桥、特大桥的设计使用年限为 100 年。但本指南适用的特大跨径桥梁具有更大的跨径,建设成本及对经济、社会的影响都进一步提高,因此可考虑进一步提高其设计使用寿命,结合目前技术条件下的工程实践经验,建议其设计使用寿命为 120~150 年。

1.0.6 特大跨径桥梁设计应积极稳妥地推广和应用经过验证的新技术、新材料和新工艺。

1.0.7 特大跨径桥梁的设计建造应更加注重造型景观和生态环保的要求。

1.0.8 本指南为推荐性和指导性指南,指南中有关条文和规定的使用应以满足现行国家、行业和地方相关法律、法规、标准、规范和规程为前提。

条文说明

本指南的编写借鉴了现有规范的成熟成果,在此基础上融入了性能、风险和全寿命的设计理念,提出了较为前沿的设计方法。但基于目前的技术状况,设计的实现过程还需要参考、借用一部分现有规范的成果,指南的应用也必须以满足现有的法律、法规、标准、规范和规程为前提。

2　术语与符号

2.1　术语

2.1.1　桥梁灾害

桥梁寿命期内发生的超出桥梁结构及相关设施承受能力并造成损失的事件,包括但不限于地震、强风、巨浪、风暴潮、海啸、洪水、暴雨、冲刷、环境侵蚀等自然灾害,以及船撞、火灾、爆炸等人为或事故灾害。

2.1.2　桥梁多灾害

包含灾害组合场景的所有可能的灾害场景的集合。

2.1.3　性能

结构、构件或体系在一定作用下结构呈现出的行为或状态。

2.1.4　性能指标

描述结构性能的可量化的参数。

2.1.5　性能水平

结构性能的离散化分级。

2.1.6　性能目标

每个设计作用水平下结构或构件所要求达到或满足的性能水平。

2.1.7　性能标准

给定的荷载等级及其对应的结构性能要求的统一体。

2.1.8　基于性能的设计

针对设计荷载和作用,开展性能指标确定、性能标准决策、性能水平验证等工作,在充分考虑个体结构特殊需求的基础上,基于目前的技术状况,以满足性能标准为目标的设计过程,其核心是通过性能标准实现对单体结构特殊设计要求的最优化满足。

2.1.9　桥梁风险事态

与桥梁结构相关、在桥梁寿命期各个过程中出现、对相关利益团体的某种既定目标造成影响的不确定事态。

2.1.10　桥梁风险

潜在的桥梁风险事态转化为现实损失的概率及其后果的综合度量。

2.1.11 风险概率

风险损失现实发生可能性的数学描述。

2.1.12 风险损失

桥梁在风险事态中所受的结构损伤、人员伤亡、服务水平下降等直接影响以及交通受阻、声誉受损、环境破坏等间接影响,而形成的各种价值的缺损或灭失。

2.1.13 基于风险的桥梁设计

系统引入风险思想,合理考虑桥梁寿命期中的不确定因素及其影响,基于风险指标进行性能评价和设计优化的桥梁设计过程。

2.1.14 桥梁寿命期

桥梁从规划、设计、施工、管养直至拆除的整个过程。

2.1.15 桥梁设计使用寿命

设计人员根据桥梁设计需求综合确定的桥梁目标使用年限。

2.1.16 桥梁实际使用寿命

桥梁建成后,在预定的使用与维护条件下,所有性能均能满足原定要求的实际年限。

2.1.17 寿命期成本

在桥梁整个寿命期内所发生的一切与桥梁的规划、设计、建设、维护、管理、拆除、风险等有关的财务成本、物质损失、人员伤亡、环境影响的总和。

2.1.18 桥梁全寿命设计

从桥梁结构规划、设计、建设、运营、管理和养护以及拆除的各个环节来寻求恰当方法和措施以满足桥梁结构寿命期的总体性能(使用性能、经济性、人文、生态等)最优的设计过程。

2.2 符号

C:阻尼系数;

C_1:冲击波的传递速度;

C_2:热空气的传播速度;

DWT:船舶吨位;

$[f_a]$:地基承载力容许值;

f_d:主缆钢丝的抗拉强度设计值;

IM_k:第 k 个灾害场景灾害强度的年最大值;

PGA:地震动峰值加速度;

P_0:峰值压力;

$\dot{Q}$:火灾热释放速率;

t_0：时间常数；

V：一般截面空隙率；

$|X|$：计算点距离起爆中心距离；

α：速度指数；

β：深度 h 处基础侧面的地基系数与基础底面土的地基系数之比；

γ_0：结构重要性系数；

γ_R：材料强度分项系数；

σ_{hx}：$z=h$ 深度处的土横向抗力；

κ：无量纲的阻尼器阻尼参数；

λ：由结构易损性函数与灾害危险性函数积分得到的结构损伤超越概率；

ρ：空气密度。

3 设计原则、方法与过程

3.1 一般原则

3.1.1 对于寿命期长、重要性突出、运营环境复杂的特大跨径桥梁,在结构设计时应充分考虑多灾害作用。

条文说明

目前的桥梁结构防灾设计中,通常都是将有限的单一灾害对桥梁的作用及效应分开考虑、分别验算,采用单一灾害需求的包络来确定结构能力,较少协调考虑不同灾害的综合需求,也极少考虑重大灾害的组合作用,这对于寿命期长、重要性突出、运营环境复杂的特大跨径桥梁的设计来说是不合理的。特大跨径桥梁的设计,应纳入灾害组合场景,合理确定可能的所有灾害场景的综合设计需求和减灾对策,取得多灾害作用下总体性能最优的设计方案。

3.1.2 多灾害作用下特大跨径桥梁设计,应明确性能标准,应用基于性能的设计方法进行结构设计。

条文说明

对于灾害作用,基于结构倒塌控制的设计方法可能会导致不满意的结构性能,比如灾害作用下虽然桥梁没有倒塌,但结构损伤、交通中断引起的损失、结构修复成本等仍然可能高到难以接受。另外,单一状态控制的设计方法仅仅使设计满足规范或者满足灾害作用下结构不倒塌,而不能传达桥梁业主、使用者等利益相关者的需求和能够理解的信息,结构在灾害作用下的性能不明确、设计的可靠性未知。

基于性能的设计是处理和降低灾害损失的合理方法。对于多灾害作用下的桥梁设计,应采用基于性能的设计方法。对于特大跨径桥梁,考虑其寿命期长、重要性突出、投资和社会影响巨大、建设和运营环境复杂等诸多特点,其设计要求更显著区别于常规桥梁,应用和实施性能设计方法是其设计过程的客观需要。

基于性能的设计方法和以往采用规定性条文设计的显著区别是:性能设计方法使性能指

标满足结构个性设计要求,通过设计过程实现预定性能标准所表达的设计意图。性能设计方法有利于实现特大跨径桥梁的特殊设计要求,并有利于最新的研究成果迅速应用到设计过程中去。考虑与现有规范的衔接,对于不确定性概率较低的常规荷载或作用,可以仍基于传统的极限状态设计方法进行设计;在性能验证的过程中也可以采用现有的极限状态表达形式。

3.1.3 灾害的发生、强度及其对桥梁的作用均具有很大的不确定性,多灾害作用下特大跨径桥梁的设计应合理考虑多种不确定因素及后果,基于风险指标进行结构性能评价、决策和优化。

条文说明

传统的性能设计方法一般基于性能指标的结构响应值与性能等级的限定值进行比较来判定结构在给定等级的荷载作用下是否满足性能目标的要求。然而对于灾害作用,由于灾害本身及结构响应都存在显著的不确定性,所以结构是否满足性能目标也具有高度不确定性,"满足"或"不满足"都应依赖风险概率指标来度量,因此,对于多灾害作用下的结构设计,应引入可靠度或风险指标来评价结构性能对目标的满足程度,基于风险指标做出设计决策。

对于多灾害作用下的桥梁设计而言,采用风险指标评价结构性能还具有另外一层重要意义。由于不同灾害作用下桥梁存在多种损伤失效模式,不同灾害对桥梁的影响程度难以直接比较,多种灾害场景对桥梁的综合影响程度更加难以直接确定。风险可以作为不同灾害场景对桥梁造成的影响程度和后果的一个一致性的度量指标。引入风险指标评价灾害对桥梁的影响程度,可以比较不同灾害的影响,并可以综合所有灾害场景对桥梁的影响,这样就可以通过限制各灾害场景的风险值和所有灾害场景的总风险值来确保桥梁在多灾害作用下满足风险准则的要求,并可基于多灾害总风险最低的原则来优化桥梁的抗灾设计。

3.1.4 多灾害作用下特大跨径桥梁设计应考虑全寿命期内结构能力、外部环境及作用、结构功能需求的时变特性,对结构状态与功能需求的符合状况进行动态分析与评价,并基于寿命期成本指标对设计方案进行经济性评价和比选。

条文说明

特大跨径桥梁的设计使用年限在100年以上,仅考虑成桥状态进行结构设计存在很大缺陷。在桥梁寿命期内,结构性能将由于材料特性、构件状态、体系特征等随使用时间的变化而变化;外部荷载状况及面临的灾害环境也随时间变化;桥梁功能需求也可能由于使用条件变化而变化。全寿命期内灾害发生概率更高,且随使用年限增加而增加的结构性能退化也会进一步提高多灾害作用下的结构风险。因此多灾害作用下的特大跨径桥梁设计应基于全寿命设计理念,在设计阶段综合考虑寿命期内结构性能退化和功能需求变化而确保桥梁在整个寿命期内的性能满足要求。

在桥梁寿命期性能要求得到满足后,经济性就成为确定桥梁设计优劣的最重要的指标。桥梁全寿命成本方法是经济分析方法的一种,可以实现桥梁设计方案在整个寿命期内经济性的最优。考虑寿命期性能,目前工程界已经广泛采用最小期望全寿命成本作为新结构体系的设计优化准则。全寿命成本分析是桥梁全寿命设计的重要过程,是其他设计过程优化的重要依据。

3.1.5 多灾害作用下特大跨径桥梁设计,应寻求恰当方法和措施,使桥梁满足多层级性能标准和风险准则的要求,并使其达到寿命期总体性能最优。

条文说明

结合基于性能的设计理念、基于风险的设计理念、全寿命设计理念,本指南首次提出完整的多灾害作用下特大跨径桥梁设计方法。

特大跨径桥梁的设计,应以结构寿命期为时间域,在全面考虑多灾害场景的基础上,贯彻基于性能的设计思想,建立多层级灾害作用下的结构性能标准,以可靠度指标作为评价结构对多层次性能目标满足程度的依据,基于风险指标评价多灾害作用下结构整体性能,对整个寿命期内结构状态与功能需求的符合状况进行动态分析,并基于寿命期总成本最低选择最优的设计方案,最终目标是达到多灾害作用下桥梁在其寿命期内的安全性、功能性和经济性最优。

3.2 总体设计过程

3.2.1 多灾害作用下特大跨径桥梁的设计,应采用基于性能、风险、全寿命的设计方法,开展多灾害场景识别、多层次性能标准确定、风险评价、全寿命成本优化等分析决策工作,最终获得的设计方案应在考虑多灾害场景的基础上满足寿命期内的性能需求并达到寿命期总成本最低。

条文说明

结合多灾害设计理念、基于性能的设计理念、基于风险的设计理念、全寿命设计理念,本指南提出多灾害作用下特大跨径桥梁基于性能的设计过程,最终使设计出的桥梁结构,在考虑多灾害场景的基础上,满足性能标准和风险准则的要求,总风险满足要求,寿命期成本最低。

3.2.2 多灾害作用下特大跨径桥梁设计应遵循以下具体设计原则:

(1)设计输入:设计时计入可能的灾害组合场景,全面考虑多灾害作用。

(2)评价准则:对于单一灾害场景,建立多级性能标准作为评价准则;对于多种灾害场景,建立风险标准作为评价准则。

(3)对策措施:综合考虑多种灾害场景的性能需求。

(4)优选准则:基于寿命期总成本最低的准则优化和比选设计方案。

(5)分析方法:考虑多种不确定性和时变特性进行分析计算。

(6)设计目标:设计方案应满足多灾害作用下寿命期安全性和功能性(通过多层级性能标准和风险标准来评价)的要求,在此基础上具备最佳的经济性(通过寿命期总成本来评价)。

条文说明

本条文试图建立的多灾害作用下桥梁基于性能的设计方法不同于传统的桥梁设计方法,它从设计输入、评价准则、对策措施、优选准则、分析方法、设计目标等方面均与传统设计方法有重大区别,多灾害作用下桥梁基于性能的设计方法与传统设计方法的比较如表3-1所示。

多灾害作用下桥梁基于性能设计方法与传统设计方法的比较　　　表3-1

比较项目	传统设计方法	多灾害作用下桥梁基于性能的设计方法
设计输入	仅考虑有限的单一灾害	全面考虑多灾害作用
评价准则	规范规定的最低强度准则	多级性能标准和风险准则
对策措施	对不同作用分别考虑	综合考虑多灾害场景的性能需求
优选准则	建设费用最低	寿命期总成本最低
分析方法	确定性方法或部分概率方法	考虑多种不确定性的全概率方法
时间因素	仅考虑成桥状态,不考虑时间效应	考虑时间效应,基于整个寿命期进行设计和评价
设计目标	满足规范要求	满足多灾害作用下寿命期安全性、功能性及经济性需求

3.2.3 多灾害作用下特大跨径桥梁的设计应包括灾害分析、性能设计、风险评价、对策与措施设计、成本分析五个主要过程。各设计过程之间相互联系、相互影响,最终方案需在多次分析、比较和优化后确定。

条文说明

多灾害作用下基于性能的桥梁设计与传统桥梁设计在设计输入、评价准则、对策措施、优选准则、分析方法、时间因素考虑、经济性考虑、设计目标等方面都存在显著区别。为了达到多灾害作用下满意的桥梁寿命期安全性、功能性和最优的经济性,需要对桥梁进行合理的设计。考虑多灾害作用的桥梁设计,需要基于桥址环境分析桥梁寿命期中可能遇到的所有灾害及灾害组合作用,确保设计输入的全面合理考虑;进行性能设计以得到总体上满足多灾害作用下性能要求的初步方案;基于风险评价进一步验证方案是否满足风险准则的要求进而做出设计决策;以多灾害整体风险最低为目标综合考虑对灾害场景进行对策与措施的设计优化;最后要得到最优的设计方案必须对每个设计方案进行成本分析,对其整个寿命期的总成本进行比较,从而确定最优方案。因此,多灾害作用下基于性能的桥梁设计可概括为灾害分析、性能设计、风险评价、对策与措施设计、成本分析五大主要过程的设计。

1)灾害分析

桥梁在其寿命期内可能遭受地震、强风、巨浪、风暴潮、海啸等自然灾害及船撞、火灾、爆炸等事故灾害。灾害分析的首要工作就是选定桥梁设计中要考虑的灾害及灾害组合,确定所有灾害场景。

由于灾害的发生和强度具有高度的不确定性,因此其合理描述应基于概率方法,采用重现期或设计基准期超越概率的形式描述灾害的大小。这就需要分析灾害及灾害组合的概率危险性,建立灾害强度描述和灾害重现期描述之间的对应关系。

2)性能设计

这里所说的性能设计是指狭义的性能设计,主要指使初步的设计方案满足确定性的性能标准。因而明确性能标准就成为性能设计的首要任务。这种性能标准是针对每一种灾害场景的结构设计标准,不直接涉及损伤概率和损伤后果,而仅仅规定每种灾害场景在指定强度的灾害作用下桥梁所应达到的性能级别。

依照常规桥梁设计方法,建立基本的最初桥型方案,满足规范规定的安全、适用、耐久等设计要求。这种最初方案是接下来进行灾害作用下性能评价和进一步改进设计的基础。在建立最初桥型方案的过程中,应注意从概念上考虑结构防灾减灾的需要。

在明确了性能标准并建立了最初设计方案后,需要进行分析计算和性能评价工作。依据性能标准的要求,对每种灾害场景计算设计水平的灾害作用下最初方案性能指标的结构响应值,并与目标性能等级的限定值进行比较,来判定最初方案在此灾害场景的设计水平灾害作用下是否满足性能目标的要求。

对于不满足性能标准的最初方案,可考虑采取相应措施对方案进行改进甚至重新建立方案来满足性能标准的要求，最终形成满足各灾害场景性能标准的可行设计方案。

3）风险评价

灾害作用自身、灾害作用下的结构能力和需求都具有高度的不确定性，因此每种灾害场景下桥梁是否满足相应性能标准也就具有高度不确定性，"满足"或"不满足"的程度应通过概率指标来度量。因此，首先需要计算各种灾害场景设计水平灾害作用下桥梁各级别损伤条件概率，依据各级别损伤条件概率可进一步得出各种灾害场景设计水平灾害作用下桥梁满足或不满足性能目标的概率。如果性能标准的满足程度低于可接受的水平，那么就认为初步方案不满足风险准则的要求，需要直接转入下一过程进行对策与措施设计。

在各灾害场景损伤条件概率计算的基础上，结合灾害场景危险性分析的结果，可以得到每种灾害场景的桥梁各级别损伤概率，分析各级别损伤状态对应的损伤后果，计算各损伤状态的预期经济损失，进而可以得到每种灾害场景的桥梁风险。将每种灾害场景的桥梁风险相加可得到所有灾害场景的桥梁总风险。多灾害作用下的桥梁风险应低于可接受风险的限制值。如果不满足这一风险准则的要求，那么需要进入下一个设计过程进行对策与措施设计。

4）对策与措施设计

降低多灾害作用下桥梁失效概率和风险的对策与措施主要包括以下几类：增强桥梁薄弱部位、提高桥梁构件抗力、改善桥梁传力路径、增设附加装置及设备、优化桥梁约束体系、改变桥梁结构形式等。对于具体的工程，应结合桥址环境、桥梁用途、业主需求等选择可行的对策与措施。

首先对不满足风险准则的每种灾害场景进行对策与措施初步设计，并评价采用对策措施后的效果。然后综合考虑所有灾害场景，优化对策与措施设计，使得设计方案满足风险准则的要求并取得最小的多灾害场景总风险。

5）成本分析

桥梁工程中的决策问题理论上都是无限方案的多目标决策问题，但实际操作中只能对有限方案进行评价和比选。成本分析是对设计方案进行比选的有效工具。

成本分析过程的主要任务是对每个方案的初始建造成本、管理养护成本、风险损失成本进行累加，得到每种方案的寿命期总成本。基于寿命期总成本最低选择经济性最优的最终设计方案。

6）主要过程的相互关系

在以上五大主要过程中，灾害分析是整个设计过程的出发点，正是由于设计过程要考虑发生概率低、损失大、不确定性高的灾害作用，才使得桥梁设计过程必须引入性能设计、风险评价和对策与措施设计。性能设计、风险评价、对策与措施设计、成本分析的对象都是多灾害作用下的桥梁结构，因此灾害分析是进行后续所有设计过程的重要基础。性能设计、风险评价、对策与措施设计、成本分析是一系列逐渐递进的设计过程:性能设计完成后得到满足性能标准的初步设计方案;针对初步设计方案进行风险评价,依据评价结果做出决策;根据风险评价过程的决策结果进行对策与措施设计,得到满足风险准则的可行设计方案;最终对可行方案进行成本分析和比选,获得经济性最优的最终设计方案。

多灾害作用下基于性能的桥梁设计方法的设计过程及对应的设计任务和预期成果如表 3-2 所示。

设计过程、主要任务和预期成果　　　　　　表 3-2

设计过程	设计任务	预期成果
灾害分析	选定设计考虑的灾害及灾害组合,确定所有灾害场景; 分析每种灾害的概率危险性,建立灾害强度描述和重现期描述的对应关系	设计灾害场景及其概率危险性
性能设计	明确每种灾害场景的性能标准; 建立满足常规设计要求的最初方案; 灾害作用下分析计算与性能评价; 方案改进或重建,直至满足标准	满足各种灾害场景下性能标准的可行方案
风险评价	计算损伤概率,评价初步方案对各灾害场景性能标准的满足程度,并做出决策; 分析桥梁各级别损伤状态对应的预期损失,结合损伤概率分析得出每种灾害场景的桥梁风险以及所有灾害场景的桥梁总风险,并做出决策	风险决策结论
对策与措施设计	确定可行的对策与措施集; 分别考虑各灾害场景,进行对策与措施初步设计和评价; 综合考虑所有灾害场景,优化对策与措施设计,使得设计方案满足风险准则的要求并取得最小的多灾害场景总风险	满足风险准则的可行方案
成本分析	计算寿命期总成本; 基于寿命期总成本最低选择最优设计方案	满足全部要求且经济性最优的最终设计方案

以上多灾害作用下桥梁设计方法的总体过程可以通过流程图直观表示,如图 3-1 所示。

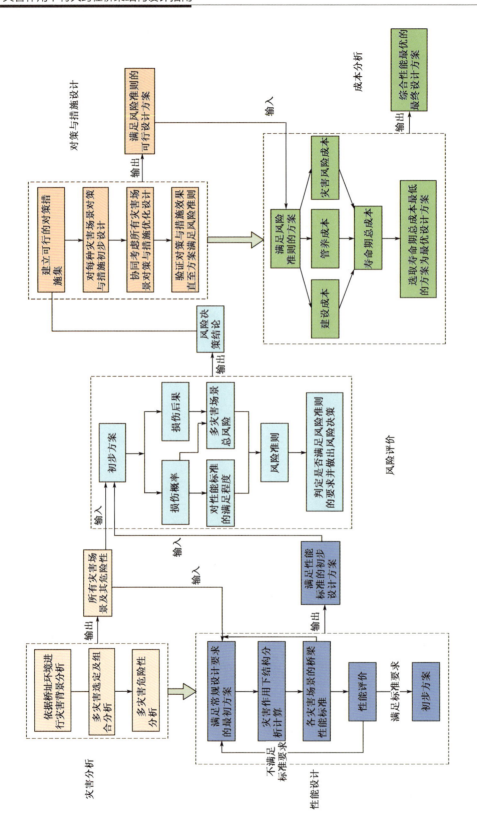

图 3-1 多灾害作用下桥梁设计总体流程示意图

3.3 灾害分析

3.3.1 特大跨径桥梁的设计,宜根据桥址环境和运营特点,考虑地震、强风、巨浪、风暴潮、洪水、海啸、冲刷、环境侵蚀、船撞、火灾、爆炸等灾害作用。

条文说明

对于作为人类生存环境重要组成的桥梁来说,由于自然因素(如地震、强风、巨浪、风暴潮、冲刷等)和人为因素(如船撞、火灾、爆炸等)的影响,可能导致桥梁结构损伤和破坏。因此,桥梁灾害一般指可能导致结构损失但发生概率相对较低的自然或人为的灾害。桥梁灾害往往表现为突发性的随机事件,发生概率小,但是造成的影响和后果却比较严重,如果没有针对性的设计和设防,灾害往往会造成桥梁或其构件断裂、坍塌、倾倒等事故。

常规桥梁的设计中往往只是按照规范要求计入永久作用、常遇的可变作用和有限的几种偶然作用,对发生概率更低的灾害作用并无明确规定。对特大跨径桥梁这种重要性突出的特殊结构物,应计入发生概率低(重现期为几千年乃至超过万年)的灾害或灾害组合作用。

灾害的特性是发生概率很低,但一旦发生,结构损伤破坏甚至倒塌的概率很高;罕遇性、极端性、不确定性及后果的严重性是灾害的几个主要特性。以地震为例,灾害性地震不是指普通的中小震,而必须是重现期超过设计地震动重现期的强烈地震。在强烈地震等灾害作用下允许特大跨径桥梁结构产生一定程度的损伤和损失,通过基于性能的评价和验证过程进行结构设计;而对于普通的中小震,特大跨径桥梁不应产生任何损伤和破坏,应在确定普通地震的作用水平后直接计入其作用效应进行构件截面设计和配筋。类似地,对风作用而言,灾害性风是指风速大于结构设计风速的风暴;对于船舶撞击而言,灾害性船撞是指撞击力大于设计撞击力的船撞桥事件。总之桥梁灾害可视为其寿命期内发生的超出桥梁结构及相关设施承受能力并造成损失的事件。

本条文针对特大跨径桥梁的特点建议了设计中应考虑的灾害作用,实际设计中,应结合灾害危险性分析的结果及使用者的可接受风险水平来确定考虑哪些灾害作用。

3.3.2 对于变异性大的灾害作用,应通过重现期或设计基准期超越概率的形式描述灾害强度的大小。

条文说明

由于灾害的发生和强度具有高度的不确定性,因此其合理描述应基于概率方法,采用重现期或设计基准期超越概率的形式描述灾害的大小。一般通过灾害的概率危险性分析来推测一个场地的灾害水平,确定该场地一定时段内最大灾害强度的概率分布,得到各种灾害强度对应的重现期或者设计基准期超越概率。只有基于灾害危险性分析结果,才能在性能设计中依据特定超越概率确定用于工程设防的灾害强度,才能在风险评估中计算结构在灾害作用下的失效概率和风险。在各灾害学科领域大量研究成果的基础上,很多单一灾害的概率危险性分析方法、灾害强度的概率模型都已较为成熟,可借鉴使用。

3.3.3 特大跨径桥梁的设计应全面考虑可能的灾害组合作用。

条文说明

对于重要的特大跨径桥梁进行设计时,应在对各个单一灾害充足设防的基础上,进一步考虑可能发生的灾害组合作用并合理设防。

3.3.4 对灾害组合作用,宜在区分灾害组合模式的基础上分析灾害组合场景的概率危险性。

条文说明

对结构设计而言,灾害作用的基本组合模式大致可以分为三类(图3-2):①相互独立的灾害由于相遇而产生的组合,称为独立模式灾害组合,例如地震和冲刷的组合;②相互关联并伴随发生的灾害之间的组合,称为相关模式灾害组合,例如台风造成的强风和风暴潮的组合;③一种灾害的发生引发了另一种灾害,这种相互关联但接连发生的灾害之间的组合,称为链式灾害组合,例如地震与其引发海啸的组合。在这三种基本组合模式的基础上,还可以构成更复

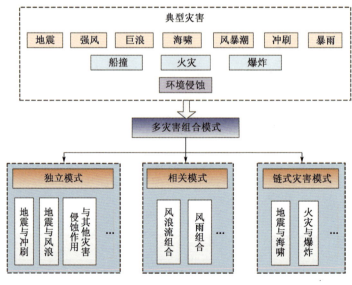

图3-2 特大跨径桥梁多灾害及其组合模式

杂的组合模式,例如桥梁在地震和冲刷组合作用后又遭受由地震引发的海啸的袭击,这就是由独立模式灾害组合和链式灾害组合进一步构成的一种更为复杂的灾害组合模式。

区分灾害组合模式的意义在于,不同的灾害组合模式对应不同的灾害间相互作用和灾害对结构作用的分析方法。对于独立模式的灾害组合场景,尽管需考虑不同灾害同时作用于结构并产生耦合的作用效应,但不同灾害的发生、强度没有关联,可根据每种灾害作用模型独立得到此场景下的综合作用模型;对于相关模式的灾害组合场景,不同灾害的发生、强度严格相关,有必要分析两种灾害之间的相互影响,建立灾害耦合作用的模型;对于链式灾害组合场景,不仅后发灾害的作用模型强烈依赖于先发灾害,且后发灾害必须作用于已被先发灾害改变的结构状态之上。

对于灾害组合场景,其概率危险性分析仍然具有重要意义。只有确定了场地一定时段内灾害组合强度的概率分布,才能评估结构在灾害组合场景下的失效概率和风险。对于独立模式灾害组合,其组合强度的概率描述可根据每种灾害强度的概率分布、灾害的持续时间等参数,基于独立性原理由乘法公式经简单推导得到。对于相关模式灾害组合场景和链式灾害组合场景,由于灾害间的相关性,灾害组合强度的概率分布无法通过各灾害强度的概率分布直接得出,一般需通过建立灾害组合场景中耦合参数的联合概率分布模型来描述。

这里对根据单一灾害的发生概率计算多灾害同时发生概率的实用计算方法进行简要说明。根据单一灾害危险性分析获得灾害各强度的超越概率之后,考虑不同灾害的持续时间及灾害强度之间的相关性,通过一定的规则,可获得灾害组合时的组合强度及其超越概率(或重现期)之间的关系。

1)地震和强风同时发生概率的计算

取 100 年的设计基准期,地震重现期取《公路桥梁抗震设计细则》(JTG/T B02-01—2008)基本烈度对应的重现期 475 年(EQ_{475}),取《公路桥梁抗风设计规范》(JTG/T D60-01—2004)的基本风速对应的重现期 100 年(WS_{100}),假设 1 年中强风的持续时间为 2 天(t_{WS}),这两种概率水平的地震和强风在 1 年内同时发生的概率计算如下:

$$P_{1年}(EQ_{475} \cap WS_{100}) = P_{1年}(EQ_{475} | WS_{100}) \cdot P_{1年}(WS_{100})$$
$$= P_{1年}(EQ_{475}) \cdot \frac{t_{WS}}{1年} \cdot P_{1年}(WS_{100})$$
$$= \frac{1}{475} \cdot \frac{2 \text{天}}{1年 \times 365 \text{天}/年} \cdot \frac{1}{100}$$
$$= 1.15 \times 10^{-7}$$

进而重现期为 475 年的强震与重现期为 100 年的强风在 100 年设计基准期内同时发生的超越概率为:

$$P_{100年}(EQ_{475} \cap WS_{100}) = 1 - [1 - P_{1年}(EQ_{475} \cap WS_{100})]^{100}$$

$$= 1.15 \times 10^{-5}$$

2）强风和巨浪同时发生概率的计算（相关模式）

为简单起见，假设一定重现期的强风和一定重现期的巨浪伴随出现，比如100年一遇的风（WS_{100}）必然伴随100年一遇的浪（WA_{100}），也就是认为强风和巨浪这两种有相互影响的灾害的强度完全"相关"。

$$P_{1年}(WS_{100}) = \frac{1}{100} = 0.01$$

$$P_{1年}(WA_{100}) = \frac{1}{100} = 0.01$$

$$P_{1年}(WS_{100} \cap WA_{100}) = P_{1年}(WA_{100} \mid WS_{100}) \times P_{1年}(WS_{100})$$

$$= 1 \times \frac{1}{100} = 0.01$$

$$P_{100年}(WS_{100} \cap WA_{100}) = 1 - [1 - P_{1年}(WS_{100} \cap WA_{100})]^{100}$$

$$= 0.63$$

3.4 性能设计

3.4.1 特大跨径桥梁设计过程应充分考虑结构寿命期的各种需求，应用基于性能设计理论开展设计。

条文说明

在传统的结构设计过程中，工程师习惯于将某个给定的标准作为评判设计是否合理的单一标准。这样的思路将结构设计行为单一化，不具备对设计在逻辑层面上提出解释的能力。尽管经过多年的发展，结构设计理论中引入了若干控制系数用以表现荷载和抗力的不确定性，但这种针对共性问题的单一评价方法仍不能满足现代工程设计的需要。

桥梁结构设计规范经历了容许应力设计方法、极限状态设计方法的发展阶段后，将向基于性能的设计方法发展。性能设计是针对设计荷载和作用，开展性能指标确定、性能标准决策、性能水平验证等工作，在充分考虑个体结构特殊需求的基础上，基于目前的技术状况，以满足性能标准为目标的设计过程，其核心是通过性能标准实现对单体结构特殊设计要求的最优化满足。性能设计的发展也使得设计规范由以往的确定指标、明确计算方法的基本形式，向明确设计要求、控制设计结果的过程控制模式转移。性能设计方法仍处于快速发展过程中，目前在桥梁抗震、抗风设计等方面发展较为迅速。考虑特大跨径桥梁重要性突出、寿命期超过百年、投资和社会影响巨大、建设和运营环境复杂等诸多特点，本指南将在编写过程中着重体现性能设计思想，对多灾害作用下的特大跨径桥梁设计全面应用基于性能的设计方法，通过设计过程有效地控制桥梁结构在不同强度灾害作用下的破坏状态和损伤程度,使桥梁结构满足性能标准的要求,实现预定的性能水平。

3.4.2 性能设计过程主要包括性能指标选择、性能等级划分、性能标准决策、性能验证及评价和性能陈述五个部分。一般情况下,多灾害作用下特大跨径桥梁的设计过程应针对每种灾害场景按照以上步骤进行性能设计。

条文说明

性能标准是基于性能设计方法的核心,一般来说,性能标准是指给定的荷载等级及其对应的结构性能要求的统一体。给定的荷载等级应由概率形式描述,尤其对于变异性大的灾害作用,必须通过概率形式描述灾害作用的大小;结构性能目标由给定荷载等级下的结构应达到的性能等级来表述。可见,性能标准的内涵中进一步包含了性能指标的确定及分级。在确定了性能标准和评价指标后,进行性能评价来判断结构是否满足目标要求进而做出决策,最终明确陈述设计方案所能达到的性能水平。

在不同程度的作用(荷载)下,结构将呈现出不同的损坏形态,其严重程度说明性能的高低。在整个基于性能的设计过程中,性能被分为按业主和社会提出的为结构目标制定的结构预期性能,以及由设计者不断改进过程中实现的结构固有性能。由于业主和社会没有专业的知识基础,他们提出的目标可能宏观且较为模糊,因此,设计者需要按一定准则将他们的目标转化为更具体的结构预期性能。结构预期性能与结构固有性能之间必定存在差异,这一矛盾一直存在于设计不断改进的过程中。完成结构设计后,设计者还需要通过类似的准则将结构固有性能转化为业主和使用者能够理解的信息并反馈给他们,进一步征求他们的意见。

在性能评估过程中,给定荷载级别由概率形式来描述。一般认为,荷载的强度决定了结构响应。根据业主和社会制定的设计目标,即给定概率级别荷载下的性能等级,设计者可以得到结构的目标性能曲线,如图3-3所示。而在进行基于性能的设计时,设计者需要选取若干合适的荷载级别进行结构评估。如果给定荷载超越概率值下结构损伤程度低于目标值或限制状态的荷载超越概率值低于目标值,那么可以认为结构的性能是满足要求的。

基于性能的设计方法本质上意味着对多性能级别目标的定义,而这些目标期望被得到实现,即在给定输入级别下结构响应不会超出限值。

性能设计的基本过程如图3-4所示,性能设计过程展现了性能设计思想中体现结构个性的基本要求。

基于性能设计理论突出的特点是,将宏观定性的设计需求转换成具体量化的多重性能目标。所谓宏观定性的设计需求是指社会对工程性能的需求,比如安全性、经济性等,是不明确的概念化目标。而多重目标,是一系列多场景、多级别的性能目标。多场景是针对多种荷

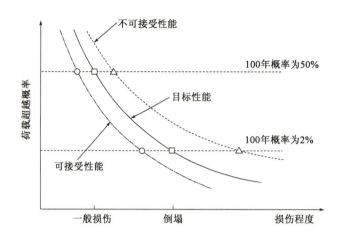

图 3-3 考虑 100 年限制状态概率的双水准接受准则

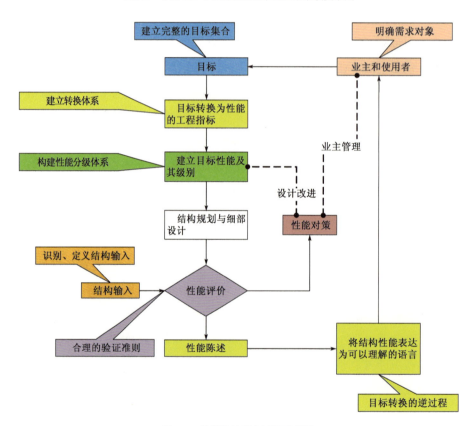

图 3-4 性能设计基本过程示意图

载和灾害场景进行目标设定,比如抗震设计的性能目标是结构设计的多重目标之一;多级别是指针对每种场景要考虑结构在不同级别灾害作用下应满足不同的预定性能水平。

广义的桥梁性能设计一般指为满足桥梁安全性、使用性、美观性、耐久性、可持续性和经济性的要求而进行的设计工作。而多灾害作用下桥梁性能设计主要针对灾后桥梁安全性和必要的功能性进行设计,并对各种灾害场景下桥梁所能达到的性能水平进行明确的陈述。

3.4.3 针对不同的灾害作用,应通过研究确定适宜的性能指标及其水平。

条文说明

性能指标是描述结构性能的可量化的参数。利用性能指标描述结构需求和能力及由结构需求和能力关系组成的设计要求是基于性能设计的主要特征之一。性能指标的选取与参数和具体的作用有关,同一个作用,以不同的强度出现时,可以取用不同的性能指标或相同指标的不同水平进行描述。针对多灾害作用下桥梁设计的特点,应采用多类别的性能指标来描述和评价结构性能。性能指标主要分为四大类:强度指标、变形指标、能量指标、基于损伤模型的复合型指标等。

传统的设计方法认为结构的破坏状态只有不破坏和破坏两种,而判别这两种破坏最直观的指标就是强度,对于弹性材料而言就是结构微观应力或者截面的内力。强度指标概念简单,应用方便,在结构设计中得到长期的应用。对静力设计而言,采用强度指标的强度破坏准则是最直观的也是合理的。然而结构在灾害作用下,出于经济方面的考虑,有时允许结构在预期的极端灾害作用下发生一定程度的损伤并伴随着弹塑性变形,此时采用强度指标难以准确描述结构的非弹性性能及破损状态,存在较大的局限性。

为了描述结构在灾害下的弹塑性变形和损伤破坏,有必要采用变形指标。结构微观层次的应变、截面层次的曲率、构件和体系层次的位移,是刻画结构从屈服到破坏全过程的有效的变形指标。由于其在现场灾害调查、模型试验乃至数值模拟中可直接观察、测量、计算,因而具有很好的验证性。

还可以从能量观点来考虑结构在灾害作用下的损伤,通过能量指标来描述结构性能。能量指标能很好地解释结构的损伤破坏,但按能量观点建立起来的结构破坏准则及按此划分性能级别,在实际应用中仍存在一定的困难。

根据极限位移的超越和塑性累积损伤组合效应而建立损伤模型并发展基于损伤模型的复合型的性能指标是结构抗震领域的研究热点,研究者基于不同考虑提出了多种地震损伤模型和指标,对于其他灾害,比如撞击、火灾、爆炸也有类似的指标提出。但这类指标对于同类构件,不同损伤模型确定的损伤状态和性能级别差异较大,损伤指标发展趋势与实际试验中破坏程度不能很好对应,且这类指标计算方法复杂,参数往往需要试验确定,因此这类指标在实际工程设计中较少应用。

目前在基于性能的结构设计研究中,考虑变形指标可以描述结构从完好到破坏的整个发展过程,且便于观察、测量、计算,具备较好的验证性,因此以变形作为性能指标应用最为广泛。

3.4.4 确定多灾害作用下特大跨径桥梁的性能标准应根据结构的用途和业主、使用者的需求,综合考虑国家法律法规、社会经济状况、技术发展水平、风险承受能力、类似工程的建设标准等因素。

条文说明

每一次重大的土木工程灾害,不仅说明被毁坏结构的抗灾能力不足,也暴露出已有设计方法的不完善,使得人们意识到自身需求并没有被完全满足。在对基于性能的结构抗灾设计方法研究中,无论是"大震不倒、中震可修和小震不坏"概念的提出,还是近年来对经济性的关注,都反映了随着社会的发展,人们对结构工程认识的加深,提出了更全面的结构需求。基于性能的设计方法明确了需求在设计过程中的主导地位。需求通过性能标准表达,依据需求和社会经济因素综合确定的性能标准,是性能设计的核心。

性能设计的核心任务是针对具体设计问题确定适宜的性能标准,依据性能标准开展结构设计、评价和优化。性能设计的本质就是使设计出的结构满足性能标准的要求。基于性能设计方法的主要特点是突出个性设计和量化的性能标准。个性设计要通过量化的性能标准来反映,根据结构的用途、业主、使用者及利益相关者的特殊要求,每个结构可以有各自不同的功能水平,这与现行规范体系中同类结构采用同样的功能水平、强调结构设计的"共性"具有本质的不同。基于性能的设计通过确定性能标准重点说明结构应完成何种功能,而不是详细地规定如何达到目标。基于性能设计的关键在于如何处理结构的性能水平和性能目标(预期需求水平)之间的关系,或者说能力和需求之间的关系,设计的核心目的是让设计出的结构满足预期的性能标准。

性能标准的合理确定涉及多方面因素,很难通过数学模型来精确描述和表达,目前的工程实践中对于大型桥梁的标准也都是通过个案研究确定的,并无统一的规则可以遵循。但合理的性能标准应该有助于平衡结构设计中的经济性和安全性,使得结构寿命期总成本最低。对于多灾害作用下特大跨径桥梁的设计,性能标准应考虑国家法律法规、社会经济状况、技术发展水平、风险承受能力、灾害的危险性、类似工程的既有标准等因素综合确定。

3.4.5 根据多灾害作用下特大跨径桥梁各构件的可检性、可修性和可换性,按表3.4.5将特大跨径桥梁各构件分为四类。

特大跨径桥梁构件分类　　　　　表3.4.5

构件类别	可检性、可修性、可换性	构件名称
I	永久构件,较难检查,无法修复,不可更换	基础、锚碇、主缆
II	永久构件,可以检查,较难修复,不可更换	桥塔、主梁
III	永久构件,可以检查,可以修复,难以更换	桥墩(辅助墩、过渡墩)
IV	可以检查,可以维修,可以更换	斜拉索、吊杆、支座、附加装置等

条文说明

特大跨径桥梁一般由桥塔、主梁、桥墩、基础、锚碇以及连接上下部结构的连接构件(如支座)等组成。组成特大跨径桥梁的各部分构件的可检性、可修性、可换性各不相同,造成其重要性不同。桥梁基础、锚碇、主缆是非常重要的部件,担负着将各种使用荷载传递到周围地基上的作用,关系到结构体系的完整性,一旦灾害作用下基础、锚碇、主缆发生损伤和损坏,不但很难检查和修复,更无法更换;桥塔和主梁也是特大桥梁的核心传力构件,在灾害作用后可以检查,但较难修复;边墩、辅助墩在灾害作用下,只要控制其损伤程度,灾后是可以修复的;桥梁的拉索、吊杆、支座和一些连接装置在灾后可以替换。应指出的是,本条文是根据灾后各构件的可检、可修、可更换性对特大跨径桥梁进行的构件分类,而不是根据耐久性设计的需要进行的分类。比如对于主梁的耐久性问题进行局部的修复是可以的,但是灾害作用下主梁一旦明显受到损伤、破坏,往往造成严重后果和连锁反应,很难进行修复,因此这里将主梁划分为"较难修复"的类别。

根据对组成特大跨径桥梁各构件灾害作用下可检性、可修性、可换性的分析,将所有构件分为四类(表3.4.5)。将构件分类的目的是为了更合理地划分各构件的性能等级,也就是说,不同构件的定量性能分级中,必须考虑构件的可修可换性才能合理确定不同级别的限制值,例如,对于主缆这类不可修构件,一旦达到初始屈服,即认为其达到了中等损伤状态,而对于拉索这种可修可换的构件,认为其达到初始强化才算达到了中等损伤状态,这就反映出构件由不同可检、可修、可换性而确定的不同类别对构件定量性能分级的影响。此外,将构件按本条文分类,还可以在确定多灾害作用下桥梁体系性能标准的过程中,对不同类别的构件区别对待,形成更加明确合理的结构体系性能标准。例如,在强灾作用下,重要的不可修构件在原则上只能达到轻微损伤的状态,不能达到中等损伤状态,因为中等损伤状态意味着灾后必须进行一定程度的修复才能恢复构件的功能,而不可修构件的修复是困难的,因此这类构件不能达到中等损伤的状态;而对于可修可换的构件,在强灾下允许其达到中等损伤的状态。

3.4.6 根据灾后的短期可修复性、长期可修复性、功能性、宏观破坏现象,建议按表3.4.6确定特大跨径桥梁构件性能等级划分的原则。

构件性能分级的原则　　　　　　　　　　表3.4.6

性能等级	损伤状态	短期可修复性及功能性	长期可修复性及功能性	宏 观 现 象
I	无损伤	无须修复,功能性完整	无须修复,功能性完整	构件无破损,材料处于线弹性状态,位移和变形不超过限值

续上表

性能等级	损伤状态	短期可修复性及功能性	长期可修复性及功能性	宏 观 现 象
Ⅱ	轻微损伤	无须修复,功能性完整	无须修复或只需简单修复,功能性完整	混凝土发生微小的非弹性变形,只有微小裂缝,钢筋和次要钢结构发生可忽略的屈服;位移和变形不超过限值,不影响正常使用
Ⅲ	可修复损伤	采用应急修复措施可恢复即时功能性	比较容易进行修复,修复后可基本恢复完整的功能性,修复工作基本不中断通行	构件可经受大的变形,但构件强度和功能无实质性减弱;混凝土允许发生一定的开裂和少量的剥落,钢筋和钢结构允许少量屈服,但这些损伤的程度必须受到限制。确保构件在不更换的情况下经修复可恢复到灾前的情况,且修复工作不中断交通
Ⅳ	严重损伤	采用应急措施无法恢复即时功能性,短期内构件很大程度上丧失了功能性	修复困难且经修复构件功能性也难以恢复到最初状态,修复工作会中断通行	混凝土大量开裂,大面积剥落,钢筋屈服;恢复构件的损伤和变形需要中断通行,要完全恢复必须进行构件的替换。在基础和其他构件中出现了永久性位移且超出限值。虽然损伤严重但构件对维持结构体系完整性仍发挥作用
Ⅴ	完全损伤	无法修复,功能完全丧失	无法修复,若要恢复功能性,必须更换构件	重要钢结构屈服,构件失稳、压溃、断裂,位移和变形超出维持必要功能性的限值

条文说明

性能分级的目的在于,通过其与不同强度的灾害作用匹配,形成完整的性能标准,以控制桥梁结构体系在灾害作用下的损伤程度和经济损失。

不同材料组成、具有不同功能和重要性的不同构件,在不同灾害作用下具有多种损伤和破坏的形式,因此,多灾害作用下特大跨径桥梁的构件性能分级,需要将不同构件在不同灾害作用下的分级放在一个可比、统一的框架和原则下进行。这就要求,对于所有灾害,每种构件的分级都是相同的,也就是说,构件性能分级与作用的灾害无关,只与由自身损伤程度决定的性能水平有关;另一方面,不同构件的分级应具有一致的意义,而灾后的可修复性和维持功能性的程度恰好可以作为一致意义上的指标来划分构件性能等级。本条文就是按照这个思路给出了由表3.4.6表示的总体的、定性的构件性能等级划分的原则。

接下来的条文3.4.7、条文3.4.8、条文3.4.9和条文3.4.10就是根据本条文中构件性能等级划分的原则,参考现有研究成果和工程实践经验,给出多种构件性能等级的定量划分。

3.4.7 桥塔、桥墩等钢筋混凝土柱式构件性能等级定量划分建议按表3.4.7取用。

桥塔、桥墩(钢筋混凝土柱式构件)的性能分级　　　　表 3.4.7

性能等级	损伤状态	损伤特征	材料应变描述	材料应变定量表达	曲率延性	位移角
I	无损伤(完全弹性)	无裂缝或仅产生表面的可忽略的细微裂缝	反应小于初始屈服弯矩,最外侧纵向钢筋应变小于名义屈服应变	$\varepsilon_s \leq \varepsilon_y$	0~1	<1/180
II	轻微损伤(总体保持弹性)	第一根钢筋理论屈服,表面产生细小裂缝	反应小于等效屈服弯矩,纵向钢筋应变小于初始强化应变且非约束混凝土应变小于0.004	$\varepsilon_y < \varepsilon_s \leq \varepsilon_{sh}$ 且 $\varepsilon_c \leq 2\varepsilon_{co}$	1~2	1/180~1/50
III	中等损伤(可修复损伤)	局部塑性铰开始形成,出现非线性变形,保护层混凝土开始脱落,可见裂缝开展	纵向钢筋应变小于0.55倍极限拉应变且约束混凝土小于0.75倍极限压应变	$\varepsilon_{sh} < \varepsilon_s \leq 0.55\varepsilon_{su}$ 且 $2\varepsilon_{co} < \varepsilon_{cc} \leq 0.75\varepsilon_{ccu}$	2~4	1/50~1/25
IV	严重损伤(倒塌控制损伤)	塑性铰完全形成,形成较大宽度的裂缝,整个塑性铰区混凝土剥落	纵向钢筋应变小于极限拉应变,约束混凝土小于极限压应变	$0.55\varepsilon_{su} < \varepsilon_s \leq \varepsilon_{su}$ 且 $0.75\varepsilon_{ccu} < \varepsilon_{cc} \leq \varepsilon_{ccu}$	4~7	1/25~1/16
V	完全损伤(倒塌)	强度退化,主筋屈服,箍筋断裂,核心混凝土压碎	纵向钢筋应变大于极限拉应变,或约束混凝土超过极限压应变	$\varepsilon_s > \varepsilon_{su}$ 或 $\varepsilon_{cc} > \varepsilon_{ccu}$	>7	>1/16
		脆性剪切破坏	截面剪力大于截面抗剪强度:$V > V_c$			

注:ε_s 代表截面最外侧纵向钢筋的拉应变值;ε_c 代表截面最外侧非约束混凝土的压应变值;ε_{cc} 代表截面最外侧约束混凝土的压应变值;ε_y 代表纵向钢筋的名义屈服应变;ε_{sh} 代表纵向钢筋的初始硬化拉应变,常用值为0.015;ε_{su} 代表纵向钢筋的断裂应变,常用值为0.09;ε_{co} 代表非约束混凝土峰值应力对应的应变,常取为0.002;ε_{ccu} 代表截面最外侧约束混凝土的极限压应变值,可由箍筋的构造细节确定。

条文说明

建议采用材料应变、曲率延性、位移角三种指标之一作为桥塔、桥墩这种钢筋混凝土柱式构件的性能指标,并根据这三种性能指标的限制值定量划分此类构件的性能等级。本条文中的塔、墩构件性能等级的定量划分与条文3.4.6中的分级原则是相互对应的。

3.4.8 特大跨径桥梁主梁性能等级划分建议按表3.4.8取用。

主梁(大跨径钢梁)的性能分级　　　　表 3.4.8

性能等级	损伤状态	损伤特征	影响因素	性能指标
I	无损伤	材料处于线弹性,无凹陷破损,无振动舒适性问题	多种因素	材料应力或截面内力加速度或加速度

续上表

性能等级	损伤状态	损伤特征	影响因素	性能指标
Ⅱ	轻微损伤	轻微的振动舒适性问题	脉动风、涡激振动	加速度、振幅
Ⅱ	轻微损伤	极小范围的凹陷或破损,其余部位无材料屈服,只需轻微修复或耐久性修复	地震、撞击、爆炸、火灾	凹陷破损面积、材料应力
Ⅲ	中等损伤	明显的振动舒适性问题,但可通行	脉动风、涡激振动	加速度、振幅
Ⅲ	中等损伤	一定范围的凹陷或破损,局部桥面板屈服,可通行,可修复	地震、撞击、爆炸、火灾	凹陷破损面积、材料应力
Ⅳ	严重损伤	严重的振动舒适性问题,不可通行,造成主梁疲劳	脉动风、涡激振动	加速度、振幅
Ⅳ	严重损伤	大范围的破损,必须中断交通,且难以修复	撞击、爆炸、火灾	破损面积
Ⅳ	严重损伤	梁截面整体屈服,难以修复,但可维持体系的完整性	风荷载、地震、撞击	材料应力或截面内力
Ⅴ	完全损伤	失稳	颤振失稳、静风失稳	风速
Ⅴ	完全损伤	屈服、压溃、垮塌、落梁等导致无法维持继续承载的结构完整性	地震、撞击、爆炸、火灾	灾后状态

条文说明

本条文中的主梁性能等级的定量划分与条文3.4.6中的分级原则是相互对应的。

3.4.9 特大跨径悬索桥主缆性能等级定量划分建议按表3.4.9取用。

主缆性能分级 表3.4.9

性能等级	损伤状态	损伤特征	性能指标	性能指标定量表达
Ⅰ	无损伤	处于弹性状态,应力较低	应力或应变	$\varepsilon_s \leq 0.6\varepsilon_y$
Ⅱ	轻微损伤	处于弹性状态,应力较高	应力或应变	$0.6\varepsilon_y \leq \varepsilon_s \leq \varepsilon_y$
Ⅲ	中等损伤	超过初始屈服状态,但未达到初始强化状态	应力或应变	$\varepsilon_y \leq \varepsilon_s \leq \varepsilon_{sh}$
Ⅳ	严重损伤	超过初始强化状态,但没有达到极限强度对应的状态	应力或应变	$\varepsilon_{sh} \leq \varepsilon_s \leq \varepsilon_{sus}$
Ⅴ	完全损伤	超过极限强度对应的状态,无法继续承载	应力或应变	$\varepsilon_{sus} \leq \varepsilon_s$

注:ε_s代表主缆钢丝的拉应变值;ε_y代表主缆钢丝的名义屈服应变;ε_{sh}代表主缆钢丝的初始硬化拉应变;ε_{sus}代表主缆钢丝的极限强度对应的应变。

条文说明

本条文中的主缆性能等级的定量划分与条文3.4.6中的分级原则是相互对应的。

3.4.10 特大跨径桥梁吊杆、拉索、辅助索性能等级定量划分建议按表3.4.10取用。

3 设计原则、方法与过程

吊杆、拉索、辅助索性能分级　　　　　　　　　　　　　　　　　　表 3.4.10

性能等级	损伤状态	损 伤 特 征	性 能 指 标	性能指标定量表达
Ⅰ	无损伤	处于弹性状态	应力或应变	$\varepsilon_s \leq \varepsilon_y$
		风致振动下功能完好	振幅	$A \leq L/3\,000$
Ⅱ	轻微损伤	超过初始屈服状态,但未达到初始强化状态	应力或应变	$\varepsilon_y \leq \varepsilon_s \leq \varepsilon_{sh}$
		风致振动下功能基本完好	振幅	$L/3\,000 \leq A \leq L/2\,500$
Ⅲ	中等损伤	超过初始强化状态,但没有达到极限强度对应的状态	应力或应变	$\varepsilon_{sh} \leq \varepsilon_s \leq \varepsilon_{sus}$
		风致振动产生损伤,可快速修复	振幅	$L/2\,500 \leq A \leq L/1\,800$
Ⅳ	严重损伤	超过极限强度对应的状态,但没有达到极限应变	应力或应变	$\varepsilon_{sus} \leq \varepsilon_s \leq \varepsilon_{su}$
		风致振动产生功能破坏,恢复困难	振幅	$L/1\,800 \leq A \leq L/1\,300$
Ⅴ	完全损伤	超过极限应变,断裂	应力或应变	$\varepsilon_{su} \leq \varepsilon_s$
		风致振动发生过大振幅,导致疲劳破坏	振幅	$A \geq L/1\,300$

注:ε_s 代表主缆钢丝的拉应变值;ε_y 代表主缆钢丝的名义屈服应变;ε_{sh} 代表主缆钢丝的初始硬化拉应变;ε_{sus} 代表主缆钢丝的极限强度对应的应变;ε_{su} 为极限拉应变;A 为拉索或吊杆的振幅;L 为拉索或吊杆的长度。

条文说明

本条文中的拉索、辅助索、吊杆性能等级的定量划分与条文 3.4.6 中的分级原则是相互对应的。

3.4.11 根据灾后的短期可修复性、长期可修复性、功能性、宏观破坏现象,建议按表 3.4.11确定特大跨径桥梁结构体系性能等级的划分。

桥梁结构体系性能分级　　　　　　　　　　　　　　　　　　表 3.4.11

性能等级	损伤状态	总 体 描 述	短期可修复性及功能性	长期可修复性及功能性	组成构件的性能级别
Ⅰ	无损伤	各构件能力完全满足需求,完全没有损伤	无须修复,具有完全通行能力	无须修复,具有完全通行能力	各构件均无损伤
Ⅱ	轻微损伤	不影响桥梁的正常使用的损伤状态	无须修复,具有完全通行能力	只需轻微修复或耐久性修复,具有完全通行能力	可修构件轻微损伤,重要构件无损伤或轻微损伤
Ⅲ	中等损伤	可经受大变形,但结构强度无实质性减弱	采用应急措施可很快恢复通行能力	比较容易修复,修复工作不中断通行	可修构件中等损伤,重要构件轻微损伤
Ⅳ	严重损伤	结构体系维持整体完整,不倒塌	采用应急措施无法恢复通行	修复困难,必须在中断交通的情况下进行大面积修复和构件替换,经修复结构功能也难以恢复到最初状态	可修构件严重损伤,重要构件中等损伤或严重损伤

27

续上表

性能等级	损伤状态	总体描述	短期可修复性及功能性	长期可修复性及功能性	组成构件的性能级别
V	完全损伤	桥梁倒塌，通行功能完全丧失	无法修复，功能完全丧失，无法通行	无法修复，若要恢复通行，必须重建	可修构件或重要构件完全损伤

注：重要构件是指条文3.4.6中划分的Ⅰ类构件和Ⅱ类构件，包括基础、锚碇、主缆、桥塔、主梁等，可修构件是Ⅲ类构件和Ⅳ类构件，包括桥墩、斜拉索、吊杆、支座、附加装置等。

条文说明

不同灾害作用下桥梁会产生不同的损伤模式，比如地震作用主要造成桥墩、基础等下部结构破坏；强风作用主要对主梁和拉索造成损伤，甚至导致主梁的发散性破坏；船撞主要对塔、墩造成局部破坏，但严重时也可造成桥墩的倒塌。桥梁在各种灾害作用下的易损构件和损伤破坏模式差异很大，不同灾害场景下对结构体系损伤程度及性能等级的描述与划分的一致性是非常必要的。只有将不同灾害作用下结构性能分级进行统一描述，才能将不同灾害作用下结构多种损伤失效模式统一在一个层次下进行分析和比较。这就要求对结构的性能分级应该考虑所有构件的多种损伤状态，完全基于结构自身特点划分性能等级，性能等级的划分应与作用的灾害无关。这点与条文3.4.6中构件性能分级的原则是类似的。

本条文中桥梁结构体系的性能等级是按照灾后整个结构体系的可修复性及功能性进行划分的。要着重注意的是，由于Ⅰ类构件和Ⅱ类构件的不可修复性，体系的性能等级与构件的性能等级并不完全对应。最明显的例子就是"体系Ⅲ"这一级别中，其组成构件的性能等级要求是"可修构件中等损伤和重要构件轻微损伤"，在这一中等损伤的结构体系性能级别中，重要构件是不能达到中等损伤的，因为重要构件如果也达到中等损伤，由于其不可修复性，将无法满足这一体系性能级别中"比较容易进行修复，修复工作不中断通行"的要求。

结合条文3.4.7、条文3.4.8、条文3.4.9、条文3.4.10确定的各构件性能等级的定量划分和本条文给出的特大跨径桥梁结构体系性能分级与构件性能分级的关系，便可获得结构体系性能等级的定量划分。

3.5 风险评价

3.5.1 对于多灾害作用下特大跨径桥梁基于性能的设计，应通过可靠度或失效概率评价结构在给定强度灾害作用下对预定性能目标的满足程度。

条文说明

对于性能设计中多级别的性能目标，也就是一定等级的荷载下结构应达到的性能等级，传统的性能设计方法一般基于性能指标的结构响应值与性能等级的限定值进行比较来判定结构在给定等级的荷载作用下是否满足性能目标的要求,然而对于灾害作用,由于灾害本身及结构响应都存在显著的不确定性,所以结构是否满足性能目标也具有高度不确定性,因此,对于多灾害作用下特大跨径桥梁基于性能的设计,应通过可靠度或失效概率评价结构在给定强度灾害作用下对预定性能目标的满足程度。基于概率方法分析和评价结构是否满足多级别性能目标的要求,得出的结论是结构满足或不满足性能目标的概率,在对这种概率水平做出要求和限定之后,进而做出结构是否满足目标的结论。

风险是结构达到特定状态的概率及其后果的函数,如果不考虑失效后果,风险可以简单表达为结构达到特定状态的概率。也就是说,可靠度指标或者失效概率指标,可视为简单意义上的风险指标。这种通过可靠度或失效概率对结构满足性能目标的程度进行评价也是基于风险评价的一部分。

3.5.2 对于多灾害作用下的特大跨径桥梁设计,宜使用寿命期总风险限制值给出特大跨径桥梁的综合风险准则。

条文说明

风险是设计过程中对于低概率、高变异性事件进行决策的工具。灾害事件发生概率低于偶然荷载,其荷载出现形式、范围等及其对结构的影响都具有很高的不确定性,因此,对其设计、分析、评估应主要基于概率方法。在多灾害作用下特大跨径桥梁设计中引入风险指标进行性能设计和评价,充分考虑业主意愿和决策偏好,进行基于风险的设计和优化,能够为多灾害作用下特大跨径桥梁的设计提供更为科学的决策方法。

对于多灾害作用下特大跨径桥梁的设计,其最高层次的性能标准就是所有灾害场景下的寿命期总风险,在结构设计和评价过程中,宜以此指标作为判别结构是否满足性能要求依据之一。

3.5.3 可结合灾害场景危险性分析、灾害作用下结构易损性分析、结构损失分析的结果,计算寿命期内每种灾害场景(单一灾害或者灾害组合)作用下的风险,将各灾害场景寿命期风险之和作为多灾害作用下结构寿命期总风险。

条文说明

由第 k 个灾害场景的概率危险性分析得到第 k 个灾害场景中灾害强度的年超越概率,见式(3-1):

$$H_{IM_k}(x) = P(IM_k \geq x) \tag{3-1}$$

式中:IM_k——第 k 个灾害场景灾害强度的年最大值。

第 k 个灾害场景中,结构易损性分析得到各种强度的此灾害作用条件下,第 t 年,结构达到第 i 个性能等级的条件年超越概率,见式(3-2):

$$G_{i|IM_k}(t) = P\{D_k(t) \geqslant C_{i,k}(t) | IM_k = x\} \tag{3-2}$$

结合灾害危险性分析和结构易损性分析,由全概率公式卷积得到第 k 个灾害场景,第 t 年,结构达到第 i 个性能等级的年超越概率,见式(3-3):

$$G_{i,k}(t) = \int_0^{+\infty} P\{D_k(t) \geqslant C_{i,k}(t) | IM_k = x\} \left| \frac{dH_{IM_k}(x)}{dx} \right| dx \tag{3-3}$$

第 k 个灾害场景,结构第 i 个性能等级的年超越概率与第 $i+1$ 个性能等级的年超越概率之差为结构处于第 i 个性能等级的年概率,见式(3-4):

$$\lambda_{i,k}(t) = G_{i,k}(t) - G_{i+1,k}(t) \tag{3-4}$$

$\lambda_{i,k}(t)$ 可视为第 k 个灾害场景、结构第 i 个性能等级的年发生率。一般认为这种发生在每年之间都是相互独立的。

第 k 个灾害场景、结构第 i 个性能等级在第 n 年发生而前 $n-1$ 年均不发生的概率计算见式(3-5):

$$f_{i,k}(n) = \lambda_{i,k}(n) \prod_{r=1}^{n-1} [1 - \lambda_{i,k}(r)] \tag{3-5}$$

则第 k 个灾害场景、结构第 i 个性能等级在 T 年内发生的概率计算见式(3-6):

$$F_{i,k}(T) = \sum_{n=1}^{T} f_{i,k}(n) = \sum_{n=1}^{T} \lambda_{i,k}(n) \prod_{r=1}^{n-1} [1 - \lambda_{i,k}(r)] \tag{3-6}$$

由结构损失分析并考虑折现率 d,第 k 个灾害场景、结构第 i 个性能等级下结构期望损失现值计算见式(3-7):

$$C_{ui,k}(t) = \frac{C_{i,k}(t)}{(1+d)^t} \tag{3-7}$$

第 k 个灾害场景、结构第 i 个性能等级寿命期 T 年内风险计算见式(3-8):

$$R_{i,k}(T) = \sum_{n=1}^{T} f_{i,k}(n) \cdot C_{ui,k}(t) = \sum_{n=1}^{T} \left\{ \left[\lambda_{i,k}(n) \prod_{r=1}^{n-1} [1 - \lambda_{i,k}(r)] \right] \cdot \frac{C_{i,k}(n)}{(1+d)^n} \right\} \tag{3-8}$$

第 k 个灾害场景,结构在寿命期 T 年内考虑所有性能等级的风险计算见式(3-9):

$$R_k(T) = \sum_i R_{i,k}(T) \tag{3-9}$$

所有灾害场景下,结构寿命期 T 年内总风险计算见式(3-10):

$$R_{\text{total}}(T) = \sum_k R_k(T) = \sum_k \sum_i R_{i,k}(T) \tag{3-10}$$

3.5.4 综合考虑不同灾害场景对结构设计的要求,应基于风险指标对结构进行优化,达到多灾害作用下结构寿命期总风险最低。

条文说明

采用同样的设计对策有可能增加结构对某些灾害场景的抵抗能力却降低了结构对另外一

些灾害场景的抵抗能力,对于多灾害作用下的结构设计,同一种设计方案在不同灾害场景下往往有不同的风险,如何综合考虑不同灾害场景下结构的最优形式和设计对策是一个很重要的问题。本条文指出应基于总风险最小原则优化多灾害作用下的结构设计。

3.6 对策与措施设计

3.6.1 在结构设计的过程中,应通过采取一定的对策与措施,使设计方案满足性能标准和风险准则要求。多灾害作用下特大跨径桥梁结构设计相关的对策与措施主要包括以下两类。

(1)结构措施:改变桥梁形式、优化约束体系、改善传力路径、加强薄弱截面、增加构件延性、提高结构刚度、优化细部构造、改良气动性能等。

(2)附加装置:静力限位装置、动力阻尼装置、减隔振装置、防撞击装置、防爆防火装备等。

条文说明

考虑灾害作用的桥梁结构设计,是在常规设计要求的基础上,对可行的桥梁方案进一步评价和优化的设计过程。这时往往已经确定了桥梁的桥型、总体布置形式,因此多灾害作用下的对策与措施设计应首先通过寻求附加装置的方法使得设计方案满足性能标准和风险准则的要求。在此基础上,还可考虑通过优化细部构造、提高结构刚度的方法提高体系的整体抗灾能力,比如对悬索桥增加中央扣、边扣提高体系刚度,提高多塔斜拉桥的中间塔刚度增强体系的刚度,对斜拉桥增加辅助索或使用索网结构控制拉索的变形和破坏,对特大跨径钢箱梁采用分体梁的形式改良气动性能,增加桥塔桥墩的横向配筋增强延性能力。如果这些相对局部的措施还不能使结构满足要求,就必须考虑改变桥梁的布置形式,比如改变跨径布置,甚至于改变基本的桥梁形式,比如从悬索桥变为斜拉桥。

综合选用多种对策与措施,使得桥梁方案满足多灾害作用下性能标准和风险准则的要求,是多灾害作用下特大跨径桥梁设计中最灵活、最具创造性的过程。对策与措施选取合理得当,会大大减少反复修改方案和重新进行分析评价的次数。对这一过程进行科学合理的设计,既需要积累大量的工程经验,也需具备创新的思维方式。本条文只是给出了对策与措施设计中可供参考的一些方案,在设计过程中,还需设计人员结合工程的实际情况综合考虑多种因素来确定。

3.6.2 多灾害作用下特大跨径桥梁对策与措施设计过程应包括:①确定可用的对策与措施集;②对每种灾害场景进行对策与措施设计,使方案满足每种灾害场景的性能标准和风险准则;③综合考虑所有灾害场景的对策与措施,选取满足整体风险准则并使得多灾害作用下总风险最低的最终对策与措施。

条文说明

目前,桥梁设计中对不同作用普遍采用分别设计和验算,没有考虑不同灾害场景对结构性能要求的矛盾,选用灾害设计对策时有可能在增加结构对一种灾害的抵抗能力的同时降低了结构对其他灾害的抵抗能力。应通过采取相应的对策措施使特大跨径桥梁在多灾害作用下的总风险最低。

3.6.3 在对策与措施设计中,应考虑寿命期中可检、可修、可换的要求及在管理养护过程中可能出现的需求,对附加装置进行设计和选用。

条文说明

全寿命设计应对整个寿命期不同状态下所有构件的需求进行系统考虑和统筹安排。桥梁寿命期总体设计需求在寿命过程中可能变化,同时桥梁结构状态和使用条件也可能发生变化,使得需求与桥梁能力的满足关系发生变化。全寿命设计的关键是将这种关系视为动态过程。全寿命设计内容除需考虑桥梁完成时的完好状态外,还需要考虑寿命期内有缺陷状态。为了确保良好的桥梁寿命期性能,必须对桥梁使用过程及未来可能的变化进行预测,同时在设计中采取各种灵活性措施以适应未来的变化,而不致在未达其使用寿命时就已经陈旧、过时。其中也包含了构件的可更换、可检查、可维修等在管理养护过程中可能出现的需求。

采用附加装置的桥梁结构,装置的时变特性也必须考虑。这些装置经受长时间环境腐蚀作用后其性能也会明显下降,必须采取相应方法对这些附加装置进行检查、养护、维修,且这些装置的设计寿命往往低于特大跨径桥梁的设计使用寿命,还需考虑在必要时刻对这些装置进行更换。因此在长寿命期的特大跨径桥梁附加装置的设计中,必须综合考虑其可检、可修、可更换的需求。

3.6.4 多灾害作用下特大跨径桥梁的设计应基于全寿命设计思想考虑多种时变因素。在对策与措施设计中,必须确保桥梁结构在整个寿命期中,随着材料、构件的退化和附加装置性能下降,仍然满足预定的多性能目标和风险准则的要求。

条文说明

桥梁全寿命设计是通过统筹结构规划、设计、建设、运营、管理和养护以及拆除等寿命期内各种活动,以满足桥梁结构寿命期需求,并实现总体性能最优的设计过程。全寿命设计对设计过程中时间因素的考虑及其设计是体现其设计思想的精髓。

全寿命设计理论是近几年快速发展的结构设计理论,其主导思想是从结构整个寿命期着眼,全面考虑设计需求、系统优化设计参数,从而实现在整个寿命期内的最适宜设计。特大跨径桥梁设计寿命均应在百年以上,引入全寿命设计可以直接和间接创造重大的社会和经济价值。

全寿命设计理论的核心思想是在实施具体的工程措施之前,将后续寿命期中可能出现的各种问题和工作内容,以达到预期目标最优(通常是成本最低)为目标,进行系统规划和全盘考虑。这其中,如何考虑和界定寿命期各个阶段可能出现的问题、如何定义预期目标及其衡量指标体系、如何协调不同目标之间的矛盾、如何描述寿命期中性能指标(及)需求的变化过程,以及考虑寿命期内可能的不确定性等,一系列问题构成了桥梁全寿命设计理论研究的范围。

全寿命设计过程中的性能设计除了在设计内容上有所拓展外,对设计过程中时间因素的考虑和设计体现将是重大的区别,所有设计内容除需考虑桥梁完成时的完好状态外,还要考虑寿命期过程内有缺陷状态,要求结构在完好状态和有缺陷状态中能够按一定的保证率实现确定的目标与要求。对于多灾害作用下的特大跨径桥梁设计而言,寿命期的总体需求可表述为:在整个寿命期的时域范围内,在设计考虑的多灾害场景下,桥梁应满足基本的功能要求、安全要求和给定的多级性能目标的要求,其实质是使桥梁在不同寿命阶段都满足预定的寿命期需求。

3.7 成本分析

3.7.1 结合全寿命设计理念,多灾害作用下特大跨径桥梁的设计中,桥梁整体和构件的设计使用寿命是整个设计过程开展的基础和重要的设计参数,应在设计过程中综合考虑,并合理确定。

条文说明

明确给定结构和构件的使用寿命是全寿命设计与传统设计最为重要的区别。虽然在传统设计规范中也有对结构使用时间的规定,但在具体的条文中和设计要求中几乎没有直接反映针对使用寿命的特殊要求。在全寿命设计过程中,给定的结构寿命将是后续设计内容的起点,是最为重要的设计参数之一。

桥梁设计人员需要与业主合作,根据业主与用户对桥梁使用寿命的需求,确定桥梁设计寿命的目标,将桥梁的各构件分成不同的目标使用寿命类别;这些区分将影响设计使用寿命期内各构件的管理养护方法以及更换次数。在不同的给定寿命下,桥梁寿命期成本不同,这将是进行成本优化的重要依据。

针对具体的桥梁,其给定寿命是由一个设计人员进行调查、分析、研究后确定的设计参数。特大跨径桥梁设计寿命应在100年以上,而其构件设计寿命应与桥梁设计寿命相适应。例如,基础、主缆等不可更换且很难维修的构件,其设计寿命应与桥梁设计寿命相同;拉索、阻尼器设计寿命不低于50年;支座和伸缩装置设计使用寿命不低于30年;栏杆、灯柱、排水管道等附属构件和桥面铺装的构件设计使用寿命应考虑有利于集中维修或更换,以减少对大桥正常运营的影响。

多灾害作用下特大跨径桥梁的设计,确定桥梁和构件的设计使用寿命仍然是设计开展的重要工作。这是因为只有确定了桥梁的设计使用寿命,才能通过时变因素的考虑明确寿命期内多灾害作用下的总风险,才能合理确定寿命期内桥梁维护管养的成本,进而最终确定寿命期总成本。而寿命期成本是广义的综合桥梁性能指标,可通过寿命期成本的比选确定桥梁最终设计方案。

3.7.2 考虑多灾害作用的桥梁寿命期总成本宜由三个主要部分组成,包括初始建设成本、管养维护成本及多灾害风险成本。

条文说明

寿命期总成本的构成非常繁杂,计算寿命期成本是桥梁全寿命设计的重要内容。考虑多灾害作用下特大跨径桥梁的实际设计需求,对寿命期成本的考虑应突出反映多灾害作用下的预期经济损失,即多灾害风险成本,并计入重要的初始建设成本和长寿命期内显著的管理养护成本,对其他次要成本的考虑可以忽略。一般情况下,初始建设成本和多灾害风险成本往往是此消彼长的,而管养维护投入的增加亦可以一定程度上弥补初始建设成本的不足并且可以降低风险成本,多灾害作用下特大跨径桥梁设计时的寿命期成本分析中,重点计入这三类成本,有助于抓住主要矛盾且能大大降低分析的工作量。

3.7.3 全寿命设计中对资金需求的全面考虑是决定设计方案的重要决策指标。基于全寿命设计理念,多灾害作用下特大跨径桥梁的基本设计目标是:使桥梁满足性能标准和风险准则的要求并取得最低的寿命期总成本。实际操作中,宜对满足性能标准和风险准则的多种可行设计方案进行寿命期总成本的比较,进而选择成本最优的方案。

条文说明

成本分析是经济学中的基本分析工具,在全寿命设计过程中,它承担从资金和财务角度进行方案优选的重要作用。桥梁寿命期内的大多数活动,包括建设、养护、维修、变更、改造、修复、回收再利用和拆除等都需要通过成本折算的方法,转化为货币表示后才能进入最终的比较和决策过程。利用折现率等基本分析工具,在寿命期不同阶段发生的成本可以计算为现值,从而得到寿命期总成本;或是折算为年度成本用于最终决策。保持寿命期总成本最低,或者年度成本可接受是方案接受的基本条件。

给定寿命设计的基本设计目标是在桥梁整个寿命期内总成本最低。与传统设计相比,全寿命设计除了对初始建设成本的关注外,还对桥梁整个寿命期内可能发生的各种费用及灾害作用下可能产生的经济损失都进行关注,并引入经济学中成本分析的基本原理进行科学计算和分析,使得在设计初期对桥梁寿命期总成本就形成了总体的认识。全寿命设计最重要的意义之一就在于采用最小寿命期成本原则比选多种设计方案进而优中选优。

4 材　　料

4.1 一般原则

特大跨径桥梁设计应积极稳妥地应用经过验证的高性能材料。

4.2 混凝土、钢筋及预应力筋

4.2.1 用于特大跨径桥梁各构件的混凝土,其强度等级、标准值、设计值、弹性模量、剪切模量应按现行《公路钢筋混凝土及预应力混凝土桥涵设计规范》(JTG 3362)的规定取用。

4.2.2 特大跨径桥梁桥塔塔身的混凝土强度等级宜高于C50。

4.2.3 锚碇混凝土强度等级的选择应考虑大体积混凝土温控的需求,宜在C25~C40之间,且不应低于C25,散索鞍基座、预应力锚下等局部应力较高的区域混凝土强度等级不宜低于C40。重力式锚碇中为增加质量的填充材料,可选用低等级的混凝土或其他替代材料。

条文说明

根据现行《大体积混凝土施工标准》(GB 50496)的有关规定,大体积混凝土强度等级宜在C25~C50之间,并可利用混凝土60d或90d的强度作为混凝土配合比设计、混凝土强度评定及工程验收的依据。

4.2.4 深水基础可采用C35水下混凝土。

4.2.5 钢筋混凝土及预应力混凝土构件所采用的普通钢筋与预应力钢筋类别、设计强度、标准强度和弹性模量,应按现行《公路钢筋混凝土及预应力混凝土桥涵设计规范》(JTG 3362)的规定取用。

4.3 缆索材料

4.3.1 主缆索股、吊索所用的高强度钢丝及钢丝绳宜采用热镀锌线材。

条文说明

主缆、吊索所用的高强度钢丝及钢丝绳在大气中极易锈蚀,对线材进行热镀锌,作为主缆、吊索的第一道防护是保证其耐久性的关键。随着材料科学的不断进步,新的防腐措施和新材料也将不断涌现,本条文推荐采用热镀锌,也不排斥选用其他可靠的防腐方式。

4.3.2 镀锌高强度钢丝的技术条件不应低于现行《桥梁缆索用热镀锌钢丝》(GB/T 17101)的规定。

4.3.3 镀锌钢丝绳的技术条件不应低于现行《重要用途钢丝绳》(GB 8918)、《钢丝绳通用技术条件》(GB/T 20118)、《粗直径钢丝绳》(GB/T 20067)和《密封钢丝绳》(YB/T 5295)的规定。

4.3.4 镀锌高强度钢丝主缆的弹性模量设计取值宜为$(1.9 \sim 2.1) \times 10^5 \mathrm{MPa}$。

4.3.5 镀锌高强度钢丝吊索的弹性模量设计取值宜为$(1.95 \sim 2.05) \times 10^5 \mathrm{MPa}$,镀锌钢丝绳吊索的弹性模量设计取值不宜小于$1.10 \times 10^5 \mathrm{MPa}$。

4.3.6 镀锌高强度钢丝的抗拉强度设计值f_{dd}应按其抗拉强度标准值f_k除以钢丝材料强度分项系数γ_R确定。钢丝材料强度分项系数γ_R应按表4.3.6的规定采用。

镀锌高强度钢丝材料强度分项系数γ_R　　　　表4.3.6

抗拉强度标准值f_k(MPa)	构件种类	
	主缆	销接式吊索
1 670	1.85	2.20
1 770		
1860		
1960		

注:表列钢丝抗拉强度标准值系为Ⅱ级松弛钢丝的数值。当采用Ⅰ级松弛钢丝时,分项系数γ_R乘以折减系数0.9。

4.3.7 钢丝绳应按其最小破断力除以钢丝绳材料强度分项系数γ_R求得最小破断拉力设计值f'_{dd}。最小破断力宜根据现行《粗直径钢丝绳》(GB/T 20067)钢芯钢丝绳取值。钢丝绳材料强度分项系数γ_R应按表4.3.7的规定采用。

钢丝绳材料强度分项系数γ_R　　　　表4.3.7

项目	骑跨式吊索	销接式吊索
材料强度分项系数	2.95	2.20

4.3.6~4.3.7条文说明

本条文中主缆的材料强度分项系数与现行《公路钢结构桥梁设计规范》(JTG D64)保持一致。进行安全系数与材料强度分项系数换算时,主缆安全系数取2.5,荷载系数取1.36,此时,强度分项系数为1.85。对于大跨悬索桥而言,实际恒活载比例较大,即实际结构的荷载系数小于1.36,按照现行《公路桥涵设计通用规范》(JTG D60)设计时,作用效应计算还应乘以结构重要性系数1.1。考虑结构重要性系数后,设计表达式的荷载系数为2.5÷1.1÷1.85=1.23,此荷载系数相当于主缆恒活载比为8∶2的情况。对于恒活载比小于8∶2的情况,换算后的安全系数大于2.5;恒活载比大于8∶2,换算后的安全系数略小于2.5。

当高强度钢丝、钢丝绳用作吊索时,由于吊索存在一定的疲劳及弯折问题,吊索的安全系数高于主缆,因而吊索的材料强度分项系数也高于主缆。

4.3.8 特大跨径悬索桥宜采用1 960MPa的锌铝合金镀层高强度钢丝作为主缆材料。

条文说明

1 960MPa高强度钢丝已经实现了国产化并在主跨为1 688m的虎门二桥坭洲水道桥建设中进行了实际的工程应用,国产1 960MPa高强度钢丝产品的试验检验结果如表4-1所示。

1 960MPa的高强度试制钢丝的试验检验结果 表4-1

项　目		检 验 结 果
直径	镀后钢丝直径 D(mm)	φ5.0±0.06
	不圆度(mm)	≤0.06
机械性能	标准强度 σ_b(MPa)	1 960~2 160
	规定塑性延伸强度 σ_s(MPa)	≥1 570
	松弛率(%)	≤7.5
	伸长率(%)	≥4.0
	弹性模量(MPa)	(2.0±0.1)×10^5
	反复弯曲数(次)	≥4
	缠绕性能	3D×8 圈不开裂
	扭转性能(次)	≥14
	应力疲劳	上限为0.45σ_b,应力幅值为360MPa,循环2.0×10^{6}次不断裂
镀层质量	热镀锌铝合金工艺	双镀
	镀层中的铝含量(%)	4.2~7.2
	镀层附着量(g/m^2)	≥300
	硫酸铜试验(次)	≥4,每次45s
	镀层附着性能	5D×8 圈,镀层不开裂或不起层至用手指(裸)擦掉程度
	表观质量	良好
直线性	钢丝自由翘头高度(mm)	≤150
	自然矢高(mm)	≤30

在特大跨径悬索桥建设中采用1 960MPa的高强钢丝可以增加缆索强度,降低缆索重量,进而能够降低主缆架设的难度及工程的投资成本。

4.3.9 在环境侵蚀作用较为严重的地区,特大跨径悬索桥主缆材料宜选用耐久性更好的锌铝合金镀层钢丝。

条文说明

项目研究中,对生产出的 1 000 多吨锌-铝合金镀层钢丝的抗拉强度、屈服强度、弹性模量、抗松弛性能、反复弯曲、缠绕性能、扭转次数、抗疲劳性能、自由翘高、镀层附着量、铝含量、镀层附着性能、表观质量、直径增量进行了试验检验。试验结果表明,其抗拉强度、屈服强度、弹性模量、抗松弛性能、反复弯曲、缠绕性能、扭转次数、抗疲劳性能、自由翘高、镀层附着量、镀层附着性能、表观质量、直径增量均满足现行国家标准《桥梁缆索用热镀锌钢丝》(GB/T 17101)的技术要求,锌-铝合金镀层质量满足现行《锌-5%铝-混合稀土合金镀层钢丝、钢绞线》(GB/T 20492)的要求。

另外,为了验证锌-铝合金镀层的抗腐蚀能力,按照国家相关标准,选取镀层厚度相同、直径相同、长度相同的镀锌钢丝和锌-铝合金镀层钢丝进行了盐雾对比腐蚀试验。

从试验可以得出如下结论:

(1)镀锌钢丝开始出现锈蚀的时间为 720h,锌-铝合金镀层钢丝开始出现锈蚀的时间为 1 608h,为镀锌钢丝的 2.23 倍。

(2)镀锌钢丝表面 70% 出现锈蚀的时间为 2 352h,锌-铝合金镀层钢丝表面 70% 出现锈蚀的时间为 4 908h,为镀锌钢丝的 2.08 倍。

(3)镀锌钢丝表面 90% 出现锈蚀的时间为 2 760h,锌-铝合金镀层钢丝表面 90% 出现锈蚀的时间为 6 144h,为镀锌钢丝的 2.22 倍。

可见,锌-铝合金镀层钢丝与传统的镀锌钢丝相比,具有显著优良的耐久性能。目前,锌-铝合金镀层钢丝的工艺技术、设备和生产管理能力已经成熟,可以确保锌-铝合金镀层钢丝批量化生产的质量。

4.3.10 斜拉索用高强钢丝应采用 ϕ5mm 或 ϕ7mm 热镀锌钢丝,其标准强度不宜低于 1 770MPa,性能应满足现行《桥梁缆索用热镀锌钢丝》(GB/T 17101)或《斜拉桥用热挤聚乙烯高强度钢丝拉索技术条件》(GB/T 18365)的规定。

4.3.11 斜拉索用钢绞线应采用高强低松弛预应力镀锌或其他防护钢绞线,其标准强度不宜低于 1 860MPa,性能应满足现行《预应力混凝土用钢绞线》(GB/T 5224)或《高强度低松弛预应力热镀锌钢绞线》(YB/T 152)的要求。

4.3.12 斜拉索用锚具钢材应选用优质碳素结构钢或合金结构钢,性能应满足相应国家标准要求。

4.3.13 斜拉索外防护材料应采用在直接承受大气环境因素的作用下,具有较长的抗老化寿命,性能符合现行《桥梁缆索用高密度聚乙烯护套料》(CJ/T 297)要求的高密度聚乙烯护套料或其他合适的材料。

4.4 结构用钢材

4.4.1 钢桥塔、钢主梁宜采用牌号 Q345、Q390、Q420、Q500 的钢材或其他适用于桥梁结构的碳素结构钢和低合金结构钢。其技术条件不应低于现行《碳素结构钢》(GB/T 700)、《低合金高强度结构钢》(GB/T 1591)的规定。

4.4.2 索鞍宜采用 ZG275-485H、ZG270-500、ZG310-570 等铸钢,索套、索夹本体材料宜采用 ZG20Mn、ZG35SiMnMo 等铸钢,其技术条件不应低于现行《一般工程用铸造碳钢件》(GB/T 11352)、《焊接结构用铸钢件》(GB/T 7659)、《一般工程与结构用低合金铸钢件》(GB/T 14408)、《大型低合金钢铸件 技术条件》(JB/T 6402)的规定。

4.4.3 索鞍、索夹、锚固系统的拉杆宜采用 40CrNiMoA、40Cr、35CrMo 等合金结构钢,其技术条件不应低于现行《合金结构钢》(GB/T 3077)的规定。

4.4.4 锚头锚杯宜采用 ZG20Mn、ZG270-500、ZG310-570 等铸钢,盖板宜采用 Q235 或 20 号钢,销接式锚头耳板及销轴宜采用 45 号钢或 35CrMo 等优质钢材制造,其技术条件不应低于现行《一般工程用铸造碳钢件》(GB/T 11352)、《优质碳素结构钢》(GB/T 699)、《合金结构钢》(GB/T 3077)的规定。

4.4.5 高强度螺栓连接副的技术条件不应低于现行《钢结构用高强度大六角头螺栓》(GB/T 1228)、《钢结构用高强度大六角头螺母》(GB/T 1229)、《钢结构用高强度垫圈》(GB/T 1230)、《钢结构用高强度大六角头螺栓、大六角螺母、垫圈技术条件》(GB/T 1231)的规定。

4.4.6 普通螺栓技术条件不应低于现行《六角头螺栓 C 级》(GB/T 5780)和《六角头螺栓》(GB/T 5782)的规定。

4.4.7 铸焊构件采用的结构用钢板技术条件不应低于现行《优质碳素结构钢热轧钢板和钢带》(GB/T 711)、《碳素结构钢和低合金结构钢热轧钢板和钢带》(GB/T 3274)的规定。

4.4.8 钢材的强度设计值应根据钢材的厚度按表 4.4.8 的规定采用。

钢材的强度设计值　　　　表 4.4.8

钢　　材		抗拉、抗压和抗弯强度 f_d (MPa)	抗剪强度 f_{vd} (MPa)	端面承压(刨平顶紧)强度 f_{cd} (MPa)
牌号	厚度(mm)			
Q235 钢	≤16	190	110	280
	16~40	180	105	
	40~100	170	100	
Q345 钢	≤16	275	160	355
	16~40	270	155	
	40~63	260	150	
	63~80	250	145	
	80~100	245	140	

续上表

钢材		抗拉、抗压和抗弯强度 f_d (MPa)	抗剪强度 f_{vd} (MPa)	端面承压(刨平顶紧)强度 f_{cd} (MPa)
牌号	厚度(mm)			
Q390钢	≤16	310	180	370
	16~40	295	170	
	40~63	280	160	
	63~100	265	150	
Q420钢	≤16	335	195	390
	16~40	320	185	
	40~63	305	175	
	63~100	290	165	

注:表中厚度指计算点的钢材厚度,对轴心受拉和轴心受压构件指截面中较厚板件的厚度。

条文说明

现行《公路钢结构桥梁设计规范》(JTG D64)中仅给出了最高标号到Q420的钢材。对于更高标号的钢材可基于现行《桥梁用结构钢》(GB/T 714)的性能要求进行钢材研发及设计。

4.4.9 铸钢和锻钢的强度设计值应按表4.4.9的规定采用。

铸钢和锻钢的强度设计值(MPa)　　　　表4.4.9

强度种类	钢 号					
	ZG230-450 ZG230-450H	ZG270-500 ZG270-480H	ZG300-500H	ZG310-570	35号钢	45号钢
抗拉、抗压和抗弯强度 f_d	170	200	220	225	250	280
抗剪强度 f_{vd}	100	115	125	130	145	160
铰轴紧密接触时径向受压强度 f_{rd1}	85	100	110	110	125	140
辊轴或摇轴自由接触时径向受压强度 f_{rd2}	6.5	8.0	9.0	9.0	10.0	11.0
销孔承压强度 f_{sd}	—	—	—	—	190	210

注:1. 铰轴紧密接触系指接触面为圆弧、中心角为2×45°的接触;辊轴或摇轴自由接触系指轴与板平面的接触。
　　2. 计算紧密接触或自由接触受压强度时,其承压面积采用轴径截面。轴与板采用不同钢种时,径向受压设计值取用其较低者。

4.4.10 钢材和铸钢的物理性能指标应按表4.4.10的规定采用。

钢材和铸钢的物理性能指标　　　　表4.4.10

弹性模量 E(MPa)	剪切模量 G(MPa)	线膨胀系数 α(1/℃)	泊松比 v	质量密度 ρ(kg/m³)
2.06×10^5	0.79×10^5	12×10^{-6}	0.31	7850

4.4.11 普通螺栓和锚栓连接的强度设计值应按表4.4.11的规定采用。

普通螺栓和锚栓连接的强度设计值(MPa)　　　　表4.4.11

螺栓的性能等级、锚栓和构件钢材的牌号		普通螺栓						锚栓
		C级			A、B级			
		抗拉强度 f_{td}^b	抗剪强度 f_{vd}^b	承压强度 f_{cd}^b	抗拉强度 f_{td}^b	抗剪强度 f_{vd}^b	承压强度 f_{cd}^b	抗拉强度 f_{td}^b
普通螺栓	4.6级、4.8级	145	120	—	—	—	—	
	5.6级	—	—	—	185	165		
	8.8级	—	—	—	350	280		

续上表

螺栓的性能等级、锚栓和构件钢材的牌号		普通螺栓						锚栓
		C 级			A、B 级			
		抗拉强度 f_{td}^b	抗剪强度 f_{vd}^b	承压强度 f_{cd}^b	抗拉强度 f_{td}^b	抗剪强度 f_{vd}^b	承压强度 f_{cd}^b	抗拉强度 f_{td}^b
锚栓	Q235 钢	—	—	—	—	—	—	125
	Q345 钢	—	—	—	—	—	—	160
构件	Q235 钢	—	—	265	—	—	350	—
	Q345 钢	—	—	340	—	—	450	—
	Q390 钢	—	—	355	—	—	470	—
	Q420 钢	—	—	380	—	—	500	—

注：A、B 级螺栓孔的精度和孔壁表面粗糙度，C 级螺栓孔的允许偏差和孔壁表面粗糙度，均应符合现行《钢结构工程施工质量验收规范》(GB 50205)的要求。

4.4.12 高强度螺栓预拉力设计值 P_d 应按表 4.4.12 的规定取用。

高强度螺栓的预拉力设计值 P_d (kN)　　　　　　　表 4.4.12

性能等级	螺纹规格				
	M20	M22	M24	M27	M30
8.8S	125	150	175	230	280
10.9S	155	190	225	290	355

4.5 焊接材料

4.5.1 焊接材料应与母材相匹配，并应符合以下规定：

（1）手工焊接采用焊条的技术条件不应低于现行《非合金钢及细晶粒钢焊条》(GB/T 5117) 或《热强钢焊条》(GB/T 5118) 的规定。对需要验算疲劳的构件宜采用低氢型碱性焊条。

（2）自动焊和半自动焊采用的焊丝和焊剂的技术条件不应低于现行《熔化焊用钢丝》(GB/T 14957)、《气体保护电弧焊用碳钢、低合金钢焊丝》(GB/T 8110)、《非合金钢及细晶粒钢药芯焊丝》(GB/T 10045)、《热强钢药芯焊丝》(GB/T 17493)、《埋弧焊用非合金钢及细晶粒钢实心焊丝、药芯焊丝和焊丝-焊剂组合分类要求》(GB/T 5293) 或《埋弧焊用热强钢实心焊丝、药芯焊丝和焊丝-焊剂组合分类要求》(GB/T 12470) 的规定。

4.5.2 焊缝的强度设计值应按表 4.5.2 的规定采用。

焊缝的强度设计值　　　　　　　表 4.5.2

焊接方法和焊条型号	构件钢材		对接焊缝				角焊缝
	牌号	厚度 (mm)	抗压强度 f_{cd}^w (MPa)	焊缝质量为以下等级时，抗拉强度 f_{td}^w (MPa)		抗剪强度 f_{vd}^w (MPa)	抗拉、抗压或抗剪强度 f_{td}^w (MPa)
				一级、二级	三级		
自动焊、半自动焊和 E43 型焊条的手工焊	Q235 钢	≤16	190	190	160	110	140
		16～40	180	180	155	105	
		40～100	170	170	145	100	

续上表

焊接方法和焊条型号	构件钢材		对接焊缝				角焊缝
	牌号	厚度(mm)	抗压强度 f_{cd}^w (MPa)	焊缝质量为以下等级时,抗拉强度 f_{td}^w (MPa)		抗剪强度 f_{vd}^w (MPa)	抗拉、抗压或抗剪强度 f_d^f (MPa)
				一级、二级	三级		
自动焊、半自动焊和E50型焊条的手工焊	Q345钢	≤16	275	275	235	160	175
		16~40	270	270	230	155	
		40~63	260	260	220	150	
		63~80	250	250	215	145	
		80~100	245	245	210	140	
自动焊、半自动焊和E55型焊条的手工焊	Q390钢	≤16	310	310	265	180	200
		16~40	295	295	250	170	
		40~63	280	280	240	160	
		63~100	265	265	225	150	
	Q420钢	≤16	335	335	285	195	200
		16~40	320	320	270	185	
		40~63	305	305	260	175	
		63~100	290	290	245	165	

注:1. 对接焊缝受弯时,在受压区的抗弯强度设计值取 f_{cd}^w,在受拉区的抗弯强度设计值取 f_{td}^w。
2. 焊缝质量等级确定应符合现行《钢结构工程施工质量验收规范》(GB 50205)的规定。其中厚度小于8mm钢材的对接焊缝,不应采用超声波探伤确定焊缝质量等级。

4.6 锚头铸体材料

4.6.1 热铸锚头铸体材料应选用低熔点锌铜合金,其中锌含量为98%±0.2%,技术条件不应低于现行《锌锭》(GB/T 470)的规定;铜含量为2%±0.2%,技术条件不应低于现行《阴极铜》(GB/T 467)的规定。

4.6.2 冷铸锚头铸体材料配比应由试验确定。

5 作 用

5.1 一般原则

5.1.1 常规作用的种类、取用水平、计算方法等与结构性能要求、结构体系特性、桥址环境特征等密切相关。对具有特殊性的常规作用,应在考虑现有规范要求的基础上,通过专题研究,具体分析确定。

条文说明

考虑特大跨径桥梁的特殊静动力特性及重要的社会经济意义,其设计标准通常较高,因此,需要对作用进行更加深入和全面的分析。常规桥梁中可以忽略的一些作用,在特殊的条件下可能成为控制因素;同时,常规桥梁中取用的设计参数在特大跨径桥梁中的适用性也需要进一步验证,例如汽车荷载的加载模式、加载长度等。因此,对于特大跨径桥梁的设计,常规作用的基本取用原则也应基于性能设计的基本原理分析确定。

现行《公路工程技术标准》(JTG B01)和《公路桥涵设计通用规范》(JTG D60)中对桥梁设计中常规作用的取值、作用效应分项系数、频遇值系数、准永久值系数、作用效应组合进行了详细的规定。本指南对于在特大跨径桥梁设计中可以参照使用的不再重复,对于具有特殊性的做进一步说明。

5.1.2 特大跨径桥梁的设计应全面考虑包含灾害组合场景在内可能的多种灾害场景,应通过专项研究,具体分析确定。一般而言,在多灾害作用下基于性能的桥梁设计中,设计灾害作用的种类和取用水平应通过建立多灾害性能标准体系来表达。

条文说明

对所有可能的灾害场景进行全面考虑是多灾害作用下桥梁设计与传统桥梁设计的根本区别。本指南首次提出,特大跨径桥梁的设计过程应依据桥址环境综合考虑所有可能的灾害场景,每种灾害场景既可以由单一灾害构成也可以由灾害组合构成。本指南将包含灾害组合场景中所有可能的多种灾害场景的共同体称为多灾害。

设计灾害作用的种类与取用水平应结合具体工程项目通过专项研究确定。本指南提出的多灾害作用下特大跨径桥梁的设计方法是一种基于性能的设计方法,而性能设计方法的核心是针对每种设计作用确定性能标准,通过设计过程使设计结果满足性能标准的要求。性能标准是设计作用水平及其相应性能目标的综合统一体,因此,针对哪些灾害场景建立了性能标准,也就相当于考虑了相应的设计灾害作用;在针对每种灾害场景确定性能标准的过程中,还包含了对这一种类的设计灾害作用取用水平的选定。所以说,在多灾害作用下基于性能的桥梁设计中,设计灾害作用的种类和取用水平的确定是通过建立多灾害性能标准体系来完成的。

5.1.3 特大跨径桥梁设计时应合理考虑常规作用与多灾害作用的组合。恒载与多灾害作用的组合必须考虑,其他的常规作用与多灾害作用的组合可针对具体工程的特点,通过专项研究确定。

条文说明

一般灾害发生时,肯定有恒载(重力、预加力、土压力等)作用于桥梁上,需考虑恒载与灾害作用的组合。灾害发生时,桥梁也可能处于正常通行的状态,因此也有必要考虑恒载+汽车荷载+灾害作用的组合;但是由于灾害作用的破坏性,并且一般情况下汽车荷载效应在特大跨径桥梁综合作用效应中的占比很小,且对灾害作用后果的影响较小,所以在针对灾害作用下的桥梁设计时,往往倾向于不考虑灾害作用与汽车荷载的组合。是否还考虑其他常规设计作用,比如温度作用及其与灾害作用的组合,以及如何考虑这类组合,应针对具体工程的特点,通过专项研究确定。

需要特别指出的是,由于存在灾害对桥梁作用的非线性和致损性以及特大跨度带来的几何非线性,常规作用与灾害作用的组合必须通过组合的多作用加载至结构的全量法计算得到综合结构响应,而不能通过累加作用效应的方式得到常规作用与灾害作用组合下的结构响应。

5.2 作用分类

特大跨径桥梁的设计作用可分为永久作用、可变作用、施工作用、灾害作用四类,如表 5.2 所示。

特大跨径桥梁的设计作用　　　　　　　　　　表5.2

编　号	作用分类	作　用　名　称
1	永久作用	结构重力(包括结构附加重力)
2		预加力
3		土的重力

续上表

编 号	作用分类	作用名称
4	永久作用	土侧压力
5		混凝土收缩及徐变作用
6		水的浮力
7		基础变位作用
8		施工偏差
9	可变作用	汽车荷载
10		汽车冲击力
11		汽车引起的土侧压力
12		人群荷载
13		汽车制动力
14		风荷载
15		波浪力
16		流水压力
17		冰压力
18		温度(均匀温度和梯度温度)作用
19		支座摩阻力
20	施工作用	按照施工方案确定
21	灾害作用 自然灾害	地震作用
22		强风作用
23		泥石流作用
24		洪水作用
25		冲刷作用
26		暴雨、暴雪作用
27		海啸作用
28		巨浪作用
29		风暴潮作用
30		冰凌或流冰作用
31	灾害作用 人为灾害	撞击(船舶、车辆等撞击)作用
32		超载作用
33		火灾作用
34		爆炸作用
35		其他灾害作用

条文说明

现行《公路桥涵设计通用规范》(JTG D60)中将作用分为永久作用、可变作用和偶然作用三类,参照以往的研究,本指南又增加了施工作用,并首次提出增加灾害作用。考虑特大跨径桥梁结构的重要性，本指南中将发生概率很低、后果较严重的作用归纳为灾害作用，其取用水平及对应的结构性能要求，即性能设计中的性能标准，应针对具体工程经过专项研究确定。

本指南将设计作用分为永久作用、可变作用、施工作用、灾害作用四类，其中，永久作用、可变作用、施工作用可统称为常规作用。

对于跨海桥梁，应考虑风场、波浪场、流场的耦合相关性。项目研究过程中对琼州海峡桥位海域的风-浪-流耦合场进行了同步观测。2012—2014 年，琼州海峡台风期间现场观测数据的分析结果表明：台风期间的风速和波高的相关性很强，绝大部分情况下，风速取最大值时，波高值也位于最大值附近。风场和浪场间存在着极强的耦合相关性，浪场与流场间也存在较强的相关性。台风"威马逊"期间，归一化后的风速、波高、波周期和流速随时间的变化过程如图 5-1 所示。

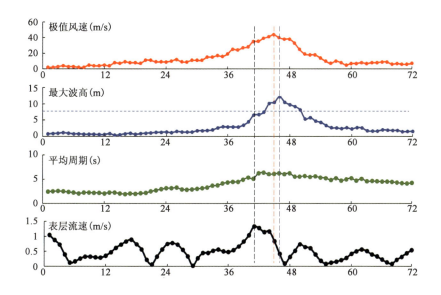

图 5-1　台风"威马逊"期间的归一化的风速、波高、波周期和流速随时间变化过程

随着桥梁跨径的增加，桥梁结构自振周期呈增大趋势。跨海特大跨径桥梁的自振周期能到达 10s 以上，逼近风-浪-流耦合场中的波周期，加剧了跨海特大跨径桥梁在风-浪-流耦合作用下的动力响应，使得其在建设时不能忽略风-浪-流耦合场的综合影响。因此，对于跨海桥梁宜将风-浪-流耦合作用作为一个综合作用进行考虑，并基于风-浪-流耦合场重现期的长短分为 W1 水准和 W2 水准。其中，W1 水准为施工期（根据施工安排取 10 年或 20 年重现期）或正常运营状态下桥面风速 25m/s 对应的风-浪-流耦合场参数；W2 水准为以桥梁设计使用寿命作为重现期对应的风-浪-流耦合场参数。

5.3 永久作用

5.3.1 永久作用的计算应按现行《公路桥涵设计通用规范》(JTG D60)的规定执行。

5.3.2 结构重力计算时,在现行规范中无法直接查得的特殊材料密度应通过试验或根据材料供应商提供的数据确定。

条文说明

重力计算时,桥面铺装、护栏及中央分隔带等其他设施应按实际重力考虑。当钢筋混凝土或预应力混凝土含筋率(包括普通钢筋和预应力钢筋)大于1%(体积比)时,其重度可按单位体积中扣除钢筋体积的混凝土自重加所含钢筋的自重之和计算。

5.3.3 斜拉桥斜拉索的初拉力及调整力应作为永久作用,并参与组合。

5.3.4 基础变位影响力应结合桥址处地质特点、结构体系、基础设计采用的形式与特点,经分析综合确定。

5.3.5 永久作用中应考虑施工过程偏差对结构线形、内力分布及长期使用特性的影响。

条文说明

根据结构体系和施工方法的不同,特大跨径桥梁主要的施工偏差主要包括索塔垂度偏差、主梁线性偏差、缆索索力偏差等。各种偏差对结构性能的影响程度不同,其可接受范围也不同,应根据施工方法、加工精度以及对结构性能影响的程度综合确定。

5.4 可变作用

5.4.1 车道荷载取用水平和加载模式应充分考虑特大跨径桥梁在寿命期内交通流特性的可能变化,并经过专项研究确定。车道荷载需考虑动力放大系数、纵向折减系数和横向折减系数。不同构件和不同响应指标,上述折减系数可能不同。

条文说明

现行《公路桥涵设计通用规范》(JTG D60)中有关横向折减系数的规定对特大跨径桥梁基本适用,但仍可进一步调整,以更加准确地考虑汽车作用。

5.4.2 车辆荷载可按照现行《公路工程技术标准》(JTG B01)规定的标准车确定,也可根据专题研究报告确定设计车辆荷载模型。

条文说明

车辆荷载模型主要用于对桥面系、拉索等构件的局部设计计算。设计中应根据特大跨径桥梁使用要求,研究确定车辆荷载。

5.4.3 汽车动力放大系数与车辆数目和间距、车道分布、车辆行驶方向、桥面粗糙程度、车速等有关,可通过模拟随机车流进行车桥耦合振动研究确定。不同类的构件,或所处位置不同的同类构件(如索),其动力放大系数可能不同。在构件设计过程中可对不同构件按最不利工况计算取用。主梁桥面板局部验算时,应考虑汽车的冲击效应,一般可取为1.3。

条文说明

动力放大系数是汽车过桥时对桥梁结构产生的振动效应后,对于静力荷载的动力放大系数。以往设计中往往仅考虑车辆振动对桥梁结构的竖向影响,因此,规范中也以单一的冲击系数描述车辆振动的影响。对于特大跨径桥梁,由于结构动力特性显著变化,以及汽车在桥面分布的变异性增大,车桥振动的动力放大效应除了在竖向作用方面有明显体现外,还可能体现在其他方面,如扭转等;同时对于不同构件,动力放大效应的程度也可能有所变化。以往规范中单一冲击系数的描述方法在特大跨径桥梁中是否适用需要进一步研究。

根据研究经验,特大跨径桥梁在汽车作用下的动力放大系数随构件种类、位置和响应类型而不同,应通过具体分析确定。在进行桥面板局部验算时,应考虑汽车荷载的冲击效应。

5.4.4 设计中应考虑寿命期内可能通过桥梁的特殊车辆,如超长、超宽或特载车辆。特殊车辆可按特殊布载模式进行整体和局部验算。

条文说明

特殊车辆主要指运送特殊物品的车辆,此类车辆一般须在特殊管理条件下过桥。因此,可针对其特殊布载模式进行整体和局部验算,作为其他可变荷载考虑。

5.4.5 人群荷载主要考虑检修通道验算及特殊情况下人群满载验算。对桥面两侧设置的检修道,人群荷载可取 $1.5kN/m^2$。满布人群验算时,人群荷载可取 $1.75kN/m^2$ 或按照具体情况考虑。

条文说明

现行《公路桥涵设计通用规范》(JTG D60)对桥面两侧设置检修道的情况、人群荷载集度未做具体规定,本指南是参考日本本州-四国联络工程公团设计基准中取有关规定并结合国内已设置检修道的具体情况推荐选用的集度标准,亦可根据特殊要求制定荷载标准。

满布人群验算时,人群荷载可按1.75kN/m²或具体情况考虑。需在桥面净宽内布置,并作为其他可变荷载考虑。

5.4.6 疲劳车辆荷载主要根据不同构件的性能要求,通过专题研究确定适宜的疲劳荷载车辆模型并开展构件响应研究。

条文说明

针对国内目前出现的钢桥桥面板疲劳破坏等问题,交通行业已经开展了数次关于桥梁构件疲劳的研究课题,其中部分课题已经完成并有了初步成果,包括中交公路规划设计院有限公司主编的《公路钢结构桥梁设计规范》(JTG D64)中提出的疲劳荷载车模型。但针对特大跨径桥梁,仍建议开展专题研究。

5.4.7 作用在桥上的风荷载标准值应按现行《公路桥涵设计通用规范》(JTG D60)的规定执行。主梁上的静阵风荷载,塔、墩和缆索上的风荷载计算应按现行《公路桥梁抗风设计规范》(JTG/T D60-01)执行。

条文说明

本条文中的风荷载指的是可变作用中的常规风荷载,而不是灾害作用中的强风作用。

5.4.8 应根据桥址位置水文、气象特征,综合研究确定施工阶段和成桥阶段采用的流速。

条文说明

可以参照施工阶段取20年一遇、成桥阶段取300年一遇的标准确定流速。

5.4.9 波浪力的静动力影响、计算模式与取值,应通过专项研究确定。

5.4.10 风-浪-流耦合作用(W1水准)作为一种可变作用,应与活载等可变作用组合,采用桥面风速为25m/s时对应重现期的波浪作用,以及合理的海流作用。

5.4.11 设计中应合理预测结构寿命期内可能出现的极值温度,并考虑拉索保护层颜色对温差的影响。特大跨径桥梁的温度作用应符合下列规定:

(1)应同时考虑均匀温度作用和梯度温度作用引起的结构温度效应。

(2)计算均匀温度作用造成的体系温差时,应自结构合龙时的温度起算。钢结构可按当地极端最高和最低气温确定,混凝土结构可按当地日平均最高和最低气温确定。无实测数据资料时,可按现行《公路桥涵设计通用规范》(JTG D60)的规定执行。

(3)加劲梁、主塔的梯度温度作用应按现行《公路桥涵设计通用规范》(JTG D60)的规定执行。无实测数据资料时,混凝土索塔两侧的梯度温差可取±5℃。

(4)四车道以上宽幅无悬臂主梁,宜考虑横桥向梯度温度作用的影响。

条文说明

研究表明,特大跨径桥梁的温度作用效应十分明显,在设计时对温度荷载必须要有充分的考虑。体系温差主要体现在月平均温差对结构的影响,除了按现有规范合理确定体系温差外,考虑近年来极端气象灾害频繁出现,设计中应对极端气温进行全面预测,并通过参数分析等方法,明确设计应对策略。

5.4.12 特大跨径桥梁特殊支座的摩擦系数和摩阻力应根据试验数据确定。

条文说明

特大跨径桥梁支座需特殊设计,进行参数试验。

5.5 施工作用

进行施工期计算时,应计入施工中可能出现的施工荷载,根据具体的施工方案和施工条件确定,包括安装、架设、张拉机具和材料、施工人员、桥面堆载、临时配重以及施工期间风荷载等。

条文说明

特大跨径桥梁中可能使用大量施工机具,考虑这些施工机械的组合可能成为部分构件或局部验算中的控制荷载。可根据施工作用特点,研究确定适宜的安全水平和荷载组合系数。

5.6 灾害作用

5.6.1 设计灾害作用的取用水平,宜通过重现期或设计基准期超越概率的形式给出。

条文说明

对于发生概率低、变异性高的灾害作用,一般通过灾害危险性分析,采用重现期或设计基准期超越概率的形式描述灾害强度的大小。

灾害危险性是指某一场地在一定时期内可能遭受到灾害作用的大小,它表示的是所研究地区面临的客观灾害环境。对未来某个地区中将要遭遇灾害的大小、不同强度灾害发生的概率或超过给定灾害强度的概率进行预测估计的工作,叫做灾害危险性分析。其目的是预测某场地在未来一段时期内出现各种强度灾害的可能性,即在一定时期内不同强度灾害的发生概率或超越概率,得到灾害强度与重现期(或一定时段内超越概率)的对应关系。

采用重现期(或设计基准期超越概率)形式给出的设计灾害作用水平,仅仅从发生概率的角度表征灾害强度,而与地区或场地的客观灾害环境无关,因而具有更广泛的普遍适用性。将重现期(或设计基准期超越概率)形式表达的设计灾害作用水平,与针对特定桥址场地的灾害概率危险性分析得出的重现期(或设计基准期超越概率)与灾害强度的对应关系相结合,便可以进一步得到体现桥址灾害环境背景的以具体灾害强度表达的灾害作用水平,可用于特定场地的特大跨径桥梁的灾害设防和性能评价。

这种基于灾害发生概率(重现期或设计基准期超越概率)来选择设计灾害作用水平并结合特定场地的灾害危险性分析结果综合确定设计灾害强度的方法,相比直接通过灾害强度给出设计灾害作用水平的方法,无疑是更加合理的。

通过以上分析可以看出,由于建设在不同场地的特大跨径桥梁结构面临的灾害危险性是不同的,考虑不同地区灾害危险性的差异,必须以重现期或设计基准期超越概率的形式给出设计灾害作用水平。本质上讲,这是一种基于灾害发生概率来选择用于设计的灾害强度的方法。灾害重现期与设计基准期超越概率是相互对应的,其对应关系见表 5-1。

重现期与设计基准期超越概率的关系　　　　　　　　表 5-1

重　现　期	设计基准期超越概率			
	50 年	100 年	120 年	150 年
20 年	91.79%	99.33%	99.75%	99.94%
50 年	63.21%	86.47%	90.93%	95.02%
100 年	39.35%	63.21%	69.88%	77.69%
300 年	15.35%	28.35%	32.97%	39.35%
500 年	9.52%	18.13%	21.34%	25.92%
1 000 年	4.88%	9.52%	11.31%	13.93%
1 500 年	3.29%	6.45%	7.69%	9.52%
2 000 年	2.47%	4.88%	5.82%	7.23%
2 500 年	1.98%	3.92%	4.69%	5.82%
3 000 年	1.65%	3.28%	3.92%	4.88%
3 500 年	1.42%	2.82%	3.37%	4.20%
4 000 年	1.24%	2.47%	2.96%	3.68%
4 500 年	1.11%	2.20%	2.63%	3.28%
5 000 年	1.00%	1.98%	2.37%	2.96%
10 000 年	0.50%	1.00%	1.19%	1.49%

5.6.2 在基于性能设计中,设计灾害作用的取用水平及对应的结构性能要求均应通过各种灾害场景的性能标准表达,可按本指南第 9 章多灾害作用下结构性能评价中给出的性能标准等相关规定取用。

条文说明

通过各灾害场景的性能标准来表达设计灾害作用的取用水平,第 9 章对各灾害场景的性能标准给出了详细规定,可参照选用,本条文不再重复叙述。

5.6.3 考虑灾害概率危险性分析和灾害作用下结构易损性分析以及进一步计算多灾害作用下结构失效概率和风险的需要,对每种灾害场景应确定一个强度度量参数(Intensity Measure)来描述此场景灾害作用的大小。对单一灾害场景,为简单起见,建议选用的强度度量参数为标量;对灾害组合场景,建议选用的强度度量参数为各灾害的强度度量参数构成的向量。建议的单一灾害的强度度量参数如下:
(1)宜采用地震动峰值加速度(PGA)作为地震的强度度量参数;
(2)宜采用风速作为强风的强度度量参数;
(3)宜采用船舶吨位(DWT)作为船撞灾害的强度度量参数;
(4)宜采用等效 TNT 当量作为爆炸灾害的强度度量参数;
(5)宜采用火灾热释放速率作为火灾的强度度量参数;
(6)宜采用波高、波周期、相对潮高、爬坡高度作为巨浪、风暴潮、海啸的强度度量参数;
(7)宜采用冲刷深度作为冲刷灾害的强度度量参数;
(8)宜采用风速、波高、波周期、流速作为风-浪-流耦合作用的强度度量参数。

条文说明

在选定了灾害的强度度量参数后,灾害的概率危险性分析目的就是要得出一定时段内灾害的强度度量参数的概率分布。

灾害的概率危险性分析是指,通过概率方法来推测一个场地的灾害水平,确定该场地一定时段内最大灾害强度的概率分布。只有基于灾害危险性分析结果,才能依据特定超越概率确定用于工程设防的灾害强度,才能评估结构在灾害作用下的失效概率和风险。

(1)对于桥梁与结构工程的抗震设防,国内外常用的评价地震灾害强度的参数包括烈度和地震动参数两大类。由于烈度是用多种指标度量地震灾害、反映地震宏观影响大小的综合尺度,地震烈度不单纯代表地震动强度,将它转换成设计用的地震动参数比较复杂,与地震动关系的跳跃性大,统计离散程度也很大,因此将烈度作为地震设计或设防参数是不太合适的。

直接采用地震动参数来度量地震强度是更为合理的方法。

(2)描述风灾强度的最主要参数就是风速。

(3)大型船舶对桥梁的撞击作用与多种因素相关,不考虑结构因素仅与船舶自身相关的因素包括船舶吨位、船舶形式、船舶航行速度、船舶撞击角度等。采用所有的参数来评价船撞灾害在实际设计中是难以实现的,故研究提出按照船舶吨位(DWT)作为评价船撞灾害强度的参数。而影响船撞作用大小的其他因素,比如撞击速度和撞击角度,以实际桥址环境的通航背景为基础,在性能评价过程中通过多工况分析或概率性评价来综合考虑。

(4)风-浪-流耦合作用是风-浪-流耦合场中风、波浪、海流作用的统称,因此选取风速、波高、波周期和流速作为其强度度量参数。由于风-浪-流耦合场中的风速、波高、波周期和流速是存在耦合关系的特征量,应用极值联合概率分布来描述其耦合关系。

5.6.4 地震作用应采用设计加速度反应谱和设计地震动加速度时程表征,特大跨径桥梁应同时考虑三个方向的地震作用。应根据专门的工程场地地震安全性评价确定桥址处各设计水平的地震作用,并应符合下列规定:

(1)地震作用应考虑长周期效应,给出的设计加速度反应谱和设计地震动加速度时程的周期范围应包含特大跨径桥梁结构的基本周期。

(2)桥址存在地质不连续或地形特征以及特大跨所带来的行波效应可能造成各桥墩的地震动参数显著不同时,应考虑地震动参数的空间变化。

(3)桥址距有发生 6.5 级以上地震的潜在危险地震活断层 30km 以内时,近断裂效应应包括上盘效应、破裂的方向性效应,以保证设计加速度反应谱长周期段的可靠性。

条文说明

结构的动力反应与结构的自振周期和地震时程输入的频谱成分关系非常密切,特大跨径桥梁大多是柔性结构,第一阶振型的周期往往较长。因此其地震反应中,第一阶振型的贡献非常重要,提供的地震加速度时程或反应谱曲线的频谱含量应包括第一阶自振周期在内的长周期成分。

5.6.5 强风作用应采用由风环境决定的平均风特性(场地基本风速、风速沿高度分布规律、平均风速的攻角与风向等)和脉动风特性(紊流强度、紊流积分尺度、脉动风速的功率谱与互谱等)表征。应通过模拟地形的风洞试验、实地风速观测、数值风洞方法或其他可靠方法确定桥址处各设计水平的强风作用。

5.6.6 巨浪作用应采用设计波浪的重现期和波列累积频率。对于特大跨径桥梁所在位置或其附近有较长期的波浪实测资料时,可采用分方向的某一累积频率波高的年最大值系列进行频率分析,确定不同重现期的设计波高。必要时,可用历史天气图对当地历史上大的台风等情况和个别年份缺测大浪的情况进行波浪要素的计算、延长、插补实测波浪系列。

5.6.7 风-浪-流耦合作用(W2 水准)可采用风-浪-流耦合场的特征参数(风速、波高、波周期、流速)表征。基于风-浪-流耦合场现场同步观测、历史台风观测数据、风-浪-流耦合场数值模拟确定风-浪-流耦合作用的取值。

5.6.8 冲刷作用可采用由冲刷后结构边界条件的改变所决定的结构受力状态表征。

5.6.9 船撞作用可采用等效撞击力、撞击力时程或撞击能量表征。应根据桥梁跨径布置、桥下净空、通航情况、水流条件等经综合研究后确定桥址处各设计水平的船撞作用。

5.6.10 火灾作用可采用火灾温度场表征。应根据桥梁车流量、火源与火灾荷载密度、可燃物类型、火灾增长速率、最大释热速率、火灾空间的大小、通风情况等进行火灾危险源的识别与危险火灾场景的设定,基于考虑流固耦合效应的火灾模拟分析确定桥梁各设计水平的火灾作用。

5.6.11 爆炸作用可采用爆炸荷载时程表征。推荐建立流固耦合分析模型,通过分别定义空气、炸药和桥梁构件的材料以及状态方程,经数值模拟得到爆炸荷载,也可以采用经过验证的荷载模型确定爆炸力时程。

5.7 作用组合

5.7.1 作用组合包括常规作用之间的组合、灾害作用组合、常规作用及其组合与多灾害作用的组合,在设计时应区别对待,分类考虑。

条文说明

对于任何桥梁设计,常规作用的组合都是必须考虑的,现有的桥梁设计规范也对此做出了明确规定。多灾害作用下的桥梁设计,也必然是考虑可能的灾害组合作用的设计。但不能忽视的是,常规作用及其组合也可能与多灾害作用同时发生,因此在设计过程中必须合理考虑常规作用及其组合与多灾害作用的组合,这也是设计人员容易忽视的一个问题。恒载与多灾害作用的组合必须考虑,其他的常规作用及其组合与多灾害作用的组合可针对具体工程的特点,通过专项研究确定。

5.7.2 涉及灾害作用的任何组合必须通过组合后的多作用加载至结构的全量计算法得到综合作用效应,而不能通过累加作用效应的方式得到包括灾害作用在内的组合作用下的综合作用效应。即包括灾害作用在内的组合,进行组合的必须是作用而不能是效应。

条文说明

在通常的设计实践中，常规作用的组合一般通过将每种常规作用的效应与相应的组合系数相乘然后累加的方式得到组合后的综合效应。

需要强调的是，针对常规作用下结构设计所采用的分项系数极限状态设计表达式并且使用荷载组合系数来进行荷载效应组合的方法，对于特大跨径桥梁的灾害组合问题是不合适的。首先，灾害对于特大跨径桥梁的作用效应或者说特大跨径桥梁在灾害作用下的结构响应，其与灾害强度之间的函数关系非常复杂，桥梁结构在灾害作用下的响应需要借助于非线性有限元分析等数值计算方法来获得，灾害作用效应与灾害强度之间的关系很难表达，所以很难通过灾害强度的概率分布得出灾害作用效应的概率分布；其次，结构在灾害作用下往往产生损伤和破坏，结构反应通常会超出线弹性的范围，这时不仅每种灾害的作用效应与灾害强度不服从线性关系，并且两种灾害同时作用在结构上时，综合效应不是单一灾害效应的线性相加，而是应该由组合多灾害作用下的结构分析计算得出；此外，在传统的采用分项系数的极限状态设计表达式中使用荷载组合系数对可能同时发生的可变荷载进行组合，且由于考虑荷载组合的极限状态设计表达式一般只适用于强度极限状态，是对应力、内力等荷载强度效应的组合，无法考虑非线性的结构应变、位移等变形效应的组合，而特大跨径桥梁结构在灾害作用下结构反应可能会超出线弹性的范围乃至产生损伤、破坏，此时仍然采用强度指标控制结构反应来进行结构设计显然是不合理的，这种情况下对荷载强度效应进行组合和不对荷载变形效应进行组合必然是没有意义的，而要想组合超出线弹性范围的荷载变形效应，仍需通过组合多灾害作用下结构分析得到。因此，进行特大跨径桥梁的多灾害组合时，合理的方法是对灾害作用进行组合，而不是对灾害作用效应进行组合。基于组合后的多灾害联合强度，采用非线性有限元数值计算方法，进行多灾害联合作用下的结构分析，得到多灾害组合下结构的作用效应和性能表现，继而对多灾害作用下的特大跨径桥梁进行性能评价和结构优化。

简而言之，由于灾害对桥梁的致损性以及特大跨径带来的几何非线性，造成灾害作用下特大跨径桥梁的响应会受到多种非线性因素的影响，因此包括灾害作用在内的组合，进行组合的必须是作用而不能是效应。

5.7.3 常规作用的作用效应组合应符合现行《公路桥涵设计通用规范》(JTG D60)有关效应组合的规定。对具有特殊性的常规作用效应组合，可在考虑现有规范要求的基础上，参考类似工程的组合方法，通过专题研究，具体分析确定。

5.7.4 特大跨径桥梁的设计，应在确定设计灾害作用的种类后，在对灾害组合发生可能性进行分析评价的基础上，根据三种基本的灾害组合模式(详见条文3.3.4)，进一步选定需要考虑的灾害组合作用。

条文说明

对特大跨径桥梁进行设计时,应在对各个单一灾害充足设防的基础上,进一步考虑可能发生的灾害组合作用并合理设防。灾害发生的可能性应通过灾害组合场景的概率危险性分析结果来评价。

根据跨海特大跨径桥梁的建设条件,对桥梁可能面临的各种灾害进行分析,并需对可能同时发生或接连发生的灾害进行合理组合,确定大桥寿命期内可能遭受到的各种灾害组合,最终得到多灾害作用下跨海特大跨径桥梁设计中应考虑的包含单一灾害场景和/或灾害组合场景在内的所有可能的灾害场景。常见的多灾害组合主要包括:地震与冲刷的组合、船撞与冲刷的组合、风浪流组合、风雨组合、地震与海啸组合、火灾与爆炸的组合等。其中地震与冲刷组合、船撞与冲刷组合属于独立模式灾害组合;风浪流组合、风雨组合属于相关模式灾害组合;地震与海啸组合、火灾与爆炸组合属于链式灾害组合,见表5-2。

跨海特大跨径桥梁设计中全部灾害场景的确定　　　　表5-2

单一灾害场景	灾害组合模式	灾害组合场景	分析内容
地震、强风、巨浪、冲刷、船撞、火灾、爆炸	独立模式	地震与冲刷组合	组合下的性能评价、风险分析、损失成本计算
		船撞与冲刷组合	组合下的性能评价
	相关模式	风、浪、流组合	组合下的性能评价
		风、雨组合	组合下的性能评价
	链式	地震与海啸组合	单独开展性能评价
		火灾与爆炸组合	单独开展性能评价

5.7.5 宜通过重现期或设计基准期超越概率的形式在灾害组合场景的性能标准中给出灾害组合作用以及参与组合的每种灾害作用的取用水平。

条文说明

由于建设在不同场地的桥梁结构面临的灾害危险性是不同的,为了考虑不同地区灾害危险性的差异,应基于灾害发生概率来选择设计时的灾害强度,这就要求以重现期或设计基准期超越概率的形式给出灾害组合作用的取用水平。

灾害组合场景仅仅通过一个总体的重现期或设计基准期超越概率难以描述灾害组合中每种灾害作用的取用水平,还需在对灾害之间相关性、每种灾害的危害性的分析基础上,进一步确定灾害组合场景中参与组合的每种灾害作用的取用水平。

以风、浪、流组合作用的确定为例,风、浪、流等海洋环境要素之间存在一定程度的相关性,确定风-浪-流耦合场中风速、波高、流速等作用参数时,应考虑他们之间的相关性,基于联合概率的思想去推算相关设计参数。一般工程海域很难有多年的风速、波高同步观测资料,推算风、浪、流组合作用的联合概率分布和相应设计参数时可结合已有的风、浪、流同步观测资料和风-浪-流耦合场数值模拟方法,通过现有的同步观测资料校核和验证所建立的工程海域的风-浪-流耦合场数值分析模型,根据数值分析模型后报反演得到多年历史风速、波高和流速的同步特征参数信息。由多维联合概率模型建立工程海域风浪组合作用的联合概率分布,基于多维极值联合概率分布确定风浪组合作用中风速、波高、流速等设计参数取值。

基于现有观测数据拟合得到的风-浪-流耦合场中风速、波高、流速极值的三维联合概率分布的四维切片如图 5-2 所示。其中,某工程海域 100 年重现期的风-浪-流耦合场特征参数见表 5-3。

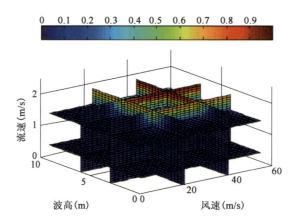

图 5-2 风速、波高和流速三维联合概率分布的四维切片图

某工程海域 100 年重现期的风-浪-流耦合场特征参数　　　　表 5-3

风-浪-流耦合场设计参数	风　速	波　高	波　周　期	流　速
风速最大原则	51.75m/s	14.74m	10.43s	1.71m/s
相关系数	1	0.89	0.93	0.58
波高最大原则	47.61m/s	16.56m	11.10s	1.82m/s
相关系数	0.92	1	0.99	0.62

5.7.6 特大跨径桥梁在地震、强风、巨浪、风-浪-流等灾害作用下的设计和评价,应考虑上述各单一灾害作用和永久作用、温度作用等常规作用组合:

(1) 地震作用,采用重现期 2 475 年地震动的作用和地震土压力、水压力等;

(2) 强风作用,采用 W2 水准风荷载;

(3) 巨浪作用,采用以桥梁设计使用寿命作为重现期对应的波浪参数;

(4) 风-浪-流耦合作用,采用 W2 水准风-浪-流耦合作用;

(5) 永久作用,包括结构重力(恒载)、预应力、土压力等;

(6) 计算时采用 50% 均匀温度作用。

5.7.7 特大跨径桥梁在船撞、火灾、爆炸等灾害作用下的设计和评价,应考虑上述各单一灾害作用和永久作用、温度作用、活载等常规作用组合:

(1) 船撞作用,采用整桥的最大年倒塌频率小于 10^{-4} 对应的船撞力;

(2)火灾作用,采用油罐车(300MW)对应的火灾作用;

(3)爆炸作用,采用1 814kg TNT爆炸当量对应的爆炸作用。

5.7.8 特大跨径桥梁在风雨组合作用下的设计和评价,应考虑桥梁结构在雨水作用下的风阻变化,与 W2 水准下的风荷载组合。

6 桥梁总体设计

6.1 一般规定

6.1.1 总体设计时,应根据使用功能、建设条件、技术标准、环境景观等要求,对桥位、桥跨、结构体系、桥塔、锚碇、缆索系统(斜拉索、主缆、吊索等)、桥墩、主梁及桥面系等进行综合设计。

条文说明

建设条件一般包括地形、地质、气象、水文、通航、抗震、防洪等。总体设计是指在充分考虑建设条件的基础上,使桥梁综合性能最优。

6.1.2 特大跨径桥梁的总体设计,应对其桥塔、主梁、基础、缆索等主要构件统筹和协调考虑,进行多方案比较,以得到最佳设计方案。

6.1.3 应基于文化、景观和结构受力的综合需求,合理确定特大跨径桥梁造型设计的基本主题,并在此基础上开展主体形式、概念蕴含等总体造型设计研究工作。

6.1.4 桥位宜选择在风况条件较好的区域,并宜避开抗震不利区域,不应选在地震危险区域。

条文说明

风况条件较好的区域指设计基准风速低、风向单一、风攻角小、地表粗糙度低等地段。

抗震不利区域指软弱黏性土层、液化土层和地层严重不均匀的地段,以及地形陡峭、孤突、岩土松散、破碎的地段。

地震危险区域指地震时可能发生滑坡、崩塌地段,以及溶洞、采空矿穴等地段。

6.1.5 特大跨径桥梁总体设计宜从概念上考虑结构及附属设施抵抗多灾害的需求。

条文说明

在条件可行的前提下,尽量采用对称的结构形式,有利于结构受力和提高抗风性能,使地震响应均匀分配,从而减小地震响应。

特大跨径桥梁的抗震概念设计应尽可能解决漂浮体系的大位移问题,并兼顾桥塔内力。立体桥塔的方案及塔梁间使用高阻尼的弹性限位装置是解决这一问题的良好思路。

特大跨径桥梁的抗风概念设计应注意通过优化构件截面形式来降低风荷载,并通过适宜的约束体系来抑制结构风振响应。

跨越通航水域的特大桥梁,总体设计应考虑防撞、抗撞的要求。桥塔、桥墩位置的选择应满足避免大型船舶撞击的要求,难以避免时,应进行结构抗撞设计和防撞设施设计。

6.1.6 斜拉桥的斜拉索、悬索桥的吊杆和其他可更换构件,必须在确保主体结构运营安全的前提下,考虑其检测与更换的可行性与方便性。

6.1.7 总体设计过程中各种决策应综合考虑桥梁寿命期的各种需求。除上述要求外,总体设计尚应满足以下要求:

(1)应考虑施工期与运营期内可能出现的风险因素。
(2)方案比选应考虑全寿命成本。
(3)应考虑满足设计使用年限的适用性要求。
(4)应考虑满足设计使用年限的耐久性要求。
(5)应满足协调、美观的要求。
(6)应考虑施工期与运营期养护的要求。
(7)应考虑环境保护与节能减排的要求。

6.2 总体布置

6.2.1 总体布置应在考虑地质、水文、气象、通航等基本建设条件的基础上综合确定。

条文说明

特大跨径桥梁设计过程中应在前期工作及各设计阶段,有针对性地开展相关专题工作,包括水文、地质、气象、测量、航运、抗震、结构特性等方面。

在地质条件方面,应充分收集区域构造地质、断裂构造、地形地貌、地层分布、地下水、地质灾害等基础资料;分析研究桥区影响场地稳定的地质构造以及桥址区的地层岩性、水文地质条件、地基岩土体的物理力学性质。确定可能基础形式的设计参数。对重要基础设计参数,可采用现场或模型试验方法取得或验证。应主要从地矿、地震系统,水利、交通、海洋等部门以及相关科研、勘察单位,收集相应的区域地质资料,收集既有重要建筑物的勘察成果。在充分吸收区域已有资料的基础上,按照大跨度斜拉桥的桥型布置,制定勘察纲要,包括特殊的试验要求,并经确认后组织实施。针对重要基础设计参数,一定要由现场或模型试验取得或验证。

在水文条件方面,应充分收集和现场观测桥区水域水位、流量、流速、流向、波浪、水下地形、泥沙、水温、盐度、河道演变等基础资料;研究获得桥区设计水位、设计流速、设计波浪要素等水文参数;研究获得基础自然冲刷、一般冲刷和局部冲刷数据。对于设计水流、波浪等水文设计参数,可采用数值模拟、物理模型试验的方法加以确定和验证。应尽可能从水利、交通、海洋等部门以及相关科研、勘测单位收集工程区历史水文资料和有关单位的水文研究成果。在初步掌握工程区一般水文规律基础上,按照工程要求有针对性地制订勘测计划,收集有代表性的水文观测资料供设计和模型试验使用。

在气象条件方面,应收集和统计分析桥区气温、降水、风况、雾、湿度等一般气象特征以及龙卷风等特殊灾害性气象特征资料;应在桥区进行风、气温观测,分析研究拟建工程区设计风参数、风紊流特性以及气温参数;应主要从气象、军方以及交通、水利、海洋、渔业等相关部门,收集历史气象资料及有关研究文献和成果。大跨度桥梁对风比较敏感,重点要分析和调查清楚工程区风廓线特征、紊流特性以及合理选取设计风参数。国内长期气象站一般远离工程区,与拟建工程区下垫面条件有一定差距,长期站资料一致性和可靠性对合理分析设计风参数十分重要。

在通航条件方面,应分析桥区周边的通航环境、港口、航道、锚地的现状和规划,及水文、气象、河势等条件;合理分析并确定桥址和桥轴线的走向、通航孔数量和设置以及通航净空尺度等技术要求,满足船舶安全通航和航道通过能力;研究桥区安全保障措施和设施,保障船舶通航安全和桥梁自身的安全;综合考虑总体社会成本。通航条件分析和研究的方法和要求一般应按照现行《海轮航道通航标准》(JTS 180-3)和《内河通航标准》(GB 50139)的有关规定进行,研究的主要内容是确定桥区通航孔数量、位置以及通航孔要求的净空高度和宽度。通航规模的合理确定,不仅影响未来水路航运的发展,也影响大桥的建设规模。现行规范对通航净空宽度的确定是基于一般航道宽度基础上的经验方法,存在一定的局限性。

6.2.2 主跨跨径的确定主要依据通航要求、深水区主槽摆动、航道未来调整、深水区范围、索塔基础侧面绕流区、地质情况等因素综合确定。边跨跨径应根据通航、景观、合理的边中跨比确定。

条文说明

控制及影响主航道桥跨径的主要因素:

(1)主通航孔按单孔双向通航标准进行设计,主通航孔两侧边孔按单孔单向通航标准进行设计。

(2)桥位处深水区主槽有一定的摆动范围。

(3)跨径选择应给通航留有一定的航向调整富余,对船舶的航行安全、桥墩的防撞有利。

(4)主航道桥应尽量覆盖深水区,为通航提供较好条件,并尽量减少深水墩数量,以降低施工难度。

(5)结构距航道越远,发生撞击的概率越小,船舶撞击力亦越小。因此,应有一定的通航净宽余量,以减小船舶撞击主体结构的概率,保证结构安全。

6.2.3 特大跨径桥梁边中跨比应根据不同桥型,综合考虑建设条件要求、体系力学特性和经济性等因素综合确定。

(1)双塔斜拉桥边中跨比宜为0.3~0.5。斜拉桥桥面以上索塔的高度与主跨跨径之比不宜小于0.2。中跨跨中外索的水平倾角不宜小于22°。

(2)悬索桥边中跨比宜为0.25~0.45。若锚碇布置受地形、地质条件等限制或有其他要求时,根据需要采取一定措施后可突破此范围。

(3)多塔斜拉桥边中跨比宜为0.4~0.45。斜拉桥桥面以上索塔的高度与主跨跨径之比不宜小于0.3。中跨跨中外索的水平倾角不宜小于22°。

(4)协作桥悬吊部分与中跨的比例宜为0.5~0.6。悬吊部分主缆的垂度宜在1/12~1/10的范围内选择。

条文说明

确定斜拉桥的边中跨比主要考虑以下几个方面的综合影响:边孔是否有通航要求、活载作用下边跨尾索的抗疲劳性能、边跨锚墩负反力与抵抗措施、桥址地形特点与工程经济、景观上的要求等。从力学性能上看,边中跨比的变化对锚墩负反力与端部尾索疲劳性能的影响具有互斥性:边跨缩短时,锚索储备的恒载索力增大,活载应力幅随之降低,但边跨能平衡活载上拔力的能力也随之降低,锚墩在活载下负反力增大;反之,边跨加长时,尾索恒载索力降低,活载应力幅增大,锚墩负反力减小。根据现有统计资料,双塔三跨式斜拉桥的边中跨比一般介于0.3~0.5,且多处于0.37~0.43之间。江面开阔地区边中跨布置宜从美学上考虑满足结构的对称性。对于大跨度斜拉桥,合理的边中跨比取值区间比中小跨径桥梁更为宽松,因此,边孔尺度大小主要取决于布跨、通航要求以及经济性而非力学上的考虑。

对于悬索桥,恒载作用下,边中跨比变化对主缆内力影响很小。但在活载作用下,边跨缆力随边中跨比的增大有减小的趋势。在构件受力方面,随着边中跨比的增大塔底弯矩急剧增大,加劲梁活载弯矩缓慢增大。原因主要是当中跨不变时,边中跨比增加意味着边跨主缆跨度增加,边缆水平倾角减小,此时垂度显著增加,边跨主缆等效刚度减小,进而导致主塔必须以更大的剪力来平衡中跨主缆由于活载作用引起的不平衡力,从而使塔底弯矩急剧增大。大多数悬索桥的边中跨比集中在0.2~0.4之间。由于地形、桥址要求,例如主跨和边跨必须置于深水区的情况下,也有采用0.4~0.5的大边中跨比。当边中跨比为0.5时,由于缆索体系相对于每个索塔是对称的,悬索桥在外形上有很大优势,但大的边跨会导致整体刚度的下降。因此,具有长边跨的悬索桥在结构效率和美观上往往不能两全其美。

协作桥悬吊部分与中跨的比值为吊跨比,当斜拉部分和悬吊部分各占中跨一半时,活载位移达到最小,考虑活载内力因素的影响,吊跨比在 0.5~0.6 之间较合适。

6.2.4 悬索桥主缆垂跨比应考虑经济性和全桥结构刚度的需要,宜在 1/11~1/9 的范围内选择。

条文说明

主缆垂跨比是悬索桥总体设计中一项重要指标,减小垂跨比将增加全桥刚度、主缆拉力和锚碇规模,减小索塔高度和吊索长度。总体设计时应通过分析比较合理选定悬索桥主缆垂跨比。经统计,国内外 30 余座已建悬索桥,主缆垂跨比均在 1/11~1/9 之间。

6.2.5 悬索桥索塔、锚碇与加劲梁之间的空间应满足加劲梁安装、加劲梁变形、约束构造以及运营期养护的要求。

6.3 结构及构件寿命给定

6.3.1 特大跨径桥梁结构整体设计使用寿命不得低于 100 年,建议为 120~150 年。

6.3.2 根据构件寿命特点,将各种桥梁构件划分为四类,其构件类型特征如表 6.3.2 所示。各构件设计使用寿命应结合构件寿命类型、管养和使用要求、建造当时技术发展水平综合确定,并与整体设计寿命相适应。设计中应对各种构件的使用寿命类别进行明确划分,并给出建议的使用寿命。

桥梁构件使用寿命类别 表6.3.2

构 件 类 型	维 护 方 式	使用寿命基本特征
Ⅰ	永久构件,不可更换,且不可检查或维护	同桥梁整体设计使用寿命
Ⅱ	永久构件,不可更换,但可检查或维护	同桥梁整体设计使用寿命
Ⅲ	可更换构件,可检查或维护,使用寿命较长,在整个寿命期内需要进行 1~2 次修补或更换	
Ⅳ	可更换构件,可检查或维护,寿命期较短,在整个寿命期内需要进行多次修补或更换	

6.3.3 特大跨径桥梁各构件全寿命设计应满足以下原则:

(1)基础应考虑按Ⅰ类构件设计。

(2)主梁、桥塔、主缆应按Ⅱ类构件设计。

(3)斜拉索、吊索、阻尼器、支座和伸缩装置的构件使用寿命类别应按Ⅲ类确定。其中,斜拉索、吊索、阻尼器设计寿命不低于 50 年,支座和伸缩装置设计使用寿命不低于 30 年。

（4）栏杆、灯柱、排水管道等附属构件和桥面铺装的构件使用寿命类别可按Ⅳ类确定，其设计使用寿命可通过研究确定，且应考虑有利于集中维修或更换，以减少对大桥正常运营的影响。

条文说明

特大跨径桥梁中，Ⅰ、Ⅱ类构件设计使用寿命应与结构整体设计使用寿命相同；Ⅲ类构件设计使用寿命不应小于30年；Ⅳ类构件设计使用寿命不宜小于15年。

6.4 结构体系

6.4.1 特大跨径桥梁设计过程中，应综合考虑桥位处的建设条件、技术经济、适用情况、环境美观以及多灾害作用下的结构性能需求，选择适宜的结构体系。

6.4.2 斜拉桥可由索塔、斜拉索、主梁、锚碇（部分地锚斜拉桥）、附属结构等部分组成。特大跨径斜拉桥可根据跨径布置的需要采用双塔或多塔形式。应综合考虑结构静、动力受力特性选择适宜的约束体系。

条文说明

斜拉桥总体设计时应根据经济指标、地形、跨径的需要，选用独塔、双塔或多塔的形式，但独塔斜拉桥一般难以达到特大跨径，因此，对跨径有较高要求时应选用双塔或多塔形式。

双塔斜拉桥是目前应用最为广泛的斜拉桥形式，其特点是主孔跨越能力大。由于中跨跨中有一段无索区，拉索对梁的弹性支承作用减弱，而且两侧主塔会在荷载作用下产生向中跨方向的塔顶位移，因此主梁在中跨活载作用下，跨中挠度较大。在工程上，往往通过调整边中跨比以提高结构刚度、在边跨设置背锚索或者辅助墩来限制主塔的位移等措施来改善该不足，这一问题可以得到有效解决。

多塔斜拉桥是指塔数在两个以上、主跨在两个以上的斜拉桥。当双塔斜拉桥不能满足跨越需要且又不适合建造悬索桥的时候，多塔斜拉桥应运而生。由于多塔斜拉桥属大跨径连续跨越的自锚体系桥梁，无须设置承受巨大水平力的大型锚碇基础，这使得该桥型与悬索桥相比，在跨越宽阔的河流湖泊、海湾及海峡、深山峡谷时具有很强的竞争力。多塔斜拉桥形式目前的建设较少，最主要的原因就是多塔造成斜拉桥的柔度过大。在活载作用下由塔顶偏位带来的主梁挠度过大问题在双塔斜拉桥中就已经有所体现，随着塔数的增加，该问题更加严重，由于无法通过背锚索和辅助墩来解决，结构的整体刚度限制了该形式的发展。一般工程上往往通过增大中间塔或者主梁的刚度、设置额外的辅助拉索控制中间塔塔顶偏位等措施来增加结构的总体刚度，但要付出一定的经济或者美学代价。

传统上，斜拉桥按桥塔对主梁的支承方式可分为漂浮体系、半漂浮体系、塔梁固结但塔墩分离的体系和刚构体系等四类。不同体系特点如表 6-1 所示,示意图如图 6-1 所示。

斜拉桥不同约束体系的特点和比较　　　　　　　　　表 6-1

项　　目	漂浮体系	支承体系 (半漂浮体系)	塔梁固结、塔墩 分离体系	刚构体系 (塔梁墩固结体系)
塔、梁、墩的组合关系	塔、墩固结 塔、梁分离	塔、墩固结 塔、梁分离	塔、梁固结 塔、墩分离	塔、梁、墩固结
支座情况	无,但必须设置横向约束	有,支座反力较小,设置可调高度的支座或弹簧支座	有,需设置大型支座	无
力学特点	主梁内力较均匀,温度及混凝土收缩、徐变内力较小,塔柱处主梁不会出现负弯矩峰值	温度及混凝土的收缩、徐变内力较大,塔柱处主梁会出现负弯矩峰值	塔梁的温度内力极小,但上部结构反力过大	结构整体刚度大,塔柱和主梁变形较小,但塔柱处主梁存在很大的负弯矩,且温度及混凝土收缩、徐变内力较大
整体刚度	依次增大			

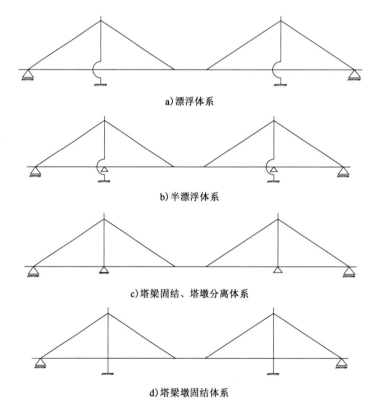

图 6-1　斜拉桥约束体系示意图

漂浮体系斜拉桥,主梁除两端有支承外,其余全部由拉索作为支承,成为在纵向可稍作浮动的一根具有多点弹性支承的单跨梁。漂浮体系的主要优点是满载时,由于桥塔处没有竖向支承,塔柱处主梁不出现负弯矩峰值,温度内力较小,主梁各截面的变形和内力变化较平缓,受力较均匀,地震时允许全梁纵向摆动,从而起到抗震消能作用,因此地震烈度较高地区应优先考虑选择这种体系,以提高结构的自震周期。但是为了防止纵向飓风和地震荷载使该体系斜拉桥产生过大的摆动,影响安全,有必要在桥塔上设置对主梁的高阻尼水平弹性限位装置。由于拉索不能对主梁提供有效的横向支承,所以对漂浮体系必须施加一定的横向约束,以提高其振动频率,改善动力性能;一般是在塔柱和主梁之间设置支座以限制主梁的横向位移,并能使主梁在横向形成较为柔性的约束,保持良好的动力性能。

半漂浮体系斜拉桥,在桥塔处主梁下设置竖向支承,对主梁的平面和空间位移增加了约束,主梁成为在跨内具有多点弹性支承的连续梁或悬臂梁,但半漂浮体系的整体刚度并不比漂浮体系大,两者在活载作用下的跨中挠度和塔顶水平位移几乎一样。该体系主梁在支承点出现集中应力,同时出现负弯矩峰值,通常需加强支承区段的主梁截面,此外温度内力稍大。但是,如在墩顶设置可调节高度的支座或弹簧支承,并在成桥时调整支座反力,可很大程度上消除这一不利影响。特大跨径斜拉桥多采用此体系,因为无论是从经济上、受力上还是美观上,该体系都较优。主跨1 088m的苏通大桥采用的就是横桥向限位、纵桥向阻尼约束的半漂浮体系。此外广州珠江黄埔大桥、润扬长江大桥北汊桥等都采用该体系。

塔梁固结、塔墩分离的体系,相当于配置了体外索的连续梁桥或悬臂梁桥。该体系结构刚度较小,当中跨满载时,塔顶水平偏位、主梁的跨中挠度和边跨的负弯矩都较大。另外,上部结构的自重和活载反力均由支座传递,对支座的吨位要求很高。这种体系的动力特性也不理想,于抗风、抗震不利。所以该体系一般仅用于小跨径斜拉桥和主梁刚度较大的矮塔斜拉桥,不宜用于特大跨径斜拉桥。

刚构体系斜拉桥,桥塔自上而下是一个整体,一般也称为塔梁固结体系斜拉桥。主梁成为在跨内有多点弹性支承的刚构。这种约束体系最大的特点是结构刚度大,主梁和塔柱的挠度均较小,因此,对于多塔斜拉桥,为了提高结构整体刚度,可考虑将一部分中间塔与主梁固结。但此体系动力特性可能不理想,用于地震烈度较高的地区时,应认真进行动力分析研究。另外,此体系一个非常明显的缺点是,由于无法释放体系温差产生的主梁轴力,主梁应力增加较大,在塔梁固结处主梁往往负弯矩极大,此区段内主梁截面必须加大。为了消除固结点处及塔底产生的温度附加弯矩,可在主梁跨中设置可以允许水平位移的剪力铰或挂梁,但这样会导致行车不顺畅,且对养护不利。跨径1 018m的中国昂船洲大桥、中国金马大桥、美国Dame Point Bridge等采用该体系。

除了塔梁固结、塔墩分离的结构体系,以上介绍的另外三种全漂浮、半漂浮、塔梁固结的斜拉桥结构体系,都能与总体布置、结构特性相匹配,都有可能成为特大跨径桥梁的合理结构体系。在特大跨径斜拉桥设计中,最终选择的结构体系应与桥梁总体布置相适应,综合考虑结构静、动力受力特性,通过专项研究,选择最适宜的约束体系。

要特别强调的是,在纵向静阵风、活载、地震荷载等不对称荷载作用下,漂浮或半漂浮体系斜拉桥的主梁会产生纵向漂移、索塔塔顶会产生纵向水平位移,如果不加以约束,将使索塔受力不利,甚至引起结构破坏。这种作用效应在超千米级斜拉桥中是至关重要的,纵向大位移会导致索塔承受过大的弯矩。但采用纵向完全固定约束后,温度、地震荷载等又将在近塔处主梁中产生负弯矩,对主梁受力不利。对于超千米级斜拉桥,既不宜采用不加纵向约束的完全漂浮体系,也不宜采用纵向完全固定的塔梁固结体系,而应该采用具有一定刚度的弹性约束体系或者具有行程限位的部分约束体系。

从约束在结构使用阶段发生作用的机理出发,将主梁的约束分为水平弹性约束和冲击荷载缓冲(阻尼)约束两大类,如图 6-2 所示。第一类约束通常是对常规结构体系的一种附加弹性约束,它优化了结构的静力图式,起到调节结构静力和动力反应、改变结构失稳模态的目的。其优点是由于约束在结构中对任何力(静力和动力)的响应都发生作用,因而使结构约束条件和受力状况比较明确,这类约束在现代斜拉桥中被广泛应用,通常使用的形式有大型橡胶支座、水平钢绞线拉索装置和三角形连杆弹簧支座等。第二类约束对温度变化、平均风速和车辆等缓慢荷载作用可起到活动支座的作用,但对汽车制动、脉动风和地震等急速荷载激励所产生的纵向摆动起到固定约束作用。对于这类约束,目前使用的形式有液压缓冲器、黏滞阻尼器和螺旋桨式阻尼器等。研究表明,特大跨径斜拉桥主梁通过采用纵向弹性约束或冲击荷载缓冲(阻尼)约束装置,可以显著改善极端静动力工况下的结构反应。

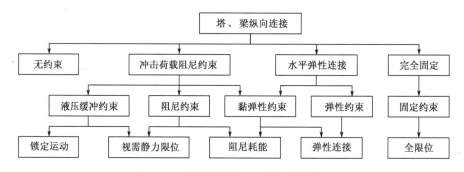

图 6-2　主梁和索塔纵桥向可能的连接形式

随着斜拉桥跨径的增大,结构的整体刚度迅速降低,主梁将承受更大的轴向压力。为了减小主梁轴力,可以把一部分轴力转移出去,由单独设立的锚碇承担,从而减轻主梁的负担。部分地锚斜拉桥的结构形式如图 6-3 所示。但部分地锚斜拉桥需设置锚碇基础,不适宜建设在深水和土基条件较差的区域,不适宜用作跨海桥梁。

图 6-3　部分地锚斜拉桥结构形式示意图

6.4.3 多塔斜拉桥的设计和构造可通过采取下列措施提高其整体刚度：
(1) 增大中塔和主梁的刚度；
(2) 采用辅助拉索对中塔顶加劲；
(3) 在边孔设辅助墩，增加边孔斜拉索面积，减小边孔索距；
(4) 设置双排支座。

条文说明

桥塔数量的改变带来最大的影响是结构整体刚度的变化。斜拉桥结构中，主塔承受拉索传递的恒活载并将之传递到下部基础，主梁在众多拉索的弹性支承下呈小跨径连续梁状态。梁通过索依附于塔，塔的刚度对结构总体刚度的影响非常明显。在偏载作用下，主塔两侧拉索产生不对称拉力，从而使塔顶产生偏位，进一步影响主梁的挠度。修建多塔斜拉桥要考虑的一个关键问题是如何采取合适的措施保证结构刚度。

关于双塔及多塔斜拉桥的研究较多，主要集中在多塔斜拉桥的整体刚度问题上。多塔斜拉桥在外荷载作用下的变形情况如图 6-4 所示。

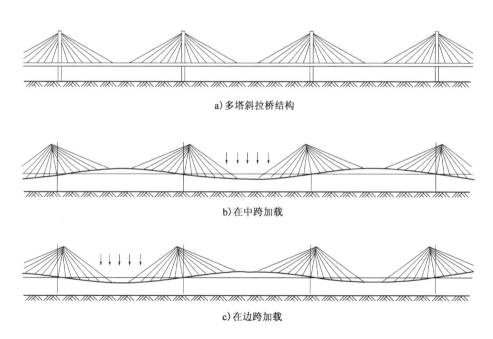

图 6-4 多塔斜拉桥在活载下的变形图

通过增大各构件尺寸来增大刚度是最直接的方法，如增大主塔结构尺寸，尤其是中间塔的结构尺寸。为了尽可能地减小塔结构材料用量，可以采用空间构造形式，如利用钢斜撑等。此外还可以增大主梁和拉索的截面尺寸，但是作用有限。主梁轻薄化是斜拉桥体系的优点之一，控制主梁自重具有非常重要的意义。而拉索尺寸加大一方面会增加拉索自重，放大它的垂度效应,另一方面也不经济。设置边跨辅助墩和降低塔柱高度都能在一定程度上增大结构刚度,但作用不如使用在双塔斜拉桥上明显。

还可通过变换拉索的布置形式来达到增大结构刚度的目的。图6-5为多塔斜拉桥通过设置加劲索来增大结构刚度的几种方式。在塔顶设置拉索的方法,如图6-5a)所示,该方法在改善中塔顶位移和内力的同时,还能影响边塔顶和主梁受力。但是在空间结构上显然打破了斜拉桥简洁的风格,增加了整体的压抑感,牺牲了景观效果。还可采用中间塔塔顶设置拉索与相邻边塔根部相连的形式,香港汀九大桥中间主塔采用的就是稳定索加劲的柔性塔,形式如图6-5b)所示,每侧稳定索的数量为两根。稳定索的受力在恒载工况下,两侧稳定索的索力可以调整至使主塔塔顶无偏移,塔身不受恒载挠矩影响,而只受公路活载的不平衡索力的挠矩影响。同图6-5a)一样,该形式的加劲索由于长度大,会产生风振问题,此外从美学角度讲,交叉布置的拉索使全桥整体效果不美观。图6-5c)所示形式的拉索布置更多是加强主梁的刚度,无法有效控制塔顶偏位,所以对结构整体刚度的加强效果略差,而且重叠部分的拉索应力幅值和重叠区主梁内力较大,需要适当增大重叠区拉索和主梁截面面积,且构造较为复杂。

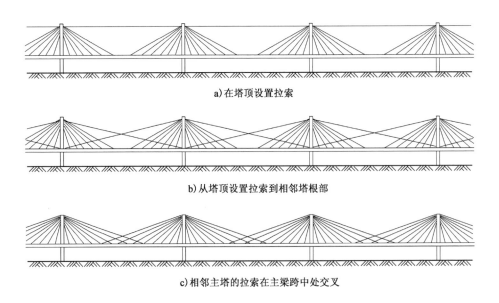

a) 在塔顶设置拉索

b) 从塔顶设置拉索到相邻塔根部

c) 相邻主塔的拉索在主梁跨中处交叉

图6-5 多塔斜拉桥增大结构刚度的加劲索布置形式

以下以琼州海峡跨海大桥的具体设计方案为例,说明多塔斜拉桥结构体系设计的一些要点。

琼州海峡位于雷州半岛南端和海南岛北部之间,东口为南海,西口为北部湾,东西长约80km,南北宽平均约30km。该区域自然条件复杂而严峻,总体特征是:风大、浪高、灾害性地质多、海床有陡坎(高差达25~45m)、水深(45~120m)且范围广(深槽宽约10km)、软弱覆盖层厚(300m 深处未见岩层)。

跨越琼州海峡的三条主要航线,分别为北通航孔、中通航孔和南通航孔,其通航规模分别为 5 万吨级海轮、30 万吨级海轮和 5 万吨级海轮。按照国际桥梁与结构工程协会建议的方法(简称"IABSE 法"),中通航孔当单向通航时,通航孔净宽应满足 1 270m、净高应满足 81m;当双向通航时,通航孔净宽应满足 2 650m、净高应满足 81m。

琼州海峡公路通道工程规模巨大、建设条件复杂。突破常规结构体系设计,寻求跨越能力大、承载能力高、抗风抗震性能好、抵御各种灾害风险能力强、可实施性好、经济性好的结构体系,对于工程的顺利建设和安全运营意义重大。这些技术难题集中体现在跨度最大的中通航孔桥上。

为满足通航要求,琼州海峡大桥方案设计中,提出了主跨 2×1 500m 三塔斜拉桥方案,采用三塔双索面钢箱梁四跨连续漂浮体系。其总体布置如图 6-6 所示,桥跨布置为 244m+408m+1 500m+1 500m+408m+244m=4 304m,边中跨之比为 0.434:1,边跨设置辅助墩和过渡墩。中塔塔高 460m,采用四塔柱桥塔;边塔塔高 386m,采用双塔柱桥塔。主梁采用分体式钢箱梁,斜拉索采用扇形双索面布置。

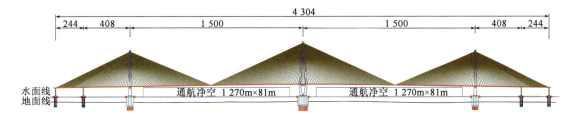

图 6-6　主跨 2×1 500m 三塔斜拉桥方案(尺寸单位:m)

综合考虑结构抵抗地震、强风等多灾害的需求,采用中塔处设置纵向"静力限位—动力阻尼"组合装置和横向减震耗能抗风支座,纵向弹性约束装置刚度为 $2×10^7$ kN/m;两个边塔处设置纵向阻尼器和横向减震耗能抗风支座;通过参数敏感性分析确定阻尼器合理参数,纵向阻尼系数和指数分别选择 3 000 和 0.2,横向阻尼系数和指数分别选择 5 000 和 0.2;辅助墩处设置竖向支座和横向抗风支座;过渡墩处设置竖向支座和横向抗风支座,如图 6-7 所示。

为满足多塔斜拉桥提高整体刚度的要求,以嘉绍大桥为例进行说明。在嘉绍大桥的设计中,针对强涌潮发展区可通航深槽存在 2km 以上摆幅等建设条件,在国际上首次研究提出了主跨 428m、总长 2 680m 独柱六塔双幅四索面世界最长钢箱梁斜拉桥,见图 6-8。

对于多塔斜拉桥,随着塔数增加、梁长增大,多塔斜拉桥主梁竖向刚度大幅降低(图 6-9)。为提升多塔斜拉桥整体刚度,在国际上首创了"双排支座"结构形式,"双排支座"同时实现了塔梁竖向和转动约束,其力学行为接近塔梁固结,而构造上表现为分离(图 6-10)。

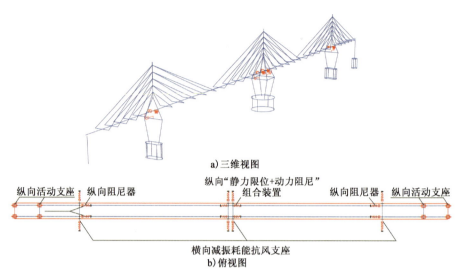

图 6-7 主跨 2×1 500m 三塔斜拉桥约束体系布置图

图 6-8 六塔斜拉桥效果图

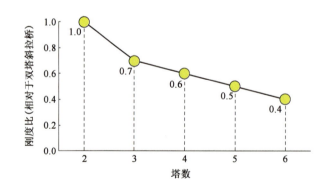

图 6-9 多塔斜拉桥塔数与主梁竖向刚度关系

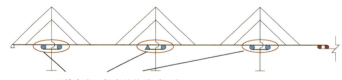

图 6-10 "双排支座"结构形式

6.4.4 多塔斜拉桥可通过采用伸缩装置解决温度效应问题。

条文说明

特大跨径桥梁由于跨度大,主梁较柔而桥塔刚度相对较大,即使结构采用半漂浮体系,温度变化引起的主梁变形将会大幅度增加主塔的塔底弯矩,虽然增加索塔尺寸可以减小温度效应带来的塔底应力,但由于索塔刚度的增加将进一步增大温度产生的次内力,并会显著增加大桥的建造成本。解决多塔斜拉桥主梁温度变形问题的一种方式可以在跨中位置增设伸缩缝,使由于温度变化导致的主梁变形在伸缩装置中得以"消化",以减小温度变形对索塔及基础受力的影响。为避免在中间孔中部设置过渡墩,需要采用无过渡墩的跨中伸缩传力装置,通过这种装置自身构造既能满足结构传力的需要,同时又能释放主梁由于温度变化导致结构产生的附加力。

例如,嘉绍大桥采用的主跨428m、总长2 680m独柱六塔双幅四索面钢箱梁斜拉桥,是世界上联长最长的多塔斜拉桥。随着塔数增加、梁长增长,索塔温度内力显著增加(图6-11)。

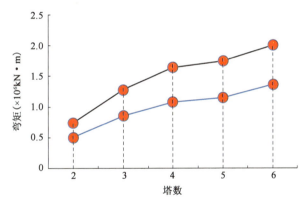

图6-11 嘉绍大桥塔数与温度内力关系

为解决长联多跨斜拉桥温度效应问题,创新了"刚性铰"新型结构形式。"刚性铰"可释放主梁轴向位移,并可约束其他自由度位移,能抵抗弯矩、剪力和扭矩(图6-12)。作为一种新型装置,"刚性铰"不仅具备传统连续连接装置能够释放主梁顺桥向位移的功能,而且能够承受外部荷载,这一点是传统连续连接装置或者是伸缩缝所不具备的。

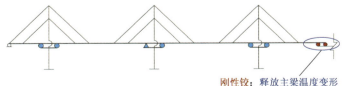

图6-12 "刚性铰"结构形式

6.4.5 悬索桥可由锚碇、索塔、缆索系统、加劲梁及附属结构五大部分组成。悬索桥可采用单跨、双跨、多跨等布置形式,结构形式可采用简支、连续等,如图6.4.5所示。

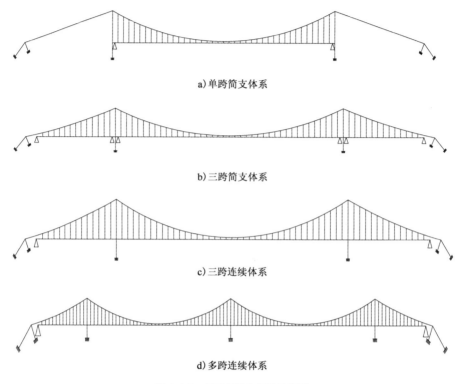

图6.4.5 悬索桥结构体系示意图

条文说明

在大部分公路悬索桥中,三跨简支是比较常见的方式。在三跨简支悬索桥中,加劲梁由三段简支梁组成。边墩支座是固定铰接,其他支座是滑动铰接,可以发生纵向移动,伸缩缝设在塔墩内。三跨简支体系对承受温度荷载的作用是非常有利的。原因在于,悬索桥的主跨往往是千米以上,这种长度级别的主梁产生的温度变形是一个很大的值;而桥塔处的约束条件给了加劲梁变形的空间,使加劲梁和桥塔避免因约束加劲梁轴向变形所产生的巨大推力;同时,加劲梁最大纵向位移发生在最长吊杆的区域内,所以吊杆只引起很小的偏角。在恒载条件下,梁的支座几乎不受力的作用,荷载全部由主缆承担。但在车辆荷载作用下,支座会承受一些压力或者是拉力,因此,多数情况下索塔上的支座会被端链杆代替。链杆一端与加劲梁端部销接,一端与塔上的托架连接。

三跨简支体系中,梁在索塔处会产生比较大的角位移,适用于公路桥,而不适用于铁路桥。当对路面线形要求较高时,可以采用三跨连续体系。连续梁体系会导致梁在索塔支座上有很大的负弯矩。这会在梁截面上引起高应力,以致在索塔附近的梁截面要求采用高强钢。而且在温度荷载和不对称加载下,边跨端部会产生最大的纵向位移使边跨端部吊杆发生很大的倾斜。为了减小索塔处主梁的负弯矩,可以取消梁的竖向支座。

三跨悬索桥体系在有些情况下是为了满足造型要求,并不一定适用于当地条件。根据桥址的环境,可选择单跨悬索桥或两跨悬索桥。单跨悬索桥中,只有主跨采用缆索体系支承,索塔外的边跨,则是由一段段引桥组成,背索不受吊杆的牵制,作为自由索从塔顶连续延伸至锚碇。因此,背索起着锚索作用,限制了塔顶的水平位移。这使单跨悬索桥有比三跨体系大的竖向刚度,结构有良好的变形特性。但随边跨的增大或者长背索大桥的采用,垂度效应会减小限制塔顶水平约束的效力。两跨悬索桥如香港青马大桥,一个边跨通过吊杆到主缆来支承加劲梁,而另一边跨则独立于悬索体系由梁桥组成。两跨悬索体系在无吊杆支承的边跨,背索对桥塔有很好的约束作用;而在吊杆支承的边跨处,背索由于吊杆的作用,对桥塔的约束要弱些。因此,受力介于三跨体系和单跨体系之间,从受力特性和功能要求方面来讲,两跨体系没有什么缺点,但从美学上来讲,不对称的桥梁结构会有碍于总体外观。

某些情况下,需要建造超过三跨的连续多跨悬索桥体系,其在不对称荷载作用下会产生较大的挠度。采用纵向系索连接各个桥塔能提高各桥塔的整体性,提高结构的刚度,减小车载下的变形。但是若系索自由悬挂很长距离,那么水平系索将具有显著的垂度效应,因此水平索方案适用在中等跨径的多跨悬索桥。对于大跨度的连续多跨悬索桥可以采用刚性桥塔的方案。桥塔在纵桥向由两斜柱组成,塔顶通过塔结构自身的三角形获得很强的纵向约束,使得变形特征比传统的三跨悬索桥更为有利,但塔顶主缆存在很大的不平衡力。多塔连续悬索桥必须采取有效措施解决偏载下竖向刚度和主缆不平衡力的问题。

6.4.6 为了提高悬索桥刚度,可根据需要在跨中设置中央扣连接主缆和加劲梁或在主跨1/4处设置交叉吊索。中央扣包括刚性中央扣和柔性中央扣。地震烈度较高时,建议采用柔性中央扣。

条文说明

悬索桥是一种柔性结构,在汽车荷载及风载作用下,加劲梁和主缆都将产生纵向、横向位移,且缆、梁位移不同步,引起吊索弯折。在跨中及梁端附近由于吊索最短,弯折现象将更加明显。为了减少活荷载、温度等引起桥的纵向位移和风振等引起跨中短吊索的弯折、疲劳问题,可根据需要在跨中设置中央扣以及在主跨1/4和3/4处设置交叉吊索。

中央扣和交叉吊索可提高悬索桥结构的抗风稳定性,减小吊索弯折疲劳及梁端位移。其中,具有中央扣悬索桥体系的布置如图6-13所示。当中央扣的刚度很小时就相当于自由索的情况;而在理想状态下,中央扣刚度很大,相当于水平方向被固定。但在实际结构中,中央扣具有相当于加劲梁轴向刚度的刚度,因此中央扣的使用可以减少自由索情况下的纵桥向位移。此外,通过计算表明,中央扣的使用还可减小梁的挠度和增加对桥塔塔顶纵向位移的约束。综合来看,中央扣比跨中和梁端短吊索更利于大跨悬索桥的抗风抗震。值得注意的是,中央扣的价值体现在短边中跨比的悬索桥中;而对于长边中跨比的悬索桥,会因为锚旋对桥塔约束的削弱、边跨缆索的垂度以及主跨的大柔度大大降低中央扣的作用。

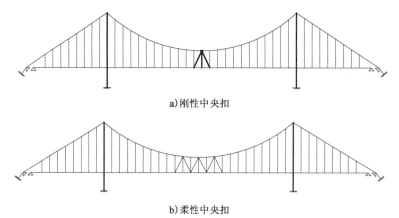

图 6-13 采用中央扣的悬索桥

以琼州海峡跨海大桥为例,在琼州海峡大桥方案设计中,提出了主跨3 000m双塔三跨吊连续加劲梁悬索桥方案(图6-14)。两对称边跨均为1 200m,边中跨比0.4,中跨主缆矢跨比1/10,矢高300m,加劲梁采用扁平流线型分体式钢箱梁,总体布置为1 200m+3 000m+1 200m,总长5 400m。

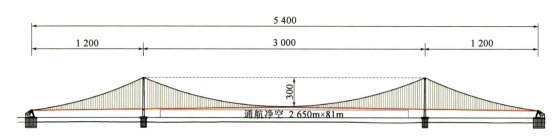

图 6-14 主跨3 000m双塔三跨吊连续加劲梁悬索桥方案(尺寸单位:m)

针对桥梁的高抗风需求,在3 000m悬索桥主跨1/4处设置交叉吊索,经计算设置交叉吊索后有效提高了悬索桥的扭转频率(表6-2),一定程度上改善了桥梁的抗风性能。

交叉吊索对扭转频率提高效果 表6-2

方 案	对 称 扭 转	反对称扭转
无交叉吊索(Hz)	0.135	0.151
有交叉吊索(Hz)	0.159	0.175
提高幅度	+17.8%	+15.9%

最终桥梁方案采用全漂浮体系,加劲梁三跨连续,在索塔处设置横向约束,无竖向约束,梁端设置横向、竖向约束,跨中缆梁间设置柔性中央扣、主跨1/4处设置交叉吊索。为控制主梁纵桥向位移并改善结构受力,在塔梁之间设置纵桥向静力限位动力阻尼装置,弹性约束装置刚度取$2.0 \times 10^6 \text{kN/m}$,通过参数敏感性分析确定阻尼器合理参数,阻尼系数和指数分别选择3 000和0.2。塔梁之间横桥向设置新型减震耗能抗风支座,如图6-15所示。

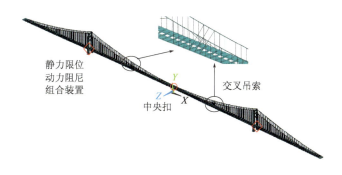

图6-15 主跨3 000m悬索桥方案约束体系布置示意图

6.4.7 除斜拉桥、悬索桥外,特大跨径桥梁还可考虑选用斜拉-悬索协作桥的结构形式。

条文说明

斜拉-悬索协作桥是在传统斜拉桥和悬索桥基础上发展起来的一种协作桥梁。中跨跨中部分采用悬索桥可以解决斜拉桥悬拼过程中的静力稳定、气动稳定和主梁压力过大的问题;借助与斜拉桥的协作,可以提高悬索桥的刚度,降低主缆拉力和锚碇规模,尤其对深水和软土地基情况意义重大。斜拉悬索协作桥缆索吊杆与拉索可采用交叉或不交叉的布置形式,如图6-16所示。

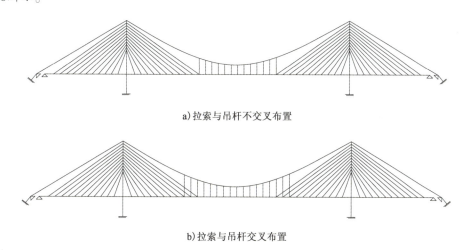

a) 拉索与吊杆不交叉布置

b) 拉索与吊杆交叉布置

图6-16 斜拉-悬索协作体系示意图

以琼州海峡跨海大桥为例,在琼州海峡大桥方案设计中,提出了主跨3 000m斜拉-悬吊桥方案(图6-17)。桥梁方案设计中,对于吊索结合部设计方案,研究表明在吊拉结合部增设与斜拉索交叉的吊索是有效手段,对于3 000m斜拉-悬吊桥增设10根交叉吊索是适宜的(图6-18)。同时,提出了斜拉-悬索过渡区的斜拉索和吊索长度主动调节装置的新型结构体系(图6-19),解决了斜拉-悬索过渡区结构刚度平顺过渡、吊索抗疲劳性能保障的难题。

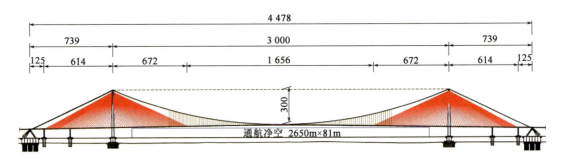

图6-17　主跨3 000m斜拉-悬吊桥方案(尺寸单位:m)

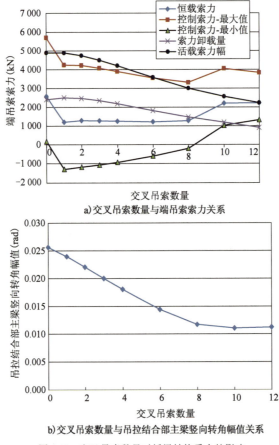

a) 交叉吊索数量与端吊索索力关系

b) 交叉吊索数量与吊拉结合部主梁竖向转角幅值关系

图6-18　交叉吊索数量对桥梁结构受力的影响

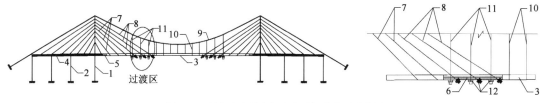

图 6-19 斜拉索和吊索长度主动调节装置示意图

1-桥塔;2-辅助墩;3-钢主梁;4-混凝土主梁;5-结合部主梁;6-过渡区主梁;7-斜拉索;8-过渡区斜拉索;9-主缆;10-吊索;11-过渡区吊索;12-长度调整装置

6.4.8 特大跨径桥梁横向约束体系宜按受力需要从固结体系、弹性约束体系和阻尼约束体系中选择,如图 6.4.8 所示。

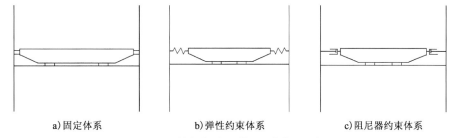

a) 固定体系   b) 弹性约束体系   c) 阻尼器约束体系

图 6.4.8 特大跨径桥梁横向约束体系示意图

条文说明

特大跨径斜拉桥(漂浮或半漂浮体系)、悬索桥、斜拉-悬索协作桥,均不能对主梁提供有效的横向支承,主梁横向变形的约束都明显不足,使得这些桥梁在横向荷载作用下,例如横风荷载、横向地震下,会发生严重的横向变形。因此对于此类情况,可以采用横向抗风支座或者增加横向支承的方式来限制主梁的横向运动和变形,并提高其振动频率以改善动力性能。一般是在塔柱和主梁之间设置支座或其他约束装置,以限制主梁的横向位移,并能使主梁在横向形成较为柔性的约束,保持良好的动力性能。

主梁与主塔一般采用抗风支座来制约梁、塔的相对运动,锚固墩和辅助墩的墩顶也往往设置横向限位装置,这会导致地震时传到墩柱的惯性力过大,因此斜拉桥边墩及其基础在横桥向是抗震的薄弱部位。大跨度桥梁的抗震性能与其纵、横向结构体系密切相关。一直以来,较受关注的是斜拉桥的纵向结构体系,横向结构体系的研究甚少。塔、墩与主梁的横向连接形式主要有:滑动约束、黏滞阻尼器约束、全限位约束等,这与塔、梁纵向连接形式是类似的。

通过比较不同主梁横向约束方式对大跨度桥梁力学性能的影响得出,边墩、主梁横向滑动体系和全限位体系均不是理想抗震体系。前者会导致相当大的梁端位移和边墩、梁相对位移;后者会导致相当大的边墩墩底弯矩和支座横向抗力需求。边墩、梁之间设置横向弹性约束或黏滞阻尼器约束可以显著改善桥梁结构的横向静动力性能。

针对特大跨径桥梁，项目研发了碟形弹簧与动力阻尼组合的新型减震抗风支座（图6-20），改善了桥梁横向静动力受力性能。碟形弹簧为塔梁间接触和碰撞提供一定的弹性刚度，避免大风、地震等静动力作用下主梁与桥塔刚性碰撞。地震等动力作用下阻尼器提供滞回耗能功能，安装时预压可确保支座与主梁紧密贴合，且在大风、地震作用下具有自复位功能。

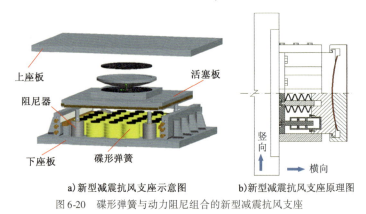

a) 新型减震抗风支座示意图　　b) 新型减震抗风支座原理图

图6-20　碟形弹簧与动力阻尼组合的新型减震抗风支座

6.5　主梁设计

6.5.1　特大跨径桥梁的主梁从材料方面宜采用钢梁或混合梁；从结构形式上可分为箱梁和桁架梁；从断面形式上可分为整体式和分离式两种基本形式。

条文说明

钢箱梁一般由桥面板、腹板、底板、横隔板、纵隔板、锚箱及连接箱（分离式钢箱梁）等主要部件组成。分离式的连接箱构造和受力比较复杂，需要在设计中引起足够重视并应进行专门设计。混合梁方案应主要考虑钢混结合段的位置；钢桁梁方案应考虑主桁的布置形式，以及上下平联的布置形式。

6.5.2　主梁的外形选择应综合考虑抗风性能、几何刚度、加工制作和视觉效果等因素。混合梁断面选型还应考虑其形状适应钢和预应力混凝土结合的构造要求。主梁的宽度和高度应满足桥面使用功能、结构受力、刚度和抗风稳定性的要求。主梁外形应考虑抗风的要求。

条文说明

主梁断面形状与加工密切相关。主梁断面外形采用曲线形状虽然视觉效果较好，利于提高抗风性能，但加工制作和工地拼装非常困难。香港昂船洲大桥因为导流板安装困难，将原设计箱梁曲线底缘改为曲线、折线结合的形式。

斜拉桥梁高与主跨跨径之比宜采用 1/330～1/180。

6.5.3 主梁线形确定应考虑船只桅杆和甲板室撞击风险。

条文说明

尤其在航道边缘,应充分考虑船只桅杆和甲板室撞击的风险。同时对于失控后处于航道以外的船只桅杆和甲板室撞击主梁问题也应有适当考虑。

6.5.4 主梁设计中检修车轨道位置及检修车主要尺寸应主要通过抗风性能要求确定。检修车轨道的形状和位置影响全桥气动性能,是重要的设计参数。

6.5.5 悬索桥主梁由车道荷载频遇值引起的最大竖向挠度值不宜大于跨径的1/250,频遇系数取1。风荷载作用下悬索桥主梁,最大横向位移不宜大于跨径的1/150。

条文说明

悬索桥为柔性结构,对加劲梁竖向挠度及横向位移的限值主要是保证行车的平顺舒适和安全感。本条文是参考国外有关规定及国内外已建悬索桥的统计资料而制定的。

6.5.6 多塔斜拉桥主梁由车道荷载频遇值引起的最大竖向挠度值不宜大于跨径的1/300,频遇系数取1。静风荷载下梁端转角不宜大于0.02rad。

6.5.7 由于风致振动会降低安全行车风速,应通过特殊措施以及风-车-桥耦合振动分析,对行车风安全进行专项研究,确定大桥行车安全标准。

6.5.8 特大跨径桥梁主梁架设期间,避免施工状态下桥梁结构频率接近风-浪-流耦合场的波周期,无法避免时应研究确定合理的施工方案及结构振动控制措施。

6.6 索塔设计

6.6.1 索塔形式按材料不同可分为钢塔、混凝土塔和组合结构塔。索塔选型应充分考虑桥址周围环境特点,在结构合理的基础上,考虑造型设计主题综合确定。桥塔在造型上应清晰地表现竖向力的流畅传递和较强的稳定感,具备合理的比例关系并与其他构件达到良好的协调呼应关系。

条文说明

索塔是表达特大跨径缆索支承桥梁特色和视觉效果的主要结构物,应全面体现造型主题。索塔结构设计必须适合于斜拉索的布置,传力应简单明确,在恒载作用下,索塔应尽可能处于轴心受压状态。

6.6.2 索塔选型应综合考虑各方面因素,主要包括地震、风、船撞、恐怖袭击、火灾、下部基础规模等方面。地震作用下,桥塔直接传递上部荷载的地震力,地震作用是桥塔结构形式必须要考虑的问题。风荷载对桥塔的设计往往起到控制作用,桥塔的断面形式应经过气动优化以达到降低风荷载的目的。桥塔在设计过程中应考虑高水位下船撞对桥塔内力和响应的影响。其他的偶然荷载,如爆炸、火灾等极端作用,由于其荷载的局限性,其影响范围往往较弱,但对影响范围内的结构材料及选型也有一定的影响。几种典型的灾害荷载对桥塔形式的影响见表6.6.2。

桥塔结构形式影响因素 表6.6.2

影响因素	影响范围
地震	桥塔结构形式(单塔柱、双塔柱、空间塔柱); 桥塔截面(有无上横梁、横梁的影响); 桥塔结构内力,桥塔与主梁的连接条件与约束方式; 塔顶位移/梁端位移、伸缩缝、支座的设计
风	桥塔断面形式,桥塔内力; 桥塔振动响应,是否设置阻尼器; 桥塔的材料选择(阻尼比的影响)
船撞	桥塔内力,桥塔振动响应,防撞设施
恐怖袭击	桥面高度处的桥塔材料(钢结构、组合结构、混凝土结构)
火灾	桥塔一定高度范围的材料选型,是否采用防火设施(涂层、隔离等)
下部基础规模	桥塔结构形式(单塔柱、双塔柱、空间塔柱)

6.6.3 索塔断面应主要考虑造型和抗风性能进行优化,尽量选择风阻系数相对较小、气动性能较好的断面,以有效降低全桥风荷载。典型断面的风阻特性可参考现行《公路桥梁抗风设计规范》(JTG/T D60-01)。

条文说明

计算分析和风洞试验都表明,索塔是特大跨径桥梁风荷载的最主要贡献之一。降低索塔风荷载能够有效降低全桥风荷载。

6.6.4 特大跨径缆索承重桥梁索塔在设计基准风速范围内不应发生驰振现象;索塔的涡激振动振幅不应大于$0.04/f_t$(f_t为桥塔振动频率),同时不应使拉索发生过大的参数共振。

6.6.5 特大跨径多塔斜拉桥中塔与边塔刚度比应综合考虑主跨数量以及塔梁约束形式。对于纵飘体系,与边塔最近的中塔刚度不宜大于边塔刚度的1.5倍,其他中塔刚度可小于1.5倍并逐渐递增;对于中间桥塔与主梁的塔梁固结体系,边中塔刚度可不受以上限制。

6.7 缆索系统设计

6.7.1 斜拉索设计应考虑施工和更换、风荷载、造价等因素,在平行钢丝斜拉索和钢绞线斜拉索中进行选择。

条文说明

目前常用的斜拉索主要有平行钢丝斜拉索和钢绞线斜拉索,这两种斜拉索各有特点。平行钢丝斜拉索直径相对较小,但需要斜拉索整体张拉,需要大吨位千斤顶。钢绞线斜拉索直径相对较大,但可采用单根钢绞线分别张拉,仅需要小吨位千斤顶,对塔、梁锚固区域的空间要求也相对较小。

6.7.2 斜拉索的造型作用主要是调整桥梁形态构图比例和均衡视觉效果,应结合主梁和索塔造型及受力要求等来进行协调设计。

条文说明

特大跨径桥梁斜拉桥大多采用扇形索以提供最有利的结构稳定性能。对于扇形索面,应当注意拉索的间距过渡,以协调、流畅为佳。

6.7.3 斜拉索设计应避免发生斜拉索风雨激振。选择合适的斜拉索表面处理形式可降低斜拉索发生风雨激振的可能性。

条文说明

目前常用的拉索表面处理方法有凹坑与螺旋线。有关凹坑的分布以及螺旋线布置的参数应通过风洞试验验证。

6.7.4 斜拉桥辅助索可选用斜直线、曲线等形式,如图6.7.4所示。

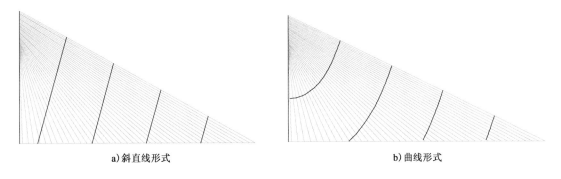

a) 斜直线形式　　　　　　　　　　b) 曲线形式

图6.7.4　斜拉桥辅助索布置形式

6.7.5 悬索桥主缆宜采用镀锌高强度钢丝,吊索可采用镀锌高强度钢丝或镀锌钢丝绳,索鞍可采用铸焊组合式、全铸式或全焊式结构。

6.7.6 悬索桥宜采用双主缆,必要时也可采用四根主缆。

条文说明

悬索桥推荐采用在加劲梁两侧各布置一根的双主缆,但由于主缆太粗、架设困难或者工期限制等原因使得一侧布置一根主缆存在困难时,也可在加劲梁两侧各布置两根主缆。

6.7.7 悬索桥主缆横向布置应综合抗风、加劲梁宽度、景观等要求确定,并应满足施工机具对主缆与加劲梁之间的空间要求。主缆中心距与主跨跨径比值宜大于 1/60。

条文说明

加劲梁与主缆之间的空间主要考虑加劲梁吊装吊具及主缆缠丝机等要求。

主缆中心距与主跨跨径比值是悬索桥横向刚度重要指标,直接影响悬索桥的抗风性能。经统计,国内外 30 余座已建悬索桥,加劲梁梁宽(或主缆中心线距)与主跨跨径比值,除英国亨伯尔桥为 1/64 外,其他均大于 1/60。

6.7.8 悬索桥吊索间距应综合考虑材料用量、加劲梁运输架设条件以及加劲梁、吊索、索夹的受力情况等确定。吊索在顺桥向宜采用竖直布置方式。

条文说明

吊索间距影响吊索的截面积、加劲板梁的横肋间距、加劲箱梁的横隔板间距、钢桁架梁的弦杆长度与桥面横梁的布置等,并直接影响索夹设计。

6.7.9 斜拉-悬索协作桥的辅助索宜将主缆、拉索、主梁(主塔)连接,如图 6.7.9 所示。

图 6.7.9 协作体系辅助索示意图

6.7.10 斜拉-悬索协作桥的斜拉索和吊杆交叉区域的吊杆布置宜与斜拉索布置区域部分重叠,重叠吊杆 4~10 对,如图 6.7.10 所示。

图 6.7.10 协作体系交叉吊索示意图

6.8 锚碇和桥墩设计

6.8.1 悬索桥锚碇根据地形、地质条件可采用重力式锚、隧道锚或岩锚结构。

6.8.2 斜拉桥的辅助墩应根据全桥整体刚度、结构受力、边孔通航要求、施工期安全以及经济性等条件进行设置。

条文说明

对于大跨度斜拉桥,由于活载加载时锚墩支座反力和端锚索应力幅变化均比较大,单靠调整边中跨比来协调上述二者之间的矛盾往往是很困难的。若在边跨适当位置处设置一个或多个辅助墩,不仅可以改善成桥状态下的静、动力性能(包括提高结构的整体刚度、分担横向地震力以及横向或斜向风荷载效应等),同时还可争取边跨提前合龙,减小悬臂长度,特别是可提高最不利悬臂施工状态的风致稳定性,降低施工风险。

原则上,斜拉桥边跨辅助墩设置需综合考虑以下几个方面的因素:是否有通航要求;结构体系静力和动力性能上的要求;施工组织方案与施工风险;上、下部工程经济性;边跨分孔与主、引桥在跨径上的协调;以及桥址地形特点等。

当边跨在水中且基础覆盖层较厚,尽管多设辅助墩可提高成桥整体刚度和悬臂施工阶段的风稳定性,但必须同时考虑下部结构的经济性和辅助墩的实际支承效率,并兼顾通航要求。工程经验表明,一般数量上以单侧 1~3 个为宜,布设位置通常在边跨靠外侧 $(0.2 \sim 0.6)L_1$(L_1 为边跨跨径)较好,具体位置一般可根据挠度影响线和布跨孔径统一协调。

当边跨布置在岸上或边跨区域水深较浅且无通航要求、基础覆盖层相对较薄,根据 Normandy 大桥、Tatara 大桥以及昂船洲大桥等特大桥的工程经验,由于基础费用相对低,可在边跨内设若干个辅助墩,边跨主梁采用 PC 桥面,使梁高满足施工阶段简支梁状态的受力要求,并和中跨的梁高协调一致。这种混合体系不仅比较经济,同时也可克服全钢箱梁体系在结构刚度、尾索疲劳和锚跨负反力上的一些缺点,通常是概念设计中应优先考虑的结构方案。其具体辅助墩的布设间距和孔跨数与梁式桥的布跨原则基本相同。

需强调的是,由于辅助墩设置对结构动力特性产生的显著影响,对于强震或强风区的大跨度斜拉桥,不可忽略辅助墩设置及其与主梁横向约束方式对结构抗风、抗震性能的利与弊两方面的影响。

6.8.3 桥墩设计中应充分考虑寿命期中遭受船撞的风险,应对各种风险等级的船撞事件制定系统的对策,确保不因为辅助墩和边墩碰撞后倒塌而引起全桥结构的破坏。

条文说明

边墩和辅助墩可以不考虑通过自身刚度防撞,而通过设置防撞措施或采用多柱式设计等方法提高防撞性能。

6.8.4 桥墩造型设计应综合考虑桥梁风格、桥梁主选造型元素、全线桥墩间的造型统一以及和桥塔造型间的呼应等,达到全线美观协调的整体效果。

条文说明

墩的基本形式有柱式和板式两种,两种基本形态的组合又能形成多种形式的桥墩。柱式墩按截面形式可分为方形、多边形、圆柱形或者这几种基本图形的组合。

柱墩包括两部分:墩柱和其间联系(系梁、盖梁等)。柱墩的造型变化也是在这两部分结构的基础上进行的。墩柱的造型变化有收缩、切面、纹理、组合等。系梁、盖梁的主要目的是联系两柱墩,加强其稳定性,在满足这个功能后,其造型可以进行多种变化。

桥墩造型设计应适当融入总体造型设计时确定的造型元素,以达到风格上、造型上的一致,同时应考虑桥墩与桥塔之间的造型呼应,达到全桥建筑造型的统一。

6.9 基础设计

6.9.1 特大跨径桥梁深水基础的选型应综合考虑结构体系及上部荷载、地质条件、水文气象条件、施工条件、经济性五类条件,经过综合比选和论证后确定。

6.9.2 特大跨径桥梁深水基础可采用沉井基础、设置沉箱基础以及桩基础与沉井(设置沉箱)结合形成的复合基础等结构形式。

条文说明

按照建设条件、荷载条件、上部结构形式、基础结构形式、施工技术等,对国内外已建成的苏通大桥、里翁大桥、明石海峡大桥、南京长江四桥等特大型桥梁的索塔基础和锚碇基础的形式进行了分类梳理,见表6-3和表6-4。

已建特大型桥梁基础结构形式调研   表6-3

桥名	建设条件	荷载条件	桥塔形式	基础结构形式	施工技术
苏通长江大桥(中国)	水深30m,基岩埋深300m,通航密度高	主跨1 088m双塔斜拉桥	双塔柱A形	高桩承台群桩131根,桩长约120m,直径2.8m/2.5m	钻孔桩施工技术,钢吊箱沉放技术,冲刷防护技术

续上表

桥名	建设条件	荷载条件	桥塔形式	基础结构形式	施工技术
明石海峡大桥（日本）	水深45m,流速3.5m/s,岩石地基,航运繁忙	主跨1991m双塔悬索桥	双塔柱H形	圆形双壁钢沉井,直径80m,钢壁厚12m,多道加劲重1.5万t	基岩切削,拖轮浮运,注水下沉浇筑混凝土,冲刷防护
大贝尔特东桥（丹麦）	主塔水深20m,碎石垫层	主跨1624m悬索桥,船撞力670MN	双塔柱门形	长宽高分别为78m×35m×20m矩形设置沉井,质量3万t	陆上预制,浮运下沉
厄勒海峡大桥（丹麦、瑞典）	水深18.5m	主跨490m钢斜拉桥	双塔柱H形	钟形设置基础,底面尺寸与高度为37m×35m×22.5m,自重2万t	专用起重驳船装置,特制定位板海底压浆技术
里翁—安提里翁大桥（希腊）	水深65m,跨越断裂带深厚软土层	主跨560m四塔斜拉桥,180 000t船以30km/h撞击	四塔柱金字塔	钢管桩地基加固,设置沉箱基础,锥形结构,径90m	干船坞浇筑部分拖至湿船坞完成全部浇筑,浮运、灌水下沉预压
泰州长江大桥（中国）	中塔处水深18m,200m内无基岩,流速2.5m/s	主跨1080m三塔悬索桥,船撞力116MN	四塔柱门式人字形塔	钢-混组合沉井,倒圆角矩形截面,底面尺寸与高度为58m×44m×76m	陆上预制,浮运至桥位定位着床,接高下沉
釜山—巨济连岛工程（韩国）	水深30m,沉积土砂土覆盖层,砂岩地基	主跨230m三塔斜拉桥,主跨475m双塔斜拉桥	双塔柱钻石形	矩形沉井,平面尺寸20.5m×19m	工厂预制,浮运下沉,水下基底压浆
柜石岛大桥（日本）	水深20m,岩石地基,岩面倾斜	两座主跨420m公铁两用斜拉桥	双塔柱H形	沉井+桩复合基础矩形钢壳设置沉井,底面尺寸与高度为46m×29m×30.5m，16根φ4m灌注桩	设置沉井与灌注桩的连接施工技术

国内外常用锚碇基础形式统计　　　　　　　　　　　　表6-4

桥名	建设条件	荷载条件	锚碇形式	基础结构形式	施工技术
明石海峡大桥（日本）	水深45m,流速3.5m/s,岩石地基,航运繁忙	主跨1991m双塔悬索桥,主缆拉力12.9万t	圆形和矩形地连墙重力式锚碇	圆形锚碇,直径85m；矩形锚碇基础,平面尺寸80m×63m,厚2.2m	圆形采用倒衬砌法施工,矩形采用挡土法施工
大贝尔特东桥（丹麦）	锚碇处水深10m,挖除表层冰渍黏土后为软岩地层	主跨1624m悬索桥,主缆拉力6万t	浮运沉井重力式锚碇	矩形设置沉井平面尺寸121.5m×54.5m,压浆碎石强度5MPa	陆上预制,浮运下沉

续上表

桥名	建设条件	荷载条件	锚碇形式	基础结构形式	施工技术
北南备赞濑户大桥（日本）	水深50m，流速2.6m/s，岩石地基，共用锚碇处水深15m	主跨990m和1 100m公铁两用悬索桥	圆形沉井重力式共用锚碇	设置圆形沉井直径59m，总高37m	水下挖掘技术，水下灌浆技术，海底检测技术
阳逻长江大桥（中国）	北锚砂岩、沙砾岩，南锚高河漫滩	主跨1 280m悬索桥，主缆拉力6万t	圆形支护、明挖、重力式锚碇	北锚：重力式深埋扩大基础；南锚：地连墙重力锚基础。外径73m，深61.5m	大直径地连墙止水挡水技术，可更换无黏结预应力锚固技术
泰州长江大桥（中国）	水深18m，200m内无基岩，流速2.5m/s	主跨1 080m三塔悬索桥，主缆拉力4.5万t	矩形沉井重力式锚碇	北锚：67.9m×52m×41m；南锚：67.9m×52m×41m	工厂预制，现场安装，下沉偏差控制技术
江阴长江大桥（中国）	冲积粗砂层，系石英砂岩和含粉砂泥质岩组成	主跨1 385m悬索桥，主缆拉力6.4万t	矩形沉井重力式锚碇	矩形沉井，平面尺寸69m×51m，下沉深度58m	超大型沉井下沉施工技术
润扬长江大桥（中国）	冲积地层，砂土为主，水深10m	主跨1 490m悬索桥，主缆拉力6.8万t	地连墙重力式锚碇	南锚钻孔桩冻结法，北锚矩形地连墙，69m×50m×48m	冻结法围护施工技术，地连墙施工技术
大连星海湾跨海大桥（中国）	水深14m，岩石地基	主跨420m双塔地锚式悬索桥	框架式锚体结构	矩形沉箱基础2.6万t，69m×44m×17m	最大吃水深度8.46m；拖运速度2.5n mile/h；5艘拖轮"122"布置
南京长江四桥（中国）	北锚：密实卵砾石层；南锚：砂砾岩层	主跨1 418m双塔悬索桥，主缆拉力5.6万t	分布式锚体结构，北锚沉井基础，南锚地连墙	北锚：矩形沉井，69m×58m；南锚：∞字形地连墙，82m×59m	北锚：陆上下沉沉井；南锚：陆上施工地下连续墙

上述基础方案的调研与分析表明，群桩基础、设置沉井和沉箱等基础形式在已建特大型桥梁索塔基础中应用广泛，沉井+桩复合基础等亦有采用。在已建成的特大型桥梁锚碇基础中，重力式扩大基础、地下连续墙基础、沉井基础、沉箱基础、冻结排桩基坑围护等均有广泛的应用，马鞍山大桥建设过程中还开发了依托仿生学原理的根式锚碇基础，其中沉井基础与地下连续墙使用最为普遍。

综合国内外大跨桥梁建设经验及发展趋势，复杂建设条件下的特大型桥梁深水基础形式应着重研究单元标准化、结构整体化、安装大型化、工厂预制化及现场施工机械化的基础方案。在类型繁多的桥梁基础形式中，以沉井基础和设置沉箱基础等更适用于深水特大型桥梁的基础，另外桩基础可与沉井（设置沉箱）等结构形式结合形成多种复合基础形式，具有刚度大、沉降小、承载力高、地层适应性强等显著特性，也是特大型桥梁深水基础可重点考虑的基础形式。

7 主要结构设计

7.1 主梁结构设计

7.1.1 特大跨径桥梁的主梁(加劲梁)宜采用钢箱梁或钢桁梁。主梁形式的选择应考虑结构强度、刚度、疲劳、抗风稳定性、施工架设等因素。

条文说明

由于钢结构强度高、结构轻巧、施工安装便捷、质量易保证,故特大跨径桥梁大多采用钢加劲梁。

钢桁梁具有较高的截面抗扭刚度和透空的迎风截面,因而提供了良好的抗风稳定性,并可充分利用截面空间提供双层桥面以实现公铁两用或多车道布置。另外,钢桁梁可根据不同的地形、地貌条件,灵活选择多种安装架设方法。

流线型钢箱梁具有良好的空气导流特性和较高的抗扭刚度,因而流线型钢箱加劲梁具有较小的空气阻力系数和良好的抗风稳定性。同时,正交异性钢桥面板既是钢箱梁的组成部分又是行车道板,有效地节省了用钢量,与钢桁梁相比可降低20%左右的用钢量。

7.1.2 钢箱梁可采用整体式钢箱梁或分体式钢箱梁,如图7.1.2所示。分体式钢箱梁的箱梁之间应设置横向连接梁,横向连接梁可采用箱梁、工字梁等形式。

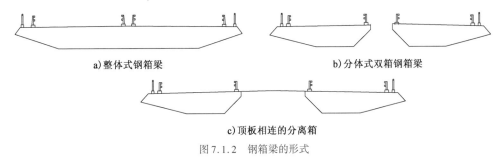

图 7.1.2　钢箱梁的形式

条文说明

琼州海峡大桥的主跨2×1500m三塔斜拉桥方案中,主梁的型式为流线型双箱分离式断面(见图7-1),梁高5m,梁宽60.5m,中央开槽宽14m。两个封闭箱横桥向拉开距离为

14m，用横向连接箱加以连接。

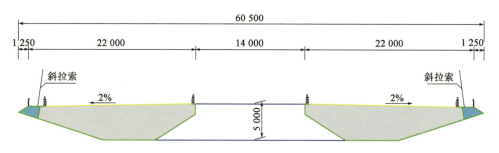

图 7-1　主跨 2×1 500m 三塔斜拉桥主梁断面(单位:mm)

7.1.3　钢箱梁桥面板宜采用正交异性钢桥面板结构形式。纵向加劲肋宜采用 U 形闭口加劲肋，其设计应考虑自身局部稳定性和对面板的支承作用，合理选择其结构尺寸。

7.1.4　钢箱梁应设置横隔板。横隔板可采用板式或桁架式，应综合考虑材料用量、受力性能、施工与维护等方面确定。吊点及支座处应采用板式横隔板。横隔板间距应通过综合比选桥面板局部受力性能、对主梁抗弯和抗扭刚度影响、对桥面铺装的影响后确定。

条文说明

桁架式横隔板可以减轻梁重、节省钢材；能增大箱内透空率，便于今后维护和抽湿防腐，并为工地焊接提供较好的通风条件。但该种横隔板刚度小，竖向变形大，箱梁整体抗扭性能差，构造比较复杂。实腹式横隔板是目前大跨径桥梁普遍采用的形式，工艺成熟、构造简单、竖向刚度较大、箱梁的抗扭性能较好，但用钢量大、透空率小、施工和维护工作条件稍差。

横隔板间距直接影响桥面板的局部应力、刚度和主梁整体抗扭刚度，也关系到桥面铺装的长期使用，是设计中需重点考虑的因素。间距太小，则增加梁重；间距太大，则桥面板局部变形大，对铺装不利。

目前国内外已建成斜拉桥钢箱梁的横隔板间距多为 3.0~4.0m，如诺曼底大桥 3.93m，南京长江二桥 3.75m，昂船洲大桥 3.8m，苏通大桥 4.0m。

7.1.5　设置纵隔板可以提高主梁的有效宽度，加强整体性。纵隔板可以考虑实腹式和桁架式两种形式。

条文说明

很多大跨桥梁的钢箱梁只在局部区域设置或不设置纵隔板，说明纵隔板并不是必须存在的；从结构受力来看，纵隔板作用没有横隔板重要，对其构造要求也没有横隔板严格，但在较宽的主梁全桥设置纵隔板对结构受力和加工是必要的。

若横隔板采用了实腹式,为提高箱内的透空率,便于将来维护,并为工地焊接提供较好的通风条件,纵隔板采用桁架式较好;虽然箱梁纵隔板采用实腹式整体性更好,但箱内通风性能太差,且桥面板横向刚度变化较大(板式纵隔板刚度要大于桁架式),对铺装不利;对实腹式纵隔板和桁架式纵隔板的有限元分析结果表明,两种纵隔板结构均能满足受力要求。在采用实腹式横隔板的情况下,纵隔板采用桁架式不仅可以保证结构的整体性,提供较大的透空率,还可改善桥面铺装的使用条件,能够满足受力的要求。

7.1.6 钢桁梁由主桁架、横向桁架、上下平联和桥面板组成。主桁架宜采用华伦式结构,带吊索的横向桁架可采用单层桁架或双层桁架结构形式,如图7.1.6所示。

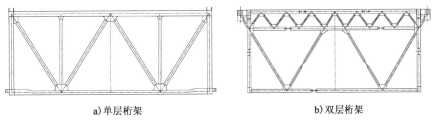

图7.1.6 钢桁梁横向桁架的形式

7.1.7 钢桁梁桥面结构可采用正交异性钢桥面板或混凝土桥面板。正交异性钢桥面板与钢桁架的结合形式可采用分离式或整体式(图7.1.7)。混凝土桥面板与钢桁架的结合形式宜采用分离式。

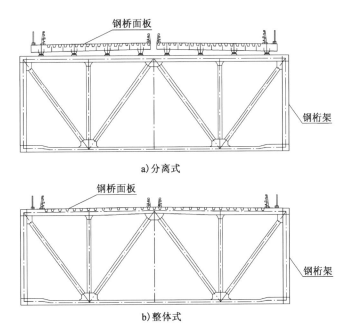

图7.1.7 正交异性钢桥面板与钢桁架的结合形式

7.1.8 钢桁梁的主桁架高度应根据受力要求确定,并满足空气动力稳定性要求,腹杆与弦杆的夹角 θ(图7.1.8)宜为39°~51°。主桁架的节间长度应根据吊索间距确定,并满足杆件压屈稳定要求。

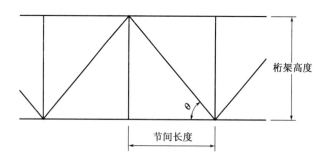

图7.1.8 主桁架的节间布置

7.1.9 钢桁梁的杆件宜采用H形或箱形断面,钢桁梁节点宜采用整体节点板的形式。

条文说明

主桁架的上、下弦杆一般通过整体节点板与竖腹杆、斜腹杆连接,通过焊接节点板与横向桁架的横梁、平联连接;横向桁架的上、下横梁通过设置竖向焊接节点板与竖腹杆、斜腹杆连接,通过设置水平整体节点板与上、下平联连接。在节点板处,各构件之间一般采用高强度螺栓连接。传统的斜腹杆与整体节点之间采用插入方式连接,这样造成节点板尺寸偏大,并且不利于现场施工。贵州坝陵河大桥在钢桁梁节点中采用了紧凑型整体节点结构(图7-2),斜腹杆与整体节点的连接方式由传统的插入式改为对接式,高强度螺栓由单剪改为双剪,工程实践及模型试验表明:紧凑型整体节点板尺寸小,杆件连接方便,疲劳性能好,目前已在国内多座钢桁梁悬索桥中推广应用。

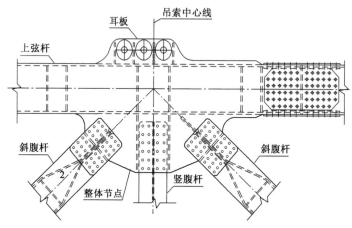

图7-2 紧凑型整体节点结构示意图

7.1.10 钢箱梁行车道处正交异性钢桥面板的顶板厚度不宜小于14mm,可根据车道荷载选择不同板厚。顶板U形闭口加劲肋的厚度不宜小于6mm,其净距与顶板厚度之比不宜大于25。

7.1.11 非行车道处的正交异性钢板的顶板厚度不宜小于10mm,U形闭口加劲肋的厚度不宜小于6mm,开口加劲肋的厚度不应小于10mm,加劲肋净距与面板厚度之比不宜大于40。

7.1.12 U形闭口加劲肋可采用热轧或冷加工成形,弯折半径与厚度之比不应小于5。横隔板间距不宜大于4.0m,并应为吊索间距的等分数。除支承横隔板外,横隔板应开槽口使纵向加劲肋连续通过。横隔板的厚度不应小于8mm,钢箱梁吊索处的横隔板板厚不应小于10mm。

7.1.13 设计时应在纵向加劲肋与顶板的焊接接头(A)、纵向加劲肋及横隔板和顶板的焊接接头(B)、纵向加劲肋与横隔板的交叉部位(C)、纵向加劲肋的对接接头(D)位置(图7.1.13)采用疲劳强度等级较高的构造细节及焊接工艺。

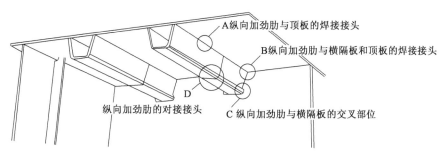

图7.1.13 正交异性钢桥面板易产生裂缝的位置示意图

条文说明

正交异性钢桥面板的疲劳问题比较突出,主要原因是:①钢桥面板直接承受车辆轮荷载的反复作用;②各部位应力影响线长度短,一辆车经过会产生多个应力循环;③钢桥面板构造及应力状况复杂;④焊缝多,应力集中严重,且焊接质量不易保证;⑤关于钢桥面板构造细节的疲劳试验数据相对较少。英国、荷兰、日本、巴西、美国等多个国家均出现了钢桥面板疲劳开裂的事例。我国自20世纪90年代开始使用钢桥面板,虽然使用时间不长,但也已经在一些桥中发现了钢桥面板的疲劳开裂。钢桥面板的疲劳问题已成为影响钢桥安全及耐久运营的突出问题之一。正交异性钢桥面板应采用疲劳性能好的连接构造细节。

(1)闭口纵向加劲肋与顶板的焊接接头采用部分熔透焊缝,名义熔透深度为80%的加劲肋板厚,最小熔透深度为50%的加劲肋板厚,并不能焊透,同时焊喉尺寸大于加劲肋板厚。在采用的具体焊接工艺上,目前主要有两种:一种是欧洲和美国多采用的自动埋弧焊工艺,生产效率高、焊接质量好、劳动条件佳。由于该工艺焊接时热输入大,因此一次焊透深度较大,闭口纵向加劲肋壁板边缘常不切坡口,节省了板边缘机加工费用,但焊接变形也较大,增加了后续热校形或设预变形的费用。另一种是日本和我国多采用的半自动 CO_2 气体保护焊工艺,该工艺在保持操作方便、焊接质量好的同时,减小了热输入,能更好地控制焊接变形,但闭口纵向加劲肋壁板边缘需切坡口,以保证焊透深度,如图7-3所示。

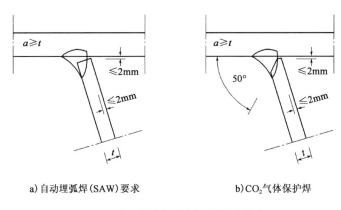

a) 自动埋弧焊(SAW)要求   b) CO_2 气体保护焊

图7-3 闭口纵向加劲肋与顶板焊接构造

(2)在顶板、闭口纵向加劲肋和横隔板的相交处,将此处的横隔板局部先加工成10mm×10mm的倒角,待各板件就位后,将横隔板与顶板和闭口纵向加劲肋的焊接采取连续焊过倒角的方式,将此处填实,角部区域不得起、熄弧。

(3)在横隔板弧形开孔顶部的闭口纵向加劲肋和横隔板连接角焊缝端部由两侧围焊,不得有缺陷,否则应打磨。为抑制闭口纵向加劲肋与横隔板连接焊缝端部的闭口纵向加劲肋壁板水平疲劳裂纹,在闭口纵向加劲肋内部宜设置内肋板,内肋板底部与横隔板弧形开孔顶部间距不小于25mm,且不处于闭口纵向加劲肋冷弯区段内。内肋板厚度与横隔板一致,两者组装错位不大于横隔板厚度的50%。闭口纵向加劲肋与横隔板之间的组装间隙不大于3mm。

7.1.14 钢箱梁的工地连接形式可采用全焊连接或焊接与高强度螺栓组合连接,可根据工期要求、桥梁铺装的质量、接头质量综合考虑确定。正交异性钢桥面板的顶板工地连接应采用焊接连接,其U形闭口加劲肋的工地连接宜采用高强度螺栓连接。

7.1.15 钢桁梁的杆件连接宜采用高强度螺栓连接,也可采用焊接与高强度螺栓混合连接。当采用正交异性钢桥面板时,顶板工地连接应采用焊接连接,纵梁和加劲肋宜采用高强度螺栓连接。

7.1.16 钢主梁应考虑焊缝收缩变形的影响,考虑施焊和无损检验的操作空间,以减小焊接残余应力,降低局部应力集中。对活荷载应力幅及残余应力均较大的焊接构件,应专门制定焊接工艺及检验要求。

7.1.17 主梁节段的划分应考虑便于制造、运输和架设。加劲梁设计应设置便捷的检修通道、检修门等设施,以保证检修和维护工作的实施。主梁构造应考虑吊索(拉索)和支座的更换。

7.1.18 对于处于强风多发地区的缆索承重桥梁,应在设计中考虑行车安全的影响。可通过在桥塔区设置风障或全桥设置风障的方法,提高车辆行驶安全性。同时应满足考虑风障措施主梁的抗风设计要求。桥塔区桥塔对主梁行车风环境有很大的干扰效应,降低了该区域的行车安全等级。应进行桥塔区桥面风环境风洞试验研究或数值模拟研究,以确定是否采取相应措施提高桥塔区行车安全等级。

条文说明

通过针对多座大桥的研究发现:大桥行车风环境以桥塔附近最差,非安全行车的概率约为跨中处的 5 倍。研究表明,采用风障可以提高桥塔区桥梁的通行能力,如图 7-4 所示。

图 7-4 苏通大桥桥塔区风障

7.2 索塔结构设计

7.2.1 索塔设计除应满足施工及运营阶段结构强度、刚度、稳定性、耐久性等要求外,尚应考虑经济合理、施工方便、造型美观及便于维修养护等要求。

7.2.2 索塔可根据不同需要,采用钢筋混凝土索塔、钢索塔或钢-混组合索塔等。

条文说明

钢-混组合索塔是指由钢筋混凝土塔柱、钢横撑组成的组合结构索塔。

国外大跨悬索桥中采用钢索塔相当普遍,其主要优点是施工速度快,质量容易保证,抗震性能好。

混凝土索塔的优点是用钢量少、成本低、易维护,近几年我国修建的大跨悬索桥都采用了钢筋混凝土索塔。

表 7-1 列出了国内外部分悬索桥钢筋混凝土索塔资料,供参考。

国内外已建成的大跨径悬索桥钢筋混凝土索塔汇总表 表 7-1

序号	桥名	建成年份	主跨跨径（m）	垂跨比	塔高（m）	索塔高跨比	塔顶截面宽(m) 顺桥向	塔顶截面宽(m) 横桥向	塔底截面宽(m) 顺桥向	塔底截面宽(m) 横桥向	横梁根数
1	坦克维尔桥（法国）	1959	608	1/9	123.0	0.203	4.65	3.05	4.65	6.55	2
2	小贝尔特桥（丹麦）	1970	600	1/9	112.7	0.188	4.5	4.0	4.5	6.55	2
3	亨伯尔桥（英国）	1981	1 410	1/10.6	155.5	0.110	4.75	4.5	6.0	6.0	4
4	香港青马大桥（中国）	1997	1 377	1/11	195.9	0.143	9.0	6.0	18.0	6.0	4
5	汕头海湾大桥（中国）	1996	452	1/10	95.1	0.210	6.0	3.5	6.0	3.5	3
6	西陵长江大桥（中国）	1996	900	1/10	128.0	0.142	6.0	4.0	8.46	4.0	3
7	广东虎门大桥（中国）	1997	888	1/10.5	147.55	0.166	5.6	5.6	8.5	5.6	3
8	江阴长江大桥（中国）	1999	1 385	1/10.5	183.8	0.134	8.5	14.5	6.0	3
9	宜昌长江大桥（中国）	2001	960	1/10	142.87	0.149	6.0	5.0	8.85	5.0	3
10	润扬长江大桥（中国）	2005	1 490	1/10	210.3	0.141	9.5	6.0	12.5	6.0	3
11	广州珠江黄埔大桥（中国）	2008	1 108	1/10	190.5	0.172	8.5	5.5	11.5	9.0	2
12	西堠门大桥（中国）	2009	1 650	1/10	211.29	0.128	8.5	6.5	12.5	11.5	3

7.2.3 索塔的高度应根据斜拉索倾角、主缆垂度、加劲梁高度、桥面线形、通航净高与航空限高等确定。索塔基础可根据不同的建设条件选用桩基础、沉井基础或扩大基础等。位于通航水域的索塔，应满足抗撞、防撞等的要求。索塔设计应满足防雷、航空警示等要求。

7.2.4 加劲梁与塔柱、下横梁顶面之间的距离应满足支座设置、纵向或横向限位装置高度及施工、养护需要。

7.2.5 斜拉桥桥塔横桥向结构形式可为单柱式、双柱式、门架式、A 字形、倒 Y 形、花瓶形（折线 H 形）以及钻石形等，见图 7.2.5。

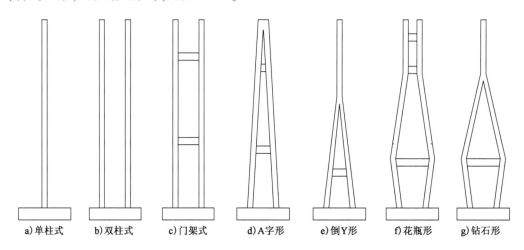

a) 单柱式　b) 双柱式　c) 门架式　d) A 字形　e) 倒 Y 形　f) 花瓶形　g) 钻石形

图 7.2.5　索塔横桥向结构形式

7.2.6 索塔顺桥向可采用柱式结构,多塔斜拉桥、多塔悬索桥中塔宜采用人字形、A字形或钻石形等形式,见图7.2.6。

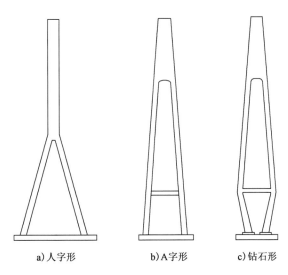

图7.2.6 索塔横桥向结构形式

7.2.7 悬索桥及协作体系索塔横桥向结构形式可为刚构式、桁架式或组合式(图7.2.7)。刚构式可用于混凝土索塔和钢索塔;桁架式可用于钢索塔;组合式可用于钢索塔和钢-混组合式索塔。

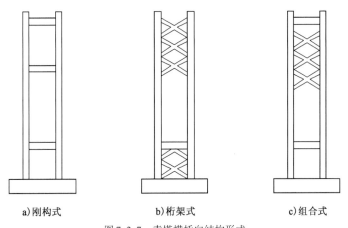

图7.2.7 索塔横桥向结构形式

7.2.8 多塔悬索桥中塔刚度的选取应同时考虑加劲梁挠度和主缆抗滑移安全要求。

条文说明

中塔纵向刚度是中塔结构选型的关键,三塔悬索桥中塔的纵向刚度应在一定范围之内。在泰州长江大桥所选择的结构体系与所选定的挠度限制和主缆抗滑移系数等前提下,中塔结构的纵向刚度在23～28MN/m之间。

7.2.9 混凝土索塔塔柱及横梁宜采用空心箱形截面。塔柱断面设计应满足下列要求：

（1）考虑受力、施工和景观等要求，除矩形截面外还可选用十字、工字、凹、凸等截面形式，如图7.2.9所示。

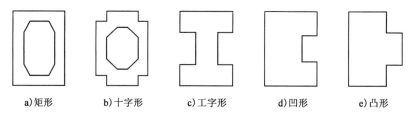

a）矩形　　b）十字形　　c）工字形　　d）凹形　　e）凸形

图7.2.9　塔柱截面形式

（2）根据索塔顺、横桥向的受力要求选择合适的断面尺寸和壁厚。
（3）考虑塔顶主鞍座的大小，满足其要求。
（4）考虑塔内电梯的尺寸，满足其要求。

条文说明

琼州海峡大桥3 000m悬索桥方案中，索塔采用框架形式混凝土结构，设置4道横梁，自基础顶面计塔高400m，两塔柱中心距75.4m，见图7-5。

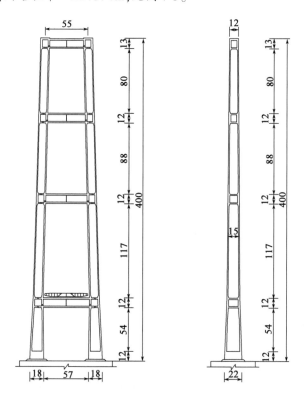

图7-5　主跨3 000m悬索桥索塔立面图(尺寸单位：m)

7.2.10 钢索塔的塔柱钢混结合区宜选择在承台或下横梁位置处。钢塔柱宜选择带有切角的箱形截面。

条文说明

钢索塔塔柱一般采用箱形截面，图7-6列出了泰州长江大桥、南京第三长江公路大桥和港珠澳跨海大桥钢索塔断面形式。

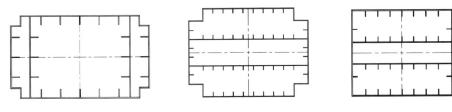

图7-6 钢塔柱常见截面形式

7.2.11 钢-混组合索塔混凝土塔柱宜采用空心箱形截面形式，钢横撑宜采用箱形结构或桁架式结构。

7.2.9~7.2.11 条文说明

泰州长江大桥、马鞍山长江大桥、鹦鹉洲长江大桥等大跨径三塔悬索桥的中塔采用钢塔柱；阳逻长江大桥索塔设计采用钢筋混凝土塔柱、横梁为钢箱剪刀撑的组合结构形式，南京长江四桥索塔设计采用钢筋混凝土塔柱、横梁为钢拱梁的组合结构形式。

以琼州海峡大桥2×1 500m三塔斜拉桥方案桥塔为例，本条文说明介绍一种具有高抗震性能的新型桥塔形式。为提高桥塔的抗震性能，通过轴心受压试验，项目研究了中空型外壁钢板-混凝土组合桥塔塔柱破坏过程，并分析了混凝土强度、钢板厚度、连接件形式等参数对试件轴压性能的影响，其中构件参数见表7-2，构件的典型破坏形态见图7-7。同时，采用ABAQUS软件进行了有限元模拟，分析了不同结构形式和设计参数（混凝土强度、钢板强度和外壁钢板厚度）对组合塔柱受力性能的影响，分析模型见图7-8，部分研究结果见图7-9。研究表明，组合结构塔柱相比混凝土塔柱承载力和延性显著提高，见图7-10。项目基于研究提出了下塔柱采用钢-混凝土组合结构、中上塔柱采用钢筋混凝土结构的新型桥塔形式，有效改善了桥塔的抗震性能，如图7-11所示。

试件主要设计参数　　　　表7-2

试件编号	混凝土等级	壁板厚度(mm)	连接件形式
TZ1	C60	12	槽口形开孔板
TZ2	C60	12	焊钉+槽口形开孔板

续上表

试 件 编 号	混凝土等级	壁板厚度（mm）	连接件形式
TZ3	C80	12	焊钉+槽口形开孔板
TZ4	C60	8	焊钉+槽口形开孔板

图 7-7　TZ4 试件破坏　　　　图 7-8　TZ4 试件有限元模型

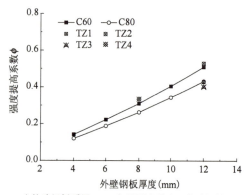 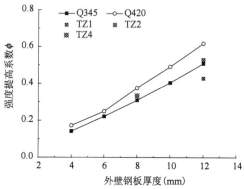

a) 外壁钢板采用Q345时，混凝土强度、外壁钢板厚度对 ϕ 的影响　　b) 混凝土强度采用C60时，外壁钢板强度、外壁钢板厚度对 ϕ 的影响

图 7-9　混凝土的强度提高系数 ϕ 影响因素

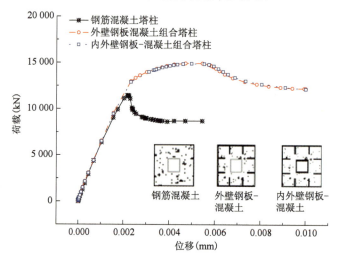

图 7-10　荷载-变形曲线比较

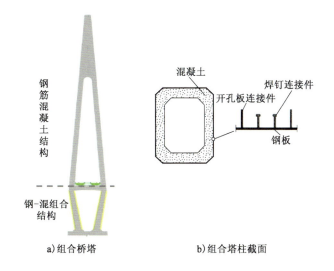

图 7-11　新型组合桥塔示意图

7.2.12　混凝土索塔的设计应主要考虑以下几个方面：

（1）混凝土索塔宜根据施工需要在索塔内配置型钢作为劲性骨架。

（2）塔柱顶段应有足够厚度的实体段，空心截面塔柱底部宜设置实体段、塔座。

（3）索塔受力钢筋和普通箍筋应符合下列条件：

①竖向受力钢筋的直径不宜小于25mm。

②竖向受力钢筋的截面积不应小于混凝土截面积的1%。

③箍筋直径不应小于16mm，间距不应大于竖向受力钢筋直径的10倍，且不应不大于200mm。

④混凝土索塔的非预应力部位以及门洞部位宜增设防裂钢筋网。

⑤处于海洋或其他腐蚀环境中的混凝土索塔，应考虑增大其保护层厚度或增加其他提高结构耐久性的措施。

（4）索塔横梁宜采用预应力结构，预应力筋宜锚固于塔柱外侧。

（5）空心截面塔柱与横梁连接处的塔壁应局部加厚，其厚度应保证横向预应力束布置的需要且不影响塔柱内电梯运行所需空间。

（6）空心横梁内宜设置横隔板，横隔板可布置在上部结构、施工支架及吊装设备的支承处，不宜少于两道。

（7）空心截面塔柱和横梁应设置通风孔，间距宜为10～15m；空心截面塔柱、横梁均应设置检修孔，其尺寸应方便人员出入和设备（电梯、除湿设备等）的安装。检修孔之间应设置通道、爬梯及扶手等。

条文说明

索塔施工为确保塔柱线形的要求,需保证钢筋具有足够的刚度,所以索塔施工宜设置必要的劲性骨架。

对于悬索桥,塔柱顶部承受由鞍座传来的较大的竖向集中力,为了满足抗剪及局部承压的需要,塔柱顶混凝土中除埋入钢格栅、设置多层钢筋网外,而且要求塔柱顶端布置有足够的实体段,起到应力扩散和应力平顺过渡的作用。

塔柱根部与基础连接处设置实体段,也是为了达到应力平顺过渡的目的。

混凝土空心横梁的尺寸较大,为提高结构的抗扭刚度,设置一定数量的横隔板是必要的。

索塔是特大跨径桥梁的主要承重结构,索力的垂直分力引起塔柱轴向力,水平力对塔柱产生弯矩和剪力,此外温度变化、日照影响、支座沉降、风荷载、地震力、混凝土收缩、徐变等,都将对塔柱产生轴向力、水平力、扭矩和顺、横桥向的弯矩。因此,塔柱配筋较多,纵向钢筋的直径应取大些,并提高钢筋量,按计算面积配筋对于空心截面配筋较多,而实心截面可能较小,本指南提出的仅是配筋下限,设计中尚应根据计算适当配置。

无论是在施工阶段还是成桥后,塔内通风都十分重要。通风孔大小形状可根据塔柱壁的钢筋布置情况确定。同时为了达到下雨时引流的作用,通风孔可斜置于塔柱壁上。

7.2.13 钢索塔的设计应主要考虑以下几个方面:

(1)钢索塔宜设计成矩形空心箱截面形式,箱壁各主壁板上应布置竖向加劲肋,箱室内应设置水平横隔板,间距不宜大于5 000mm。

(2)钢索塔外壁板及竖向隔板的厚度,根据受力需要可沿索塔内分段取用不同的壁板厚度,但不宜小于20mm。

(3)钢塔柱与承台连接,宜采用螺栓锚固式或螺栓锚固与埋入式结合的方式连接;钢塔柱与混凝土塔柱连接时宜采用埋入式连接。

(4)钢塔柱外形应满足抗风性能要求,必要时尚应考虑制振设施的构造要求。

(5)钢塔柱节段间连接宜采用金属接触与高强度螺栓结合的方式;钢横梁与钢塔柱横梁预留段的连接方式可采用栓接、焊接或栓焊结合方式。

(6)钢塔柱节段高度划分应充分考虑工厂制造能力和施工吊装能力。

条文说明

钢索塔由于结构轻,在发生地震时,结构自重产生的惯性力较小,所以采用钢索塔对抵抗大地震是极其有效的措施之一。与混凝土索塔相比,总体来说钢索塔有以下特点:体积小,自重轻;抗震性能好;由于结构阻尼小,容易产生涡激振动和驰振;钢截面刚度小,且以受压为主,设计上必须考虑局部屈曲和失稳;工厂化加工,易于保证精度;机械化程度高、工期短;维护工程量较大,维修保养费用较高。

7.2.14 混合索塔的设计应主要考虑以下几个方面:

(1)索塔钢与混凝土结合部位置及形式应依据结构受力特点、施工方法等因素综合确定。

(2)索塔钢与混凝土结合部除应考虑正常的温度效应外,还应考虑由于两种材料不同的线膨胀系数引起的效应。

(3)索塔钢与混凝土结合部连接形式有完全承压式和承压传剪式。混凝土塔柱与钢塔柱的抗剪连接件可采用焊接连接件和开孔板连接件。

(4)钢横撑设计应考虑制造安装、运营期检修及防腐处理等要求。钢横撑与混凝土塔柱中钢预埋件的连接方式可采用栓接、焊接或栓焊结合方式,钢横撑两端宜设置嵌补段。空心截面塔柱与钢横撑连接处的塔壁应局部加厚。

(5)结合部连接构造设计应确保具有较好的混凝土抗裂性和耐久性。

条文说明

钢-混凝土索塔结合部连接形式有完全承压式、承压传剪式,如图7-12、图7-13所示。

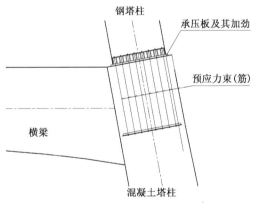

图7-12 完全承压式

混合索塔塔柱结合部连接构造应符合以下规定:

(1)采用焊钉连接件的情况下,焊钉应设置于钢塔柱壁板、腹板及其加劲板上。焊钉在其面内纵、横向间距宜为其直径的10～15倍,距侧面钢板的净距宜为其直径的5～10倍。

(2)开孔板连接件的板厚、孔径、孔距、钢筋直径、混凝土强度应匹配。一般情况下,开孔板厚度可取25～50mm,孔中心距可取220～250mm,孔径可取60～80mm,孔距钢板边缘的净距宜不小于孔中心距的一半。

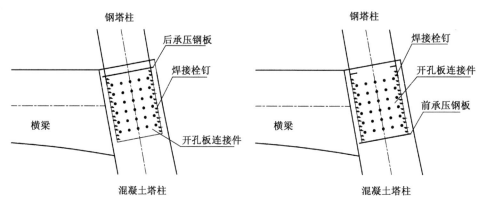

图 7-13 承压传剪式

（3）开孔板中钢筋宜采用 HRB335 及以上强度级别的钢筋，直径一般采用 20～25mm；钢筋长度应大于 2 倍的锚固长度，也可沿孔洞方向通长布置。

（4）完全承压式连接的承压钢板厚度一般采用 60～80mm。承压传剪式连接的承压钢板厚度一般采用 20～30mm。

（5）完全承压式连接的混凝土结合面应磨光，并满足承压计算要求。

7.2.15 组合索塔锚固结构的设计应主要考虑以下几个方面：

（1）斜拉索在塔上锚固点位置应在横桥向和顺桥向均满足张拉时千斤顶所需的操作空间要求。

（2）组合锚固区应以钢结构承担大部分水平力。斜拉索竖向分力主要通过钢锚箱端部与混凝土塔柱连接的连接件由混凝土塔柱承受，钢锚箱底部的支承构造分担少量的竖向力。

（3）应高度重视结构的耐久性问题，对钢结构应选择合适的涂装进行防腐，对于索塔混凝土可对设置预应力、增加混凝土保护层厚度、设置防裂钢筋网、索塔外包钢板等方案综合比较后确定抗裂措施。

条文说明

索塔斜拉索锚固部位的构造，与斜拉索布置、斜拉索的根数和形状、塔形与构造、斜拉索牵引和张拉等因素有关，宜从设计、施工、养护维修及斜拉索的更换等各方面，综合考虑锚固段的合理构造。

用于钢索塔的锚固形式有拉索锚固梁、鞍座锚固形式、支承板形式等，其中拉索锚固梁与钢锚箱类似。用于混凝土索塔的锚固形式有预应力锚固、钢锚梁式、钢锚箱式。

20 世纪 90 年代以来，日本、欧洲、中国等地相继建成许多大跨度斜拉桥。钢锚箱这种结构形式，由于其受力方式明确、锚固点定位准确、施工方便等优点，已在多座大跨度斜拉桥中得到应用。

钢锚箱可承受大部分甚至全部斜拉索水平力,易于检测维护;钢结构力学性能较为可靠,工厂加工使锚固点定位更加精确;锚箱横隔板形成一个张拉平台便于施工,施工质量容易保证。各锚箱若上下连接,同时也分担了部分竖向力。索塔钢-混凝土锚固结构可分为内置式钢锚箱、外露式钢锚箱两种形式,如图 7-14 和图 7-15 所示。

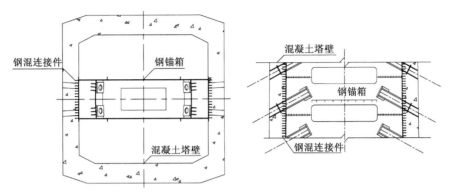

图 7-14 内置式钢锚箱

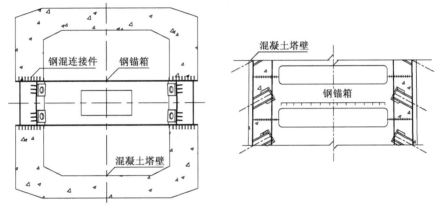

图 7-15 外露式钢锚箱

索塔钢混组合锚固的设计思路为:

(1)在不考虑混凝土塔柱共同作用情况下,钢锚箱自身应可以承受斜拉索的全部水平分力;斜拉索竖向分力主要通过钢锚箱端部与混凝土塔柱连接的连接件由塔柱承受,钢锚箱底部的支承构造分担少量的竖向力。

(2)钢锚箱和混凝土作为组合构件共同受力,通过连接件和界面黏结摩擦相互作用。设计时应保证连接处混凝土浇筑能顺利进行,连接件布置按传力需要选取,以降低结合处应力集中。

(3)为提高锚索区整体刚度并保证索塔的耐久性,避免索塔出现开裂,在索塔混凝土中可以考虑设置预应力、添加钢纤维等多种措施。

(4)钢锚箱在工厂预制完成,在考虑锚箱节段连接方式时要尽量减少现场工作量。

7.3 缆索结构设计

7.3.1 斜拉桥的斜拉索应结合起重、运输和安装等条件选用平行钢丝斜拉索或钢绞线斜拉索。

7.3.2 斜拉索作为一个相对独立的构件,应有完整可靠的密封防护构造,尤其是索端与锚具的接合部。斜拉索锚具不可封死,斜拉索与主梁、索塔不能固结,以便于张拉和换索。

7.3.3 斜拉索索端钢护筒内应设置减振装置,并应采取可靠的防水、防潮措施。

7.3.4 桥面以上的斜拉索应设置有效防护,其竖向防护高度应不小于2m,以防止人为损坏。

7.3.5 大跨级斜拉桥的长拉索或在多风雨等特殊地区的斜拉桥,其斜拉索应有针对性地采用减振措施。

7.3.6 平行钢丝斜拉索要求如下:

(1)应符合现行《斜拉桥热挤聚乙烯高强钢丝拉索技术条件》(GB/T 18365)的要求。成品拉索检验超张拉取1.2~1.4倍设计索力,冷铸锚板内缩直径不宜大于5mm。

(2)应采用外挤单层或双层高密度聚乙烯防护套保护形式。

(3)斜拉索应配用冷铸墩头锚,并根据斜拉索安装张拉工艺的需要设计为张拉端锚具或非张拉端锚具,锚具外表面应进行防护处理。

条文说明

琼州海峡大桥2×1500m三塔斜拉桥方案中,斜拉索采用接近竖琴形双索面,每个边塔上有44对斜拉索,梁上索距为16m,塔上索距为2m;中塔上有50对斜拉索,梁上索距为16m,塔上索距为2m;采用平行钢丝成品斜拉索,最大索长868.539m。塔上斜拉索锚固于桥塔内,采用钢锚梁式锚固方案。梁上斜拉索锚固于钢箱梁连接箱内的内侧腹板上,采用锚箱式锚固方案。采用平行钢丝斜拉索,钢丝直径7mm,抗拉强度不低于1 960MPa,见图7-16。

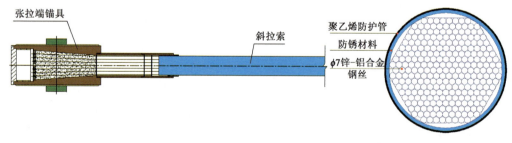

图7-16　主跨主跨2×1 500m三塔斜拉桥斜拉索构造

7.3.7 钢绞线斜拉索要求如下：

（1）斜拉索用钢绞线应选择满足现行《预应力混凝土用钢绞线》（GB/T 5224）的高强度低松弛钢绞线。

（2）单根钢绞线宜进行镀锌防腐处理，且外包黑色高密度聚乙烯护套，整束钢绞线外护套可采用高密度聚乙烯半圆管或整管护套。

（3）钢绞线斜拉索锚具可采用夹片群锚或其他成熟锚具，其结构形式及规格应符合现行《预应力筋锚具、夹具和连接器》（GB/T 14370）的要求。

7.3.8 斜拉索可在必要时考虑进行静载试验或疲劳荷载试验。试验方法和结果应满足有关标准要求。

7.3.9 悬索桥主缆用镀锌高强度钢丝直径 d_w 宜在 4.5～5.5mm 内。主缆施工方法可选择预制平行索股法（PPWS 法）或空中纺线法（AS 法）。主缆设计空隙率可按表 7.3.9 的规定取用。

主缆设计空隙率　　　　表 7.3.9

架 设 方 法	一般截面空隙率 V（%）	索夹内截面空隙率 V_c（%）
PPWS 法	18～20	16～18
AS 法	19～22	17～20

条文说明

直径 5mm 左右的钢丝生产工艺成熟，设备已配套定型，可降低生产成本。

主缆外径是索夹设计的依据，需选定主缆的设计空隙率用以确定主缆外径。

主缆理论最小空隙率为 9.3%，条文中表列范围是参考日本本州四国联络公团《上部结构设计标准·同解说》的规定及国内外实桥的采用值。

表 7-3 列出了国内外几座悬索桥的主缆设计空隙率，供设计时参考。

典型悬索桥的空隙率　　　　表 7-3

桥　　名	主缆直径（mm）	施工方法	空隙率（%）	
			索夹部位 V_c	一般部位 V
乔治华盛顿大桥（美国）	914.4	AS	21.2	22.7
金门大桥（美国）	909.3	AS	17.4	19.4
福斯公路桥（英国）	596	AS	18.9	21.7
新港大桥（中国）	388.6	PPWS	18.6	21.5
关门桥（日本）	660	PPWS	16.8	19.5
明石海峡大桥（日本）	1 122	PPWS	18	20
香港青马大桥（中国）	1 099	AS	18	20
广东虎门大桥（中国）	687.2	PPWS	18	20
江阴长江大桥（中国）	897	PPWS	16	18
厦门海沧大桥（中国）	563	PPWS	16	18

琼州海峡大桥3 000m悬索桥方案中,主缆采用预制平行钢丝索股(PPWS)。全桥共设四根主缆,加劲梁每侧设两根主缆(图7-17),两侧主缆横向中心间距54.5m。每根主缆由233股通长索股组成,每根索股由127丝、直径5.4mm、公称抗拉强度为1 960MPa的高强度锌-铝合金钢丝组成。每根主缆边跨增设4股背索,背索锚固于塔顶主鞍上。

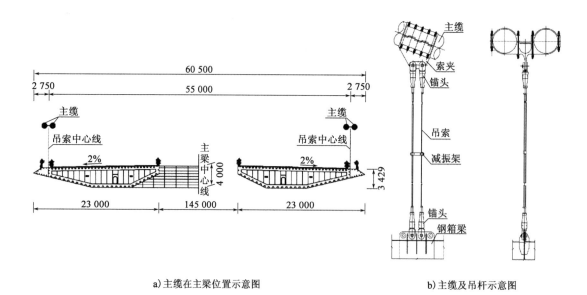

图7-17 主跨3000m悬索桥主缆断面图(尺寸单位:mm)

7.3.10 采用空中纺线法(AS法)架设主缆时,可采用如图7.3.10所示断面。

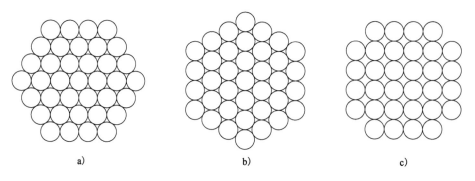

图7.3.10 采用AS法时主缆索股排列形式

7.3.11 采用预制平行索股法(PPWS法)架设主缆时,索股中的钢丝数量采用91丝、127丝等。主缆索股宜排列成正六边形,如图7.3.11所示。

7.3.12 采用空中纺线法施工时,钢丝应采用可靠的接长方法。接头应均匀地沿主缆全长布置,主缆同一截面上的接头数不得多于1个,相邻两接头沿主缆轴线方向的间距不得小于3m。锚靴、索夹、鞍槽及其相邻1m范围内不允许有接头。

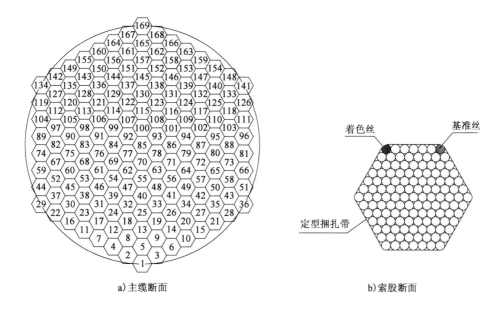

图 7.3.11 采用 PPWS 法时主缆索股排列形式及索股断面

7.3.13 锚靴构造应满足钢丝嵌入要求,锚靴凹槽底部半径不应小于主缆钢丝直径的 70 倍。

7.3.14 采用空中纺线法施工时,索股沿长度方向每隔 2～4m 应设置一道定型绑扎带,各索股的定型绑扎带应错开布置。

7.3.15 主缆应通过紧缆工序确保主缆设计空隙率,紧缆后宜每隔 1m 左右设置镀锌扁钢带临时捆扎主缆。

7.3.16 为保证主缆在寿命期内的耐久性能,应在桥梁设计时进行主缆除湿系统设计。

7.4 锚碇结构设计

7.4.1 锚碇设计应根据地形、地质、水文、主缆力、施工条件、经济性等选择锚体及基础形式。

条文说明

锚碇是将巨大的主缆拉力通过重力式锚体及其基础、岩洞锚塞体或岩体传递给地基的悬索桥关键构件,采用何种结构形式与地形、地质、水文及主缆力等建设条件密切相关。

7.4.2 锚碇大体积混凝土施工应进行温度控制专题研究。

条文说明

锚碇的锚块、基础底板、顶板等部位为大体积混凝土结构,需制订科学、合理、可行的施工方案和温度控制措施,以保证施工期间混凝土不开裂或将裂缝控制在容许范围内。

7.4.3 对埋置于地下或处于水包围环境的前、后锚室的各表面,以及外露于地面的前锚室表面,应进行防水设计。

7.4.4 锚碇可分为重力式锚碇、隧道式锚碇和岩锚锚碇,应根据地质、地形条件选择合适的锚碇形式。

条文说明

锚碇形式(图7-18)的选择重点考虑两个问题:一是如何通过埋置于锚碇的锚固系统将主缆拉力传递给锚碇;二是怎样结合地形地质等条件,将锚碇设置在合适的地基之上。

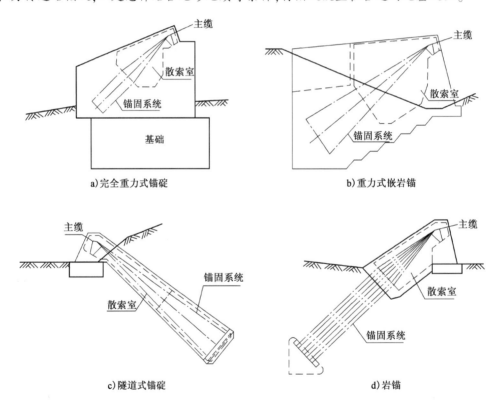

图7-18 锚碇形式

根据锚室的布置形式不同,重力式锚碇分为实腹式和框架式。重力式锚碇多做成实腹式,施工比较简单、受力可靠。框架式锚碇相对而言体量有所减小,在景观和经济方面有一定优势。

7.4.5 当地形、地质条件较好且适宜成洞时,可采用隧道式锚碇。

条文说明

隧道式锚碇锚塞体可充分发挥围岩的承载能力,并通过锚塞体自重和围岩共同承担主缆拉力,节约材料、经济性好,对地形地貌和周围环境破坏小。因此当锚址处地质条件较好、地形有利于桥跨及锚碇布置时,需首先考虑修建隧道锚的可能性。

隧道式锚碇位置宜选择岩体完整稳定的区域。从表7-4的对比数据可以看出,国外隧道式锚碇设计多在围岩成洞条件好,适于减小洞身规模,发挥围岩受力的情况下采用。而国内悬索桥隧道式锚碇的一个特点是实际工程多集中于西南山区,受制于地形地貌条件的影响,且总体上地质条件、围岩完整性较差,多位于岩溶发育或破碎处,受地质条件的影响锚体设计的尺寸规模相对较大。

悬索桥隧道式锚碇工程统计 表7-4

桥　　名	主跨(m)	结构体系	建成时间	围岩地质	说　　明
华盛顿大桥(美国)	1 066.8	三跨连续	1827/1962	玄武岩	新泽西岸为隧道式锚碇,锚体长45.7m
奥克兰海湾桥(美国)	750	三跨连续	1936	岩体完整性好	奥克兰岸为隧道式锚碇,锚体长51.8m
福斯桥(英国)	1 005.8	三跨连续	1964	页岩及砂岩(南)、玄武岩(北)	南锚碇锚体长76.2m,北锚碇53.8m
克瓦尔松桥(瑞典)	525	单跨简支	1977	岩体完整性好	锚体长37m
下津井濑户大桥(日本)	940	三跨连续	1987	岩体完整性好	本州侧锚碇为隧道式锚碇,锚体长62m
高海岸大桥(瑞典)	1 210	三跨连续	1997	岩体完整性好	隧道式预应力岩锚,锚塞体长37m
四川丰都长江大桥(中国)	450	单跨简支	1997	砂岩	洞身长52m,锚体长10m与岩锚结合
重庆鹅公岩大桥(中国)	600	三跨连续	2000	泥岩砂岩互层	锚体长42m,并设齿坎、抗滑桩
重庆忠县长江大桥(中国)	560	单跨简支	2001	粉砂质泥岩	锚洞长36m与岩锚结合
重庆万州长江大桥(中国)	580	单跨简支	2004	砂岩	锚体长19m结合岩锚
西藏角笼坝大桥(中国)	345	单跨简支	2004	玄武岩	锚塞体长10m,预应力岩锚13m
贵州坝陵河大桥(中国)	1 088	单跨简支	2009	泥晶灰岩	西岸隧道式锚碇,锚体长40m
湖北四渡河大桥(中国)	900	单跨简支	2009	微晶灰岩夹有角砾状灰岩	宜昌岸隧道式锚碇,锚体长度40m
湖南矮寨大桥(中国)	1 176	单跨简支	2012	泥质白云岩	锚塞体长35m

7.4.6 当岩体完整、强度高时,可采用岩锚或带有预应力岩锚+锚塞体组合式隧道式锚碇。

条文说明

岩锚的作用是利用高质量的岩体,将主缆拉力分散在单个岩孔中锚固,取消或减少锚塞体混凝土用量,可节约工程材料。但岩锚围岩受力范围小、应力集中现象突出,对围岩强度要求更高。1997年建成的瑞典高海岸大桥和2012年建成的韩国光阳大桥采用的是典型的岩锚构造,其共同点是围岩强度和完整性非常好,完全利用围岩锚固即可满足受力要求,如图7-19所示。

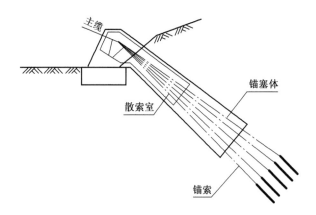

图7-19　预应力岩锚+锚塞体组合式隧道式锚碇

7.4.7　不适合采用隧道式锚碇、岩锚或带有预应力岩锚+锚塞体组合式隧道式锚碇时,可采用重力式锚碇。

条文说明

重力式锚碇适应性较强,传力机理简单,主要通过锚碇自身重力和地基摩擦力承担主缆缆力。当采用隧道锚、岩锚等在建设条件和综合经济性方面不占优势的情况下,需选择重力式锚碇方案。

7.4.8　重力式锚碇基础可分为扩大基础、沉井基础、地下连续墙基础及复合基础,宜遵循以下原则进行选择:

（1）基岩埋深较浅、地形地质条件良好的陆地或浅水区宜采用扩大基础。

（2）表层地基土承载力不足但在一定深度下有较好的持力层或平坦的基岩,可采用沉井基础。

（3）在陆地或浅水区、基岩埋置较深或锚址区,对地面变形有严格要求或防洪要求高时,可采用地下连续墙基础。

（4）当地质条件复杂,采用单一基础形式不能满足要求时,可采用复合基础。

7.4.9　锚固系统可采用预应力锚固系统或型钢拉杆锚固系统。

7.4.10　锚碇内主缆中心线的折射角、散索长度应根据主缆的入射角、主缆索股在散索鞍鞍槽内的稳定性等综合确定。

条文说明

锚碇散索鞍与前锚面之间的散索长度,需综合考虑前锚室内最外侧索股与中心索股之间夹角 θ 大小、前锚面构造及作业空间等因素。根据工程经验,从鞍槽内索股稳定性考虑,在初步确定锚碇 IP 点位置等总体构造时,散索鞍处主缆入射角和锚碇内主缆中心线夹角宜大于 18°,表 7-5 统计了我国已建悬索桥锚室内主缆最外侧索股与中心索股之间夹角,均在 7°~12° 之间。

已建悬索桥锚室内最外侧索股角度(°)　　　　表 7-5

桥梁名称	θ	桥梁名称	θ
湖北四渡河特大桥	11.53	广州珠江黄埔大桥	8.259
润扬长江公路大桥	11.36	武汉阳逻长江大桥	11.45
宜昌长江公路大桥	8.21	湖南矮寨大桥	10.04
舟山连岛工程西堠门大桥	8.334/9.455	湖南张花澧水特大桥	10.62

7.4.11　应根据地质条件、主缆拉力、锚块最不利斜剪切面强度或锚塞体结合面抗剪等因素,确定锚碇前锚面与后锚面之间的锚固长度。

7.4.12　锚碇前锚室空间应满足主缆索股在锚室内散索的需要,后锚室空间应满足施工、维护的要求。

7.4.13　锚室内锚体侧墙及锚面处应设置平台、台阶及通道,锚面上锚固点间距应考虑千斤顶布置及操作空间的需要。

7.4.14　重力式锚碇应合理划分锚碇混凝土分块与分层,必要时可设置后浇带。后浇带宽度应满足施工要求,且应采取有效措施保证其连接的可靠性;后浇带宜采用微膨胀混凝土,内部钢筋应采取防腐蚀措施。

7.4.15　重力式锚碇基础构造应满足下列要求:

(1)对扩大基础,平面尺寸应大于锚体外轮廓尺寸,并宜设置 1.5~3m 的襟边。襟边与厚度的关系应满足刚性角要求,刚性角不宜大于 45°。

(2)对箱形基础,顶板厚度不宜小于 80cm,底板厚度不宜小于 100cm。墙体间距不宜大于 10m,外墙厚度不宜小于 50cm,内墙厚度不宜小于 30cm。

(3)地下连续墙支护结构壁厚应考虑成槽机械能力,厚度不宜小于 80cm。

(4)对沉井基础,沉井井壁厚度宜为 0.8~2.5m,沉井顶面盖板厚度不宜小于 1.5m。

条文说明

目前国内已建或在建悬索桥中,厦门海沧大桥东西锚碇、重庆鹅公岩长江大桥西锚碇均采用浅埋倒坡箱形基础。厦门海沧大桥东西锚碇箱形基础顶板、底板厚度分别为 100cm、120cm;

重庆鹅公岩长江大桥西锚碇箱形基础顶板、底板厚度分别为100cm、200cm,壁厚50cm。而《高层建筑筏形与箱形基础技术规范》(JGJ 6—2011)第6.3.4条要求:箱形基础底板厚度不应少于40cm,对顶板厚度无要求。考虑悬索桥锚碇规模较大,提出本条规定。

根据已建实桥资料并参照《高层建筑筏形与箱形基础技术规范》(JGJ 6—2011)第6.2.9条规定,外墙厚度不宜小于25cm,内墙厚度不宜小于20cm。考虑悬索桥锚碇的箱形基础一般规模较大,提出本条规定。

国内已建或在建悬索桥锚碇中,地下连续墙基础应用较多,如广东虎门桥西锚(壁厚80cm)、润扬长江大桥北锚(壁厚120cm)、广东黄埔大桥(壁厚120cm)、武汉阳逻长江大桥(壁厚150cm)及南京长江四桥(壁厚150cm)等。

沉井井壁的厚度,与下沉深度、土的摩阻力及施工方法有密切关系。本条提出的规定基于以下两方面考虑:一是《公路桥涵地基与基础设计规范》(JTG D63—2007)第6.2.3条规定沉井壁厚可采用0.8~1.5m;二是国内江阴长江大桥北锚和泰州长江大桥锚碇均采用大型沉井基础,其中,江阴长江大桥北锚沉井基础内墙厚100cm、外墙厚200cm,泰州长江大桥锚碇沉井基础内墙厚220cm、外墙厚240cm。

7.4.16 隧道式锚碇构造设计应遵循充分发挥围岩作用、易于开挖和支护、减小开挖量、降低规模等原则,并应符合下列规定:

(1)锚塞体宜设计为前小后大的楔形体,横断面顶部宜用圆弧形。

(2)锚塞体的截面尺寸应根据锚固系统和索股锚固构造布置确定。锚塞体长度应根据其断面尺寸、缆力大小、锚塞体倾角、围岩受力性能等综合确定。

(3)洞室开挖应视围岩类别对洞壁进行支护设计,支护应根据洞室围岩稳定性要求进行计算后确定。

(4)锚碇衬砌的施工缝处、锚塞体与衬砌的施工缝处宜设置橡胶止水构造。

条文说明

《水工隧洞设计规范》(SL 279—2016)中提出"要求洞线与岩层、构造断裂面及主要软弱带走向宜有较大交角。对整体块状结构岩体及厚层并胶结紧密、岩石完整坚硬的岩体,交角不宜小于30°,对于薄层岩体,特别是层间结合疏松的陡倾角薄层,交角不宜小于45°。"

支护开挖设计中,为保证围岩稳定,减少因隧洞间距小导致围岩变形、爆破扰动等不利因素的影响,需结合有限元数值分析明确开挖步骤,提出爆破开挖控制参数和爆破效果要求。

7.4.17 岩锚锚固段长度应根据主缆拉力和围岩体强度确定。

7.4.18 锚固系统构造设计应满足下列要求:

(1)型钢拉杆锚固系统宜采用型钢或钢板通过焊接或栓接而成。锚梁可分段制造,在工地采用螺栓连接。锚梁与锚杆宜采用螺栓连接。锚杆表面应进行无黏结处理。

(2)预应力锚固系统预应力筋宜采用高强度钢绞线或高强度粗钢筋,预应力筋可设置成可更换式和不可更换式两种。索股锚固连接器应满足锚固预应力筋和连接拉杆的构造需要。

(3)索股与锚固系统连接的拉杆长度应考虑索股长度调整量和千斤顶张拉空间的需要。

(4)锚固系统应设置足够刚度的定位支架,保证锚固系统的精度。

7.5 大型基础设计

7.5.1 索塔基础的选择可遵循以下原则:

(1)基岩埋深较浅、地形地质条件良好的陆地或浅水区可选用扩大基础。

(2)覆盖层较厚且具备桩基施工条件的区域可选用桩基础。

(3)表层地基土承载力不足但在一定深度下有较好的持力层或平坦的基岩,且桩基础施工不便、上部荷载较大或船舶撞击力较大时,可选用沉井基础或沉箱基础。

7.5.2 对于高桩承台群桩基础,确定承台底高程除考虑水位等通常因素外,还宜考虑在低水位时避免通航船舶直接撞击基桩。

条文说明

对船舶撞击大桥要进行专题研究,并考虑可能的撞击工况,为保证高桩承台基础的安全,考虑低水位时船舶是否能够撞到最外侧基桩是必要的。

7.5.3 大型群桩基础的桩布置应考虑施工风险,在条件允许时,可考虑留有适当根数的备用桩位。考虑群桩基础承载力分配特性,条件许可时可采用哑铃形布置,以减小竖向承载力分配的不均匀性。

条文说明

对大型群桩基础,一旦发生施工事故,补桩较困难,除加强施工管理、尽量避免废桩事故发生外,还宜在设计时考虑一定数量的备用桩位。

在苏通大桥设计过程中,对群桩基础进行了桩土共同作用、离心模型试验等研究,在施工过程中还进行了现场测试研究工作。研究表明,外侧桩(临空面较大)受到的竖向力较大,内侧桩(临空面较小)受到的竖向力较小,采用哑铃形布置可减小基桩竖向力分配的不均匀程度。

7.5.4 钢护筒可作为基桩结构受力的一部分,在构造上需要保证钢护筒在承台中的可靠连接,并充分考虑使用寿命期内钢护筒的腐蚀厚度。

条文说明

试验研究表明,把钢护筒作为钢筋参与桩受力是可行的,但在构造上要保证钢护筒在承台中的可靠连接,并在施工时注意清理钢护筒内壁泥浆。钢护筒厚度的考虑宜根据桥梁所处环境,根据相关规范或工程项目专题成果考虑使用期内的腐蚀厚度,并有一定的安全富余。

7.5.5 深水软基大跨桥梁索塔基础可选用沉井、设置沉箱+钢管桩地基处理、沉井(箱)+桩复合基础、新型设置吸力式裙筒与半刚性连接桩的沉箱复合基础等。

条文说明

国内外常用的索塔基础形式主要有扩大基础、地连墙基础、群桩基础、沉井基础、沉箱基础、根式基础等。上述条文中几类基础形式对多灾害、深水、厚软基、外海等几个条件的适用性分析如表7-6所示。

常用基础形式对深水软基大跨桥梁索塔基础的适用性分析　　　表7-6

项目	高承台桩	沉井	设置沉箱	设置沉箱+钢管桩地基处理	沉井(箱)+桩复合基础
多灾害	抗震、抗撞性能差	整体性能较优	抗震性能优抗撞性能一般、施工期风浪影响大	抗震性能优抗撞性能一般、施工期风浪影响大	抗撞
深水	自由长度大水平刚度小	适用	深水开挖量大	深水开挖量大	适用
厚软基	适用	适用,需解决黏土不易下沉问题	规模大,沉降大,需采取加固措施	规模较大,沉降较小	适用
外海施工	作业周期长平台搭设困难	现场作业量大周期较长	适用	适用	适用,但工序较复杂
结论	不适用	较适用	不适用	较适用	适用

高桩承台基础:工后沉降小,但水中自由长度过大,水平刚度小,且施工平台搭设困难。沉井基础:适应深水海洋环境,整体刚度大;但在厚黏土层下沉效率较低。设置沉箱基础:适应深水海洋环境,整体刚度大;但厚软基黏土层沉降过大。沉井(箱)+桩复合基础:桩与沉井(箱)组合,有效减小桩自由长度,增强基础刚度桩与沉井(箱)协同工作,减小基础规模;但施工工序较复杂。因此可以在沉井、设置沉箱+钢管桩地基处理、沉井(箱)+桩复合基础形式对比分析基础上,开展新的索塔基础形式的研发。

综合多种基础形式的优缺点,项目针对特大跨径、深水、软土、多灾害的复杂环境研发了新型的索塔基础。

可考虑采用在重力式沉箱基础底部以下设置裙边的方式来解决沉箱抗水平力较小的问

题,浮运时在裙边内充入空气形成的气垫能够减小沉箱吃水深度和浮运阻力,下沉时采用沉箱中部空腔内注水压重和周围吸力式裙筒内抽水形成负压的分区对称、同步实施的下沉施工控制技术,实现沉箱平稳下沉,保证沉箱下沉的控制精度。基础受力时,通过压入地基土中的吸力式裙筒使基础受水平力作用时,破坏面向深层土体下移,从而能够有效抵抗施工期及运营期的大风、波浪、海流、船撞等水平作用,可以大幅提高基础的抗滑移和抗倾覆能力,并且能够有效提高抗冲刷能力;通过吸力式裙筒和先打入的钢管桩对地基的加固,并通过向级配碎石层和砂层中后压浆形成的半刚性垫层,能够有效减小沉箱的不均匀沉降,从而能够有效解决沉箱底板由于差异沉降引起的受力问题;此外,钢管桩与沉箱之间形成的是半刚性连接,能够实现竖向和水平荷载的有效传递,同时避免了强震作用下桩与沉箱连接处易破坏的问题。

因此,根据项目研究成果,采用设置吸力式裙筒与半刚性连接桩的沉箱复合基础也是一种可供选择的较佳的深水软基的基础形式,详细构造如图 7-20 所示。沉箱由顶板、底板、外壁

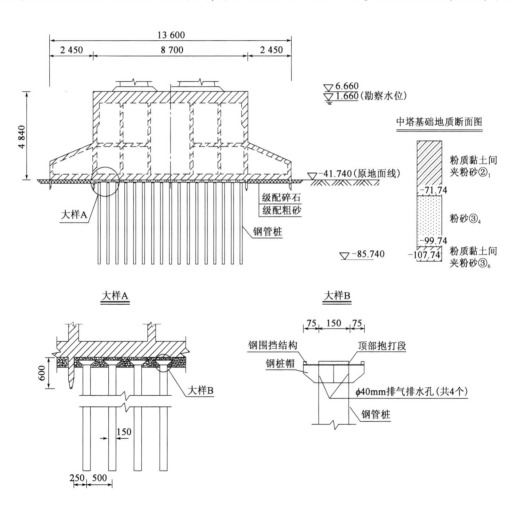

图 7-20 设置吸力式裙筒与半刚性连接桩的沉箱复合基础一般构造(尺寸单位:cm;高程单位:m)

板、内壁板组成，沉箱底板预留抽水孔兼注浆孔。吸力式裙筒由外裙边、内裙边和筒肋组成，其顶面固定在沉箱底板下部的周圈，形成顶面封闭、底面开敞的裙筒。沉箱底部自下而上铺设砂层、级配碎石层，并设置多根按一定间距布置的预制桩，预制桩顶部插入级配碎石层。通过沉箱中部空腔内注水压重和周圈吸力式裙筒内抽水形成负压，实现沉箱平稳下沉。沉箱下沉就位后，通过注浆孔向沉箱底注入水泥浆，水泥浆和级配碎石层、砂层形成半刚性垫层，预制桩通过半刚性垫层与沉箱形成半刚性连接。

7.5.6 深水软基大跨径桥梁锚碇基础可选用沉井基础、沉箱基础、新型设置吸力式裙筒与半刚性连接桩的倒角矩形沉箱基础等。

条文说明

国内外常用的锚碇基础形式主要有扩大基础、地连墙基础、群桩基础、沉井基础、沉箱基础、根式基础等。上述几类基础形式对多灾害、深水、厚软基、外海等几个条件的适用性分析如表 7-7 所示。

常用基础形式对深水软基大跨桥梁锚碇基础的适用性分析　　表 7-7

项目	扩大基础	地连墙	群桩基础	沉井基础	沉箱基础	根式基础
多灾害	抗震、抗撞性能较好	抗震性能好，抗撞性能好	水平刚度小，抗震抗撞性能差	抗震性能好，抗撞性能好	抗震性能好，抗撞性能好	抗震、抗撞性能较好
深水	需筑岛施工	需筑岛施工，经济性差	适用	适用	适用	根键安装施工风险很高
厚软基	沉降大	适用	很适用	较适用，需解决黏土不易下沉问题	较适用，沉降大，需增大底面积	适用
外海施工	不适用	不适用	不适用，作业周期长，平台难搭设	较适用，现场作业多，施工周期长	很适用，采用预制浮运设置施工	不适用，工序太复杂
结论	不适用	不适用	不适用	较适用	较适用	不适用

在外海深水厚软基条件下，单纯的重力式扩大锚碇基础及地下连续墙基础均无法施工，都需要填筑人工岛形成施工条件。而 50m 的深水区域，人工岛填筑的费用高，对环境的影响大，经济性差；50m 水深条件下群桩基础自由长度过长，水平刚度小，也无法作为锚碇基础，根式基础施工工序过于复杂，根键安装施工风险很高，也不适合外海深水厚软基建设条件。因此，总体上看，沉井基础、沉箱基础是较适用的基础形式，但沉井基础存在黏土层下沉及现场作业量多的问题，沉箱基础存在沉降过大的问题。正因如此，开展沉井（沉箱）与桩基础组成的复合

基础的研究显得更有价值。

综合多种基础形式的优缺点，项目针对特大跨径、深水、软土、多灾害的复杂环境研发了新型的锚碇基础。针对圆形沉井基础、矩形倒角沉井基础、圆形沉井＋桩复合基础、分体式沉井基础、分体式沉井＋桩复合基础、矩形倒角沉箱＋钢管桩地基处理、带裙边矩形倒角沉箱基础＋钢管桩地基处理等6种基础形式进行了分析和计算。

从受力可行性角度看，圆形钢壳沉井＋桩复合基础与分体式沉井＋桩复合基础两个桩基与沉井底板刚性连接的方案，均存在桩基受力不均、桩顶弯矩很大的问题，可首先排除掉。

圆形沉井基础、矩形倒角沉井基础及分体式沉井基础在受力上都是可行的，最大的问题是施工可行性问题。在外海深厚黏土层中，沉井下沉困难，海上施工周期长，挖土方量大，需要专门的弃土场，回填方量也大，需要研发具有自动切土功能的自动化机械设备。这类设备国外已经出现，但在外海条件下沉井基础仍不是最优的方案。此外与单体沉井相比，分体式沉井两道连系梁的应力分布较为集中，施工难度也较大。

钢管桩地基处理＋倒角矩形的沉箱基础及设吸力式裙筒与半刚性连接桩的倒角矩形沉箱基础都是沉箱类基础。沉箱类基础可充分发挥大型化、工厂化、预制化、装配化的海工结构建造优势，在岸边预制厂内将大部分结构加工完成，采用大型拖轮浮运到现场下沉就位即可，减少了土体的开挖量，对环境的影响小。但由于所处场地为深厚硬质粉质黏土地层，应采取适当的地基加固措施。此外锚碇基础主要承受水平荷载，对于重力式沉箱锚碇基础，必须有足够的重量才能抵抗水平拉力，因此所需基底面积更大。

设置吸力式裙筒与半刚性连接桩的倒角矩形沉箱基础通过增加10m高的裙筒，提高了水平承载力，将荷载向深层土体传递。先打设的钢管桩位于裙筒的内部，裙筒吸力下沉过程中，对桩基的影响不大。

设置沉箱＋地下连续墙组合基础方案通过采用两侧无底、中部有底的钢壳混凝土设置沉箱＋两侧无底区域钢壳内逐段施工地下连续墙的方案，将水平荷载向更深处土层传递，提高了水平承载力，同时避免了现场硬黏土地层中大直径沉井下沉困难的问题。与设置吸力式裙筒与半刚性连接桩的倒角矩形沉箱基础相比，在地震动力作用下的水平位移得到有效控制，但经济性上稍差，是一种施工与受力可行性匹配的比较好的方案。

综合上述选型控制因素的分析，可采用设置吸力式裙筒与半刚性连接桩的倒角矩形沉箱方案作为悬索桥及协作桥的锚碇基础的比选方案。

7.6 约束体系附加装置设计

7.6.1 应根据特大跨径桥梁总体设计确定其合理的结构约束体系，以减小静动力作用下的结构响应。

条文说明

特大跨径桥梁结构体系可分为单跨或多跨、简支或连续、漂浮或半漂浮等不同形式和受力体系，因而其支座布置形式也不同。根据桥梁的静动力计算分析，可确定如何设置阻尼器、弹性约束等，并与支座的布置综合考虑，以达到性能最优。

7.6.2 约束体系、伸缩装置设计应提出承载能力、变形能力等技术指标，宜提出主要材料、制造、检测试验、装配、安装与维护等技术要求。

7.6.3 支座的设计高程，应考虑索塔塔柱弹性压缩及混凝土收缩徐变的影响。

7.6.4 根据特大跨径桥梁结构变形的特点，设计宜提出支座、伸缩装置摩擦副的磨耗试验要求，并考虑伸缩装置中钢梁和橡胶部件的抗疲劳性能。

条文说明

特大桥梁在温度、车辆冲击和制动力、混凝土收缩徐变以及风荷载等作用下会产生频繁的往复位移。桥梁的位移运动速度快、累计位移量大，这对桥梁支座和伸缩装置等移动构件的疲劳影响非常高，需要特别重视并加强设计。

7.6.5 支座的设置应根据桥梁整体计算分析确定，并应满足竖向、横向荷载传递功能和各向位移、转角的变形要求。

7.6.6 斜拉桥主梁梁端和辅助墩过渡墩墩顶、悬索桥简支加劲梁和连续加劲梁的梁端应设置纵向活动的竖向支座。斜拉桥、连续加劲梁悬索桥，当采用全漂浮体系时，主梁（加劲梁）与索塔之间不应设置竖向支座；当采用半漂浮体系时，主梁（加劲梁）与索塔之间应设置纵向活动的竖向支座，宜采用钢支座。

条文说明

钢支座按结构形式可分为球形支座、辊轴支座、连杆支座和摆式支座等。

7.6.7 应在主梁（加劲梁）梁端、主梁（加劲梁）与索塔或锚碇间设置横向抗风支座。索塔或锚碇处的横向支座可设置在主梁（加劲梁）两侧或梁底中间位置。

7.6.8 支座宜设置防雨水及尘埃进入的防护罩，并应预留安装、维护的工作空间和设置安全防护栏杆等。

7.6.9 特大跨径桥梁应合理设置纵向、横向约束体系，以减小静动力作用下的结构响应。约束体系可采用弹性约束、阻尼约束或者弹性与阻尼相结合的约束。弹性约束可采用纵向水平拉索、纵向弹性支座、中央扣、边扣等。阻尼约束可采用液压缓冲装置、黏滞阻尼器、金属阻尼器、橡胶阻尼器等。阻尼器可设置在主梁梁端或主梁与索塔之间。

条文说明

随着跨径的增大,桥梁构件向更高、更长、更柔的方向发展,结构特性也表现出自身刚度越来越小、自身阻尼越来越低的趋势,难以依靠构件自身的强度、弹性、变形甚至局部塑性来消耗强大的地震、风致振动等动力反应能量;另外,各种静荷载产生的结构变形难以满足正常使用功能。因此,从动力和静力两方面都提出了利用附加装置改善柔性大跨径桥梁结构性能的要求。

特大跨径桥梁的约束体系往往通过在构件之间增加附加装置来实现,在特大跨径桥梁各构件之间增加附加装置,可改善结构在静、动力荷载作用下的反应,增加结构的安全度。附加装置可以是弹性装置、阻尼装置或者弹性与阻尼结合装置等。

一般来说,采用附加弹性装置,能够显著改变结构静力特性,但对动力效应影响较小。

大跨径桥梁的结构阻尼比不大,为2%~5%,结构耗散能量的水平很低,且能量耗散主要依赖于结构构件自身的塑性变形,甚至是结构的局部破坏。因此,对于动力响应起控制作用的桥梁,可通过附加阻尼装置来增加结构的阻尼比,改善结构的动力性能,使动荷载产生的能量通过阻尼装置得到耗散,降低结构动力响应。

阻尼约束可以减缓主梁的瞬时变位,减少伸缩装置的磨耗。三跨悬索桥中,阻尼约束还可以改善边跨短吊索的反复弯折,一定程度上可以改善悬索桥体系的总体刚度,从而全面改善结构的抗风、抗震性能。多座特大跨径斜拉桥和悬索桥的实际工程应用表明,设置阻尼约束后,可有效降低梁段伸缩量。

弹性与阻尼组合装置主要有动力锁定装置、熔断阻尼装置、带限位阻尼装置等。动力锁定装置是一种类似速度开关的限动装置,当相对移动速度小于某一预定速度时,相当于自由状态,当相对移动速度达到某一预定速度时,相当于连杆。熔断阻尼装置是一种类似于电阻丝功能的装置,对于风、温度、制动、小地震等常规荷载,阻尼器像刚性连杆一样,不发生两端相对运动;而在大风和大地震、超过了一定动力荷载时,阻尼器开始相对运动,并消耗振动能量。带限位阻尼装置就是在常规阻尼器的基础上,在阻尼器运动的双方向上加设限位装置。当阻尼器最大相对位移超过某一预定值时,阻尼器进入两端限位阶段。

7.6.10 黏滞阻尼器的设计参数包括阻尼系数和速度指数。一般应进行地震作用时的阻尼系数和速度指数的敏感性分析,综合考虑结构的位移和受力选定阻尼器设计参数。

条文说明

黏滞阻尼器的阻尼力 F 与速度 v 的关系表达式见式(7-1):

$$F = Cv^{\alpha} \tag{7-1}$$

式中：C——阻尼系数；
α——速度指数。

黏滞阻尼器的选用与设计应基于结构动力分析的结果综合确定，可通过参数分析的方法研究确定阻尼器的制造参数。

设计中应分析地震响应对阻尼系数和速度指数的敏感性，综合考虑阻尼器位移及阻尼力、梁端位移、塔顶位移、主塔剪力和弯矩随阻尼器参数的变化情况，综合选定塔、梁间阻尼器的阻尼系数和速度指数。

7.6.11 可设置主梁纵向限位挡块减小梁端纵向水平位移。纵向限位挡块和纵向约束体系可联合使用。

7.6.12 可通过在特大跨径桥梁主梁跨中设置连续连接的伸缩传力装置解决超长主梁的温度变形问题。但对这种连续连接伸缩传力装置的承载能力和变形能力等技术指标应进行详细的数值模拟或模型试验分析，确保装置能满足预定的传力和变形要求。

条文说明

嘉绍大桥设计研究中，在国际上首次发明了能释放主梁轴向变形并约束其他自由度位移的钢箱梁刚性铰新型装置。

嘉绍大桥设计组首次提出了能释放主梁轴向变形并约束其他自由度位移的钢箱梁刚性铰装置(图7-21)，通过在钢箱梁内部设置两个小箱梁，每个小梁与主梁之间沿轴线间隔在四周设置滑动支座进行约束以实现刚性顺桥向的滑动功能，将主梁断面弯矩 M、扭矩 T、剪力 Q 转换为小箱梁纵横向间隔布置的支座反力，将钢箱梁与小箱梁间复杂的面接触受力转化成了明确可控的点接触受力。

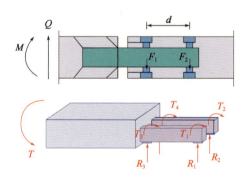

图 7-21　刚性铰力学原理

刚性铰主要由大小箱梁、固定端、专用支座、专用伸缩装置构成。刚性铰内部设有密封系统、除湿降温系统、检测系统和更换系统，确保其耐久性和可维护性，见图7-22。

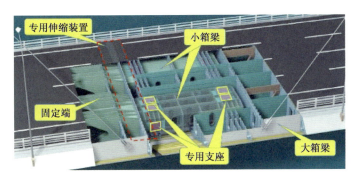

图 7-22　刚性铰结构构成

7.7　巡检系统及附属设施设计

7.7.1　设计中应根据构件使用寿命类型考虑其管养措施,并为Ⅱ、Ⅲ、Ⅳ类构件管养需要的巡检系统预留足够的工作空间和必要的构造措施。巡检系统设计中应保证系统本身可修、可检、可换、可控。

条文说明

　　大桥应设置检查养护用设施,确保日常检查养护需要。

　　钢箱梁一般应设置如下检查养护用设施:①检查车;②梁内人行通道及小车;③桥面检修道;④斜拉索检查孔;⑤梁端进出箱梁的爬梯;⑥塔(墩)处桥面下到横梁(墩顶)的通道。

　　索塔与桥墩一般应设置如下检查养护用设施:①塔(墩)处梁底平台;②塔内电梯及爬梯;③上下大型承台顶面的通道;④进出塔的通道。

7.7.2　特大跨径桥梁应进行索塔、主梁、缆索系统和锚碇等附属设施的设计。主体结构设计时应充分考虑附属设施的设置。

7.7.3　索塔巡检系统及附属设施设计要求如下:

(1)索塔塔柱及横梁内应根据需要设置爬梯、楼梯、升降机或电梯,并应配备照明系统。

(2)应根据桥梁通航安全的要求设置通航桥柱灯,并设置检修通道。

(3)索塔塔柱及横梁内、外部应设置防、排水系统。

(4)塔柱在桥面高度宜设置检修平台,塔内通道及塔冠横梁顶面应设安全栏杆。

(5)索塔顶部应根据需要预留运营期索塔外部检查、维护所需的预埋件及相关设施。

(6)索塔下塔柱(塔墩)及基础应根据需要设置防船舶撞击设施。

7.7.4　主梁(加劲梁)巡检系统设计要求如下:

(1)主梁应设置外部检查车,钢箱梁宜设置内部检查车。

(2)主梁应根据需要并结合桥面照明,综合考虑通信电缆、检修通道、消防、监控(测)、景观照明等设施的布设。

(3)钢箱主梁内部宜设置除湿系统。

7.7.5 缆索巡检系统设计要求如下:

(1)主缆顶面宜设置检修道。

(2)主缆出入塔顶鞍罩及锚碇锚室处应设置缆套及密封装置。

(3)缆索系统可根据需要设置景观照明系统。

(4)主缆出入塔顶鞍罩及锚碇锚室应设置检修道楼梯、栏杆立柱及扶手绳。

7.7.6 锚碇巡检系统设计要求如下:

(1)应根据需要设置检修通道、检修门、检修楼梯、平台及栏杆等。

(2)锚碇前、后锚室以及各通道应设置照明系统。

(3)锚室内应根据需要设置除湿系统。

(4)锚碇四周地表应设置防、排水系统。

8 结构计算分析

8.1 一般规定

8.1.1 在特大跨径桥梁的常规设计计算中,除进行静力分析外,还应进行动力分析、稳定分析,确保结构的强度、刚度和稳定性满足要求。

8.1.2 结构计算图式、几何特性、边界条件应反映实际结构状况和受力特征。

8.1.3 特大跨径桥梁的分析计算应采用空间结构计算图式,不宜采用平面结构计算图式。

8.1.4 特大跨径桥梁的整体结构计算,宜计入几何非线性、材料非线性的影响。

8.1.5 特大跨径桥梁的局部构件计算,应能真实体现计算分析区域的荷载效应。

8.2 总体静力计算

8.2.1 特大跨径桥梁静力计算应基于空间结构分析模型,采用有限位移理论。计算各种作用效应时,应以实际的永久作用为基础计算其效应。

条文说明

特大跨径桥梁结构是空间受力体系,且桥面一般均比较宽,采用空间结构体系可准确反映桥梁结构空间受力特点。

特大跨径桥梁跨径大,整体刚度相对较柔,设计计算时应采用有限位移理论考虑结构几何非线性的影响。必要时还应考虑材料非线性的影响。

引起特大跨径桥梁几何非线性的因素主要有三个方面:缆索垂度效应、梁柱效应和大位移效应。可采用斜拉索换算弹性模量的方法或采用柔性索单元直接模拟斜拉索垂度对结构的非线性影响,其中斜拉索换算弹性模量按照 Ernst 公式[式(8-1)、式(8-2)]计算:

$$E = \frac{E_0}{1 + \frac{(\gamma S \cos\alpha)^2}{12\sigma^3}E_0} \tag{8-1}$$

$$\gamma = \frac{每米斜拉索及防护结构材料重力(kN/m)}{斜拉索截面积(m^2)} \tag{8-2}$$

式中：E——考虑垂度影响的斜拉索换算弹性模量(kPa)；

E_0——斜拉索钢材原始弹性模量(kPa)；

γ——斜拉索单位体积重力(kN/m³)；

S——斜拉索长度(m)；

α——斜拉索与水平线的夹角(°)；

σ——斜拉索应力(kPa)。

由于特大跨径桥梁是几何非线性结构，叠加原理不再适用，计算各种作用效应时，应以实际的永久作用为基础，再将各种作用同时作用在结构上进行计算。

以琼州海峡跨海大桥为例，对主跨 2×1 500m 三塔斜拉桥方案建立了总体有限元计算模型，考虑斜拉索垂度、$P\text{-}\Delta$ 效应及大位移效应等非线性因素，计算该方案在各种荷载组合下的结构受力性能。

2×1 500m 三塔斜拉桥方案设计中，针对斜拉索布置形式，开展了重叠交叉索及纵向稳定索结构体系研究。计算结果表明，合理的斜拉索布置形式可以提高三塔斜拉桥的竖向刚度，具体见图 8-1，但存在施工难度较大、景观效果欠佳的不足。

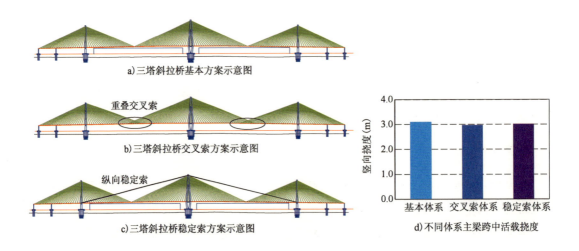

图 8-1　斜拉索布置形式影响研究

方案设计中采用的四塔柱花瓶形中塔的新型结构相比传统的"I"形塔则可以有效提高主梁的竖向刚度；相比"A"形塔则不会明显加大基础尺寸，增加施工难度。四塔柱花瓶形中塔对主梁竖向刚度的影响见图 8-2。

8.2.2　特大跨径斜拉桥在施工阶段和成桥阶段，应结合结构体系转换特征进行结构整体静力、一类稳定性和二类稳定性分析。稳定分析应涵盖主要体系转换过程和主要作用组合。

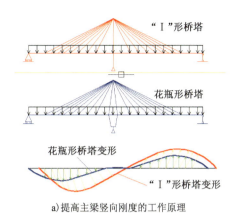
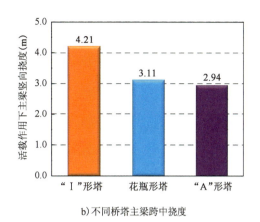

a) 提高主梁竖向刚度的工作原理　　　　b) 不同桥塔主梁跨中挠度

图 8-2　斜拉索布置形式影响研究

条文说明

斜拉桥是一种通过斜拉索从塔顶直接弹性支承主梁的结构,墩、塔、梁承受巨大的轴力和弯矩,在施工阶段和运营阶段可能会出现结构失稳现象。

稳定分析应涵盖主要体系转换过程和主要荷载组合过程,应结合具体情况进行弹性和弹塑性稳定分析。施工阶段取结构体系和边界条件发生变化的关键施工阶段,进行弹性和弹塑性稳定分析,荷载组合取恒载、施工活荷载、静风荷载等进行组合。成桥阶段荷载组合取恒载、温度荷载、活荷载、静风荷载等进行组合。

斜拉桥的一类稳定安全系数参照拱桥的稳定安全系数取为4,现行《公路斜拉桥设计细则》(JTG/T D65-01)均采用该值。

斜拉桥的二类稳定分析,实际上就是结构极限承载能力分析,采用稳定极限承载能力准则二类稳定的稳定系数,即结构发生强度破坏而丧失承载能力的荷载系数。按照现行《公路钢筋混凝土及预应力混凝土桥涵设计规范》(JTG 3362)做最终的承载能力极限状态计算时,取荷载分项系数为1.20,设计强度对应的混凝土安全系数为1.25,采用标准强度时,混凝土的材料安全系数则为1.25β(系数β为标准强度与设计强度的比值,上述规范中所列各等级混凝土β值在1.44~1.46之间,取$\beta=1.46$);结构工作条件系数为0.95,则要求钢筋混凝土结构的整体安全系数为:$K=1.20\times1.25\times1.46/0.95=2.3$。对于钢结构,容许应力安全系数为1.7,考虑荷载分项系数和结构工作条件系数后安全系数为$K=1.7/0.95=1.8$。

8.2.3　特大跨径悬索桥应根据施工阶段索塔内力及变形确定鞍座顶推量,明确相应的主缆线形、加劲梁空间位置等。

8.2.4　计算竖向挠度、水平变位、梁端转角(面内、面外)及纵向位移时,应采用不计冲击力的汽车车道荷载频遇值,频遇值系数应为1.0。

8.2.5 特大跨径桥梁结构计算中,宜确保一个斜拉索或一根吊索脱落或断索后,主梁最大应力增加不超过相应设计应力的10%。

8.3 主梁结构计算

8.3.1 主梁结构计算应考虑施工及运营状态,并应满足强度、刚度、疲劳和稳定性等相关要求。

8.3.2 主梁结构应进行整体计算和局部计算,并应根据实际情况进行必要的组合,且应符合以下规定:

(1)整体计算宜采用基于全桥体系的空间杆系方法,采用车道荷载并应考虑多个车道荷载的横向偏载作用。

(2)局部计算宜采用基于部分梁段的空间杆系单元方法、板壳单元方法、实体单元方法或组合单元方法,采用车辆荷载并考虑多个车辆荷载的横向偏载作用,车辆的车轮荷载应考虑桥面铺装层的扩散效应,扩散角可取45°,冲击系数应采用0.4。

条文说明

正交异性钢桥面板和纵肋冲击系数采用值0.4是参考了日本《本州四国联络公团设计基准》的相关规定而取用的。

8.3.3 钢箱梁结构应进行以下计算:
(1)顶板、底板和腹板及其纵肋在整体计算中由加劲梁弯矩、剪力和扭矩产生的应力。
(2)顶板及其纵肋与横隔板在局部计算中的应力。
(3)同一横截面的顶板及其纵肋在整体计算中纵向正应力和在局部计算中纵向正应力的组合。

8.3.4 钢桁梁结构应进行以下计算:
(1)主桁架的弦杆和腹杆、主横桁架的横梁和腹杆、平联等杆件在整体计算中由加劲梁弯矩、剪力和扭矩产生的应力。
(2)桥面板与纵梁、横隔梁在局部计算中的应力。
(3)桥面板与钢桁架采用整体式的结合形式时,同一横截面的桥面板取整体计算中纵向正应力和在局部计算中纵向正应力的组合。

8.3.5 主梁正交异性板、斜拉索锚固处、吊索与加劲梁的连接构造和支承约束装置处加劲构造以及设计者认为需要进行计算的地方,应进行局部验算,所受作用应由整体计算得出。

条文说明

一般采用有限元分析方法,必要时可采用试验进行验证。

8.3.6 钢箱梁板件应按照整体计算、局部计算及其两者的必要组合验算其稳定性。钢桁梁杆件应按照整体计算验算其稳定性。拉索、吊索锚固结构和支座支承结构应验算相关板件的局部稳定。

8.3.7 主梁的弹性整体稳定系数不应小于4；考虑初始缺陷、残余应力、非线性的稳定系数不应小于2.5。

8.3.8 正交异性桥面结构应验算以下位置的疲劳应力：

（1）纵向加劲肋与顶板的连接接头。

（2）纵向加劲肋与横隔板和顶板的连接接头。

（3）纵向加劲肋腹板与横隔板的连接接头。

（4）纵向加劲肋工地连接接头。

（5）顶板工地连接接头。

疲劳应力可采用现行《公路钢结构桥梁设计规范》(JTG D64)中的疲劳荷载模型Ⅲ计算，且根据验算位置考虑纵向和横向的最不利加载位置。

8.3.9 主梁锚固结构应进行局部稳定分析和疲劳分析。

8.3.10 正交异性桥面板纵向加劲肋相对于相邻横隔板的竖向变形应小于横隔板间距的1/500，顶板相对于相邻纵向加劲肋腹板的挠度应小于纵向加劲肋相邻腹板间距的1/700，顶板局部横向挠曲半径应大于20m。

8.3.11 主梁根据实际需要可进行下列试验：

（1）主梁斜拉索锚固结构、加劲梁吊杆锚固结构和支座支承结构的局部模型静载试验。

（2）主梁的正交异性板桥面结构和拉索、吊索锚固结构的局部模型疲劳试验，模型宜采用足尺比例。

条文说明

正交异性钢桥面板、拉索吊索锚固结构等疲劳敏感部位的疲劳试验宜采用足尺比例模型，重点解决模型尺寸、制造工艺、加载及边界条件等方面与实桥的相似问题，以保证由试验确定的关键细节疲劳强度等级的可靠性。

8.4 索塔结构计算

8.4.1 索塔可采用二维计算模型分别按顺桥向和横桥向两个方向进行整体计算分析。顺桥向计算宜计入结构非线性效应的影响。横桥向计算可采用线性分析方法，其计算模型为由塔柱和横梁组成的平面框架。

8.4.2 索塔塔柱与横梁、索塔与主梁连接区、锚固部位等应力集中区域结构局部分析和应力计算均可采用有限元方法,所取计算区域应能确保分析点的应力与实际相符。

8.4.3 钢索塔宜采用空间结构模型进行整体分析验算。

8.4.4 混凝土塔柱及混凝土横梁的截面验算应符合现行《公路钢筋混凝土及预应力混凝土桥涵设计规范》(JTG 3362)的规定;钢塔柱及钢横梁的截面验算应符合现行《公路钢结构桥梁设计规范》(JTG D64)的规定。验算时应考虑横桥向、顺桥向荷载的组合效应。

8.4.5 索塔应验算施工和成桥阶段结构整体稳定性,弹性屈曲稳定安全系数不应小于4。钢塔设计应进行整体稳定性和局部稳定性计算,并应保证局部失稳不先于整体失稳发生。

8.5 缆索结构计算

8.5.1 斜拉索的计算内容应包括斜拉索在各作用效应组合下的应力,在主要组合作用下的应力幅、斜拉索无应力索长等。

8.5.2 斜拉索索力应计算各施工阶段及成桥阶段各工况下梁端与塔端斜拉索索力。塔端斜拉索索力在成桥状态基本组合作用下的安全系数应不小于2.5。在施工阶段不利荷载作用下斜拉索的安全系数可由设计者把握,但不应小于2.0。

条文说明

斜拉桥总体计算过程中,应注意输入的斜拉索索力是梁端的索力还是塔端的索力,或者是索中间的索力,同时应分清是结构变形前的索力还是结构变形后的索力,以准确模拟斜拉索的张拉过程。

施工阶段属于短暂过程,期间斜拉索的安全系数可略小于2.5,但应大于2.0,相应塔、梁锚固构件需按照施工及成桥阶段最不利组合作用的最大索力进行安全度验算。

8.5.3 为满足抗疲劳性能,斜拉索在主要组合作用下的应力幅应小于200MPa,平行钢丝斜拉索的动载应力幅宜控制在200MPa内,钢绞线斜拉索的动载应力幅宜控制在250MPa内。

条文说明

斜拉索产品应根据规范要求进行受拉疲劳性能试验。

8.5.4 斜拉索应计算成桥状态无应力索长,即斜拉索的下料长度。同时应计算在恒载作用下斜拉索考虑垂度后在塔、梁锚固位置处的几何转角,以保证锚垫板的设计位置与斜拉索方向垂直。

条文说明

斜拉索无应力长度应包括斜拉索锚垫板之间的无应力长度与斜拉索两端锚垫板之外的锚头长度之和,锚圈应设计在锚杯中央。对于千米级斜拉桥,在其斜拉索无应力索长计算中,还应考虑地球曲率对无应力索长的影响。

8.5.5 特大跨径悬索桥应根据设计成桥线形和结构重力内力等,计算索股无应力长度、空缆线形、鞍座预偏量、索股初始张力、索夹位置及吊索无应力长度。

8.5.6 主缆强度验算应符合现行《公路钢结构桥梁设计规范》(JTG D64)的有关规定。在永久作用、汽车荷载、人群荷载、温度作用效应组合下,主缆钢丝的应力设计值应符合式(8.5.6):

$$\gamma_0 \sigma_d \leqslant f_d \tag{8.5.6}$$

式中:σ_d——主缆钢丝应力设计值(MPa);

f_d——主缆钢丝的抗拉强度设计值(MPa),$f_d = f_k/\gamma_R$;

f_k——主缆钢丝的抗拉强度标准值(MPa),按有关规定取值;

γ_0——结构重要性系数;

γ_R——材料强度分项系数,按有关规定取值。

8.5.7 特大跨径悬索桥主缆线形及长度计算应满足下列要求:

(1)主缆线形和长度宜采用分段悬链线方程计算,中小跨径悬索桥也可采用抛物线方程计算。

(2)主缆预制索股制作长度应按主缆实测索股弹性模量值进行计算,并计入索鞍处的曲线修正、锚跨段索股空间角度修正及地球曲率修正。

(3)主缆预制索股制作长度应计入由制作误差、架设误差、计算误差及地球曲率影响等引起的长度预留量。

8.5.8 悬索桥吊索强度验算应符合现行《公路钢结构桥梁设计规范》(JTG D64)的规定。

高强度钢丝吊索承载力计算应满足式(8.5.8-1):

$$\frac{\gamma_0 N_d}{A} \leqslant f_{dd} = \frac{f_k}{\gamma_R} \tag{8.5.8-1}$$

钢丝绳吊索承载力计算应满足式(8.5.8-2):

$$\gamma_0 N_d \leqslant f'_{dd} = \frac{f'_k}{\gamma_R} \tag{8.5.8-2}$$

式中：N_d——轴向拉力设计值(N)；
A——高强度钢丝吊索的截面面积(mm^2)；
f_{dd}——高强度钢丝抗拉强度设计值(MPa)；
f_k——高强度钢丝抗拉强度标准值(MPa)；
f'_k——钢丝绳最小破断力(N)；
f'_{dd}——钢丝绳最小破断拉力设计值(N)；
γ_0——结构重要性系数；
γ_R——吊索材料强度分项系数，骑跨式吊索取 2.95，销接式吊索取 2.2。

8.6 锚碇结构计算

8.6.1 锚碇的稳定性应满足表 8.6.1 的规定。

锚碇抗倾覆和抗滑动稳定性系数　　　　表 8.6.1

作用组合		验算项目	稳定性系数
使用阶段	永久作用和汽车、人群、温度的标准值效应组合	抗倾覆 K_0 抗滑动 K_a	2.0 2.0
	永久作用、地震作用的标准值效应组合	抗倾覆 K_0	1.2
施工阶段各种作用的标准值效应组合		抗滑动 K_a	1.6

注：地下水浮力参与作用组合时，其效应值按实际情况考虑。

条文说明

由于重力式锚碇需承受较大的水平力和上拔力，对其抗倾覆和抗滑稳定性要求较高，因此根据现行《公路桥涵地基与基础设计规范》(JTG D63)的规定，参考日本本四联络公团重力式基础设计基准，确定了锚碇抗倾覆和抗滑动稳定性系数。

8.6.2 锚碇前、后端基底在施工、运营阶段应不出现拉应力，最大应力值 P_{max} 应符合式(8.6.2)的要求，P_{max}、γ'_R、$[f_a]$ 应按现行《公路桥涵地基与基础设计规范》(JTG D63)的有关规定执行。

$$P_{max} \leq \gamma'_R [f_a] \quad (8.6.2)$$

式中：γ'_R——抗力系数；
$[f_a]$——地基承载力容许值。

8.6.3 运营阶段锚碇允许水平变位不宜大于 0.000 1 倍的主跨跨径，竖向变位不宜大于 0.000 2 倍的主跨跨径。

条文说明

在非岩石地基条件下，锚碇在承受主缆拉力时不可避免地要发生水平位移和沉降变位，而在成桥状态锚碇的变位将对全桥受力产生影响,需要引起设计足够的重视。除了在结构措施上使其有较强的抵抗变位的能力外,还要研究锚碇变位对全桥受力的影响,从而提出合适的变位限值。

日本本州-四国联络工程公团以主跨跨径 1 000～1 500m 的悬索桥为对象,规定长大跨径悬索桥锚碇的水平位移的容许值为 0.000 17 倍的主跨跨径。另外,在本四标准中要求水平位移或竖向变位引起的塔底应力不超过其容许应力的 5%。

江阴公路长江大桥设计时,通过对水平变位、竖向沉降对结构受力的影响研究,确定了北岸锚碇(基础为沉井基础)变位限值水平位移为 0.1m(0.000 07 倍跨径),沉降为 0.2m(0.000 14 倍跨径)。采用这一数值,也同时考虑了锚碇变位不会引起过大的加劲梁挠度。

丹麦大带东桥也做了类似的研究,预计水平位移在开通一年后为 0.1m(0.000 06 倍跨径),实际观测的数值仅为 0.03m。

按照日本本州-四国联络工程的经验,以索塔受力作为评判锚碇变位的控制原则,日本规范多针对钢塔,其刚度较小,容许变位的能力要强。因此,参考江阴大桥的分析成果,推荐锚碇允许水平变位按照不大于 0.000 1 倍的主跨跨径控制,竖向变位按照不大于 0.000 2 倍的主跨跨径控制。

8.6.4 重力式锚碇应验算锚块最不利截面的剪切强度,对锚碇实体部位宜采用三维有限元方法。

8.6.5 隧道式锚碇结构计算应满足下列要求:

(1)岩体的物理力学参数及结构面抗剪强度宜通过室内或现场试验获得,无实测数据时,可按现行《公路隧道设计规范》(JTG D70)计算。

(2)应计算隧道式锚碇开挖阶段稳定性、锚塞体的承载能力、围岩变形和塑性区分布。

(3)锚塞体抗拔安全系数不应小于 2.0,围岩稳定安全系数不应小于 4.0。

(4)应对锚体-围岩进行筒体抗剪强度验算,包括竖直截面抗剪和斜截面抗剪。

8.6.6 岩锚预应力值不宜超过 0.6 倍的岩锚标准抗拉强度。

条文说明

采用预应力岩锚时,岩锚预应力过大将会使岩体产生不利的变形和附加应力。国内类似工程的相关试验和分析表明:当岩锚初始预应力值大于 0.6～0.7 倍岩锚标准抗拉强度时,岩锚与岩体之间将出现较大的相对滑移。因此基于预应力岩锚的预应力损失和耐久性方面的考虑,岩锚施加的预应力不宜太高。预应力岩锚的计算分析可参照《岩土锚杆(索)技术规程》(CECS 22)的有关规定。

8.6.7 应采用三维有限元方法计算散索鞍支墩、锚固系统锚固面的承载能力。

条文说明

散索鞍支墩及锚固系统前后锚面承受较大压力,应力集中现象突出,而常规计算不能反映真实应力状态,需按三维有限元方法进行分析。

8.6.8 型钢拉杆锚固系统锚杆的受力应计入索股方向与锚杆轴线的偏差及双束锚杆两侧拉力差的影响,锚梁翼缘面直接承压的混凝土应进行局部承压验算。

8.6.9 预应力锚固系统结构计算应满足下列要求:

(1)预应力钢筋施加的预拉力值不应小于主缆索股设计拉力 N_s 的1.2倍。

(2)拉杆设计计算时,应计入10%的偏载系数,且应计入拉杆与索股拉力方向安装偏角产生的附加弯矩。

(3)锚固系统的拉杆和锚固预应力筋的承载力应符合式(8.6.9):

$$\gamma_0 \sigma_d \leq f_d \tag{8.6.9}$$

式中:γ_0——结构重要性系数;

σ_d——锚固系统的拉杆和锚固预应力筋应力设计值;

f_d——锚固系统的拉杆和预应力筋的强度设计值,预应力钢束强度设计值按现行《公路钢筋混凝土及预应力混凝土桥涵设计规范》(JTG 3362)的规定选用,拉杆强度设计值在上述规范设计值的基础上乘以0.82的折减系数。

(4)主缆索股锚固连接器应进行承压和抗剪验算。

条文说明

要求有效预拉力不应低于主缆索股设计拉力的1.2倍,其目的是使预应力锚固体系始终保持对锚体的预压状态。

8.6.10 除传统的重力式锚碇基础和隧道式锚碇基础外,位于陆上的悬索桥锚碇基础还可采用地连墙重力式复合锚碇基础,位于海域的悬索桥锚碇基础可采用分体沉井、设置裙边的沉箱基础以及沉箱与地连墙复合锚碇基础等形式。地连墙重力式复合锚碇基础的设计可采用基于地基反力系数法的简化方法进行求解,其他基础形式可采用三维弹塑性有限元方法进行分析。

条文说明

地连墙重力式复合锚碇基础(见图8-3)基于地基反力系数法的简化方法的求解过程为:

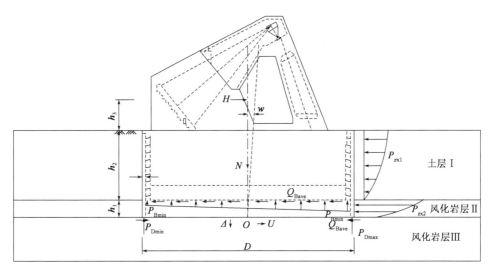

图 8-3　地连墙重力式复合锚碇基础受力示意图

1)构建地连墙重力式复合锚碇基础的简化分析模型,该模型包括圆环形地连墙、圆柱形重力式锚碇、锚体、锚点、水平荷载合力 H、竖向荷载合力 N、重力式锚碇基底以上土层Ⅰ、重力式锚碇基底以下风化岩层Ⅱ、地连墙墙底以下风化岩层Ⅲ。主要输入参数包括:地连墙外径 D、地连墙壁厚 d、重力式锚碇基底以下风化岩层Ⅱ的厚度 h_1、竖向抗力系数 C_1、基底摩擦系数 μ_1、水平抗力系数 C_2、重力式锚碇基底以上土层Ⅰ的厚度 h_2、水平抗力系数 C_0、水平荷载合力距锚碇顶面的垂直距离 h_3、锚点与重力式锚碇顶面的垂直距离 h_4、地连墙墙底以下风化岩层Ⅲ的竖向抗力系数 C_3、墙底摩擦系数 μ_2、锚碇基础等效宽度 B_M、等效长度 L_M。其中,$B_M = 0.9 \times (D+1)$,$L_M = 0.25 \cdot \pi \cdot D^2 / B_M$。

2)确定地连墙重力式复合锚碇基础的变形模式,考虑地连墙与重力式锚碇基础共同发生刚体变形,拟定三个基本变形未知量,即,以墙底圆环形心 O 为中心的转角 w、水平平动位移 Δ、竖向平均沉降 U。

3)确定墙侧土压力作用模式及基底、墙底应力计算公式。

(1)土层Ⅰ中任意深度 z 处的墙侧土压力 P_{zx1}:

$$P_{zx1}(z) = C_0 \cdot (h_1 + h_2 - z) \cdot \tan w + C_0 \cdot U \tag{8-3}$$

(2)风化岩层Ⅱ中的墙侧土压力 P_{zx2}:

$$P_{zx2}(z) = C_2 \cdot (h_1 + h_2 - z) \cdot \tan w + C_2 \cdot U \tag{8-4}$$

(3)基底应力的计算公式为:

① 最大竖向应力 P_{Bmax}

$$P_{Bmax} = C_1 \cdot [\Delta + \tan w \cdot 0.5 \cdot (B_M + 2d)] \tag{8-5}$$

②最小竖向应力 P_{Bmin}

$$P_{Bmin} = C_1 \cdot [\Delta - \tan w \cdot 0.5 \cdot (B_M - 2d)] \tag{8-6}$$

③基底水平应力 Q_{Bave}

$$Q_{Bave} = C_1 \cdot \Delta \cdot \mu_1 \tag{8-7}$$

(4) 墙底应力的计算公式为:

①最大竖向应力 P_{Dmax}

$$P_{Dmax} = C_3 \cdot [\Delta + \tan w \cdot 0.5 \cdot (B_M - d)] \tag{8-8}$$

②最小竖向应力 P_{Dmin}

$$P_{Dmin} = C_3 \cdot [\Delta - \tan w \cdot 0.5 \cdot (B_M - d)] \tag{8-9}$$

③墙底水平应力 Q_{Dave}

$$Q_{Dave} = C_3 \cdot \Delta \cdot \mu_2 \tag{8-10}$$

4) 建立竖向力、水平力及弯矩三组平衡方程。

(1) 竖向力平衡方程:

$$\sum N = 0 \tag{8-11}$$

$$N = C_1 \cdot \Delta \cdot (L_M - 2d) \cdot B_M + C_3 \cdot \Delta \cdot 2d \cdot B_M \tag{8-12}$$

(2) 水平力平衡方程:

$$\sum H = 0 \tag{8-13}$$

$$H = \int_0^{h_2} [C_0(h_1 + h_2 - z)\tan w \cdot B_M + C_0 \cdot U \cdot B_M] dz + \int_{h_2}^{h_1+h_2} [C_2(h_1 + h_2 - z)\tan w \cdot B_M + C_2 \cdot U \cdot B_M] dz + C_1 \cdot \Delta \cdot \mu_1 \cdot (L_M - 2d) \cdot B_M + C_3 \cdot \Delta \cdot \mu_2 \cdot 2d \cdot B_M \tag{8-14}$$

(3) 弯矩平衡方程:

$$\sum M = 0 \tag{8-15}$$

$$H \cdot (h_1 + h_2 + h_3) = \int_0^{h_2} [C_0(h_1 + h_2 - z)\tan w \cdot B_M + C_0 \cdot U \cdot B_M] \cdot (h_1 + h_2 - z) dz +$$

$$\int_{h_2}^{h_1+h_2} [C_2(h_1 + h_2 - z)\tan w \cdot B_M + C_2 \cdot U \cdot B_M] \cdot (h_1 + h_2 - z) dz +$$

$$C_1 \cdot \Delta \cdot \mu_1 \cdot (L_M - 2d) \cdot B_M \cdot h_1 + \frac{C_1 \cdot \tan w \cdot B_M \cdot (L_M - 2d)^3}{6}$$

$$C_3 \cdot \tan w \cdot d \cdot B_M \cdot d \cdot 0.5 \cdot (L_M - d)^2 \tag{8-16}$$

5) 设置中间计算参数,简化平衡方程的求解过程。

为简化步骤 4) 中的求解过程,增加参数 $K_i(i = 0 \sim 9)$ 用于简化平衡方程的求解过程:

$$K_0 = C_1 \cdot (L_M - 2d) \cdot B_M \cdot \Delta \cdot \mu_1 + C_3 \cdot 2d \cdot B_M \cdot \Delta \cdot \mu_2 \tag{8-17}$$

$$K_1 = C_0 \cdot (h_1 + h_2) \cdot h_2 \cdot B_M - 0.5 \cdot C_0 \cdot h_2^2 \cdot B_M + C_2 \cdot (h_1 + h_2) \cdot h_1 \cdot B_M - 0.5 \cdot C_2 \cdot [(h_1 + h_2)^2 - h_2^2] \cdot B_M \tag{8-18}$$

$$K_2 = C_0 \cdot h_2 \cdot B_M + C_2 \cdot h_1 \cdot B_M \tag{8-19}$$

$$K_3 = C_0 \cdot B_M \cdot \left[(h_1 + h_2)^2 \cdot h_2 - (h_1 + h_2) \cdot h_2^2 + \frac{h_2^3}{3} \right] \tag{8-20}$$

$$K_4 = C_0 \cdot B_M \cdot \left[(h_1 + h_2) \cdot h_2 - \frac{h_2^2}{2} \right] \tag{8-21}$$

$$K_5 = C_2 \cdot B_M \cdot \left\{ (h_1 + h_2)^2 \cdot h_1 - (h_1 + h_2) \cdot [(h_1 + h_2)^2 - h_2^2] + \frac{(h_1 + h_2)^3 - h_2^3}{3} \right\} \tag{8-22}$$

$$K_6 = \frac{C_1 \cdot B_M \cdot (L_M - 2d)^3}{12} \tag{8-23}$$

$$K_7 = \frac{C_3 \cdot B_M \cdot d \cdot (L_M - d)^2}{2} \tag{8-24}$$

$$K_8 = C_2 \cdot B_M \cdot (h_1 + h_2) \cdot h_1 - \frac{(h_1 + h_2)^2 - h_2^2}{2} \tag{8-25}$$

$$K_9 = C_1 \cdot B_M \cdot \Delta \cdot (L_M - 2d) \cdot h_1 \cdot \mu_1 \tag{8-26}$$

设置上述中间参数后,水平力平衡方程和弯矩平衡方程可简化为:

$$H = K_1 \cdot \tan w + K_2 \cdot U + K_0 \tag{8-27}$$

$$H \cdot (h_1 + h_2 + h_3) = (K_3 + K_5 + K_6 + K_7) \cdot \tan w + (K_4 + K_8) \cdot U + K_9 \tag{8-28}$$

6)推导获得三个基本变形未知量的计算公式。

$$\Delta = \frac{N}{C_1 \cdot (L_M - 2d) \cdot B_M + C_3 \cdot 2d \cdot B_M} \tag{8-29}$$

$$\tan w = \frac{H \cdot (h_1 + h_2 + h_3) - K_9 - \frac{K_4 + K_8}{K_2} \cdot (H - K_0)}{K_3 + K_5 + K_6 + K_7 - \frac{K_4 + K_8}{K_2} \cdot K_1} \tag{8-30}$$

$$U = \frac{H - K_0 - K_1 \cdot \tan w}{K_2} \tag{8-31}$$

7)获得地连墙侧向土压力、基底应力、墙底应力及竖向、水平向荷载分担比。

利用步骤3)中的计算公式求得地连墙侧向土压力、基底与墙底的竖向应力和水平应力。

(1) 竖向荷载要由重力式锚碇基底与地连墙墙底风化岩承担。竖向荷载分担比的求解过程为：

① 重力式锚碇基底承担的竖向总荷载 N_1：

$$N_1 = C_1 \cdot \Delta \cdot (L_M - 2d) \cdot B_M \tag{8-32}$$

② 地连墙墙底承担的竖向总荷载 N_2：

$$N_2 = C_3 \cdot \Delta \cdot 2d \cdot B_M \tag{8-33}$$

③ 重力式锚碇基底的竖向荷载分担比 R_{v1}：

$$R_{v1} = \frac{N_1}{N_1 + N_2} \tag{8-34}$$

④ 地连墙墙底的竖向荷载分担比 R_{v2}：

$$R_{v2} = \frac{N_2}{N_1 + N_2} \tag{8-35}$$

(2) 水平向荷载主要由重力式锚碇基底以上土层 I 的侧向土压力合力 Q_1、重力式锚碇基底以下风化岩层 II 的侧向土压力合力 Q_2、重力式锚碇基底的水平摩擦力合力 Q_3、地连墙墙底的水平摩擦力合力 Q_4 四部分来分担。水平向荷载分担比的求解过程为：

① 重力式锚碇基底以上土层 I 的侧向土压力合力 Q_1：

$$Q_1 = C_0 \cdot U \cdot h_2 \cdot B_M + C_0 \cdot (h_1 + h_2) \cdot h_2 \cdot B_M \cdot \tan w - 0.5 \cdot C_0 \cdot h_2^2 \cdot B_M \cdot \tan w \tag{8-36}$$

② 重力式锚碇基底以下风化岩层 II 的侧向土压力合力 Q_2：

$$Q_2 = C_2 \cdot U \cdot h_1 \cdot B_M + C_2 \cdot (h_1 + h_2) \cdot h_1 \cdot B_M \cdot \tan w -$$
$$0.5 \cdot C_2 \cdot [(h_1 + h_2)^2 - h_2^2] \cdot B_M \cdot \tan w \tag{8-37}$$

③ 重力式锚碇基底的水平摩擦力合力 Q_3：

$$Q_3 = C_1 \cdot \Delta \cdot (L_M - 2d) \cdot B_M \cdot \mu_1 \tag{8-38}$$

④ 地连墙墙底的水平摩擦力合力 Q_4：

$$Q_4 = C_3 \cdot \Delta \cdot 2d \cdot B_M \cdot \mu_2 \tag{8-39}$$

⑤ 重力式锚碇基底以上土层 I 的侧向土压力合力的水平荷载分担比 R_{h1}：

$$R_{h1} = \frac{Q_1}{Q_1 + Q_2 + Q_3 + Q_4} \tag{8-40}$$

⑥ 重力式锚碇基底以下风化岩层 II 的侧向土压力合力的水平荷载分担比 R_{h2}：

$$R_{h2} = \frac{Q_2}{Q_1 + Q_2 + Q_3 + Q_4} \tag{8-41}$$

⑦ 重力式锚碇基底的水平摩擦力合力的水平荷载分担比 R_{h3}：

$$R_{h3} = \frac{Q_3}{Q_1 + Q_2 + Q_3 + Q_4} \tag{8-42}$$

⑧地连墙墙底的水平摩擦力合力的水平荷载分担比 R_{h4}：

$$R_{h4} = \frac{Q_4}{Q_1 + Q_2 + Q_3 + Q_4} \tag{8-43}$$

8）求得锚点处的水平变形 S_0，$S_0 = U + (h_1 + h_2 + h_4) \cdot \tan w$，满足 $S_0 < [S_0]$，完成地连墙重力式复合锚碇基础的设计；如不满足调整输入参数，循环上述过程。

8.7 基础结构计算

8.7.1 大型群桩基础采用超长大直径钻孔灌注桩，应对其进行单桩承载力和稳定性计算。超长大直径钻孔灌注桩承载力大，影响因素多，应通过现场静载试验确定，试验方法可采用堆载法、锚桩法和自平衡试桩法。

条文说明

大型群桩基础的桩顶反力分布不均匀，角桩和边桩的桩顶反力大于中桩的桩顶反力。苏通大桥的现场监测、数值模拟和离心试验均表明上述规律。

超长大直径钻孔灌注桩桩端承载力的计算在进行深度修正后，应注意其在不同土层中的上限值。

超长大直径钻孔灌注桩桩身自重大，应合理考虑桩身自重，将桩身自重与置换土重之差作为超载考虑。

超长大直径钻孔灌注桩需考虑在轴向荷载作用下的稳定性计算，计算中须考虑成桩工艺、桩底和桩顶的约束条件、桩侧液化土层的厚度等因素的影响。对于偏心受压桩，在桩身穿越可液化土或不排水抗剪强度小于10kPa的软弱土层时，应考虑桩身在弯矩作用平面内的挠曲对轴向力偏心距的影响，应将轴向力对截面重心的初始偏心距 e_0 乘以偏心距增大系数 η，偏心距增大系数 η 的具体计算方法可按现行《公路钢筋混凝土及预应力混凝土桥涵设计规范》(JTG 3362)执行。

静载试验是获取桩基岩土设计参数、检验桩基承载力的最可靠、最有效方法。常用方法有堆载法、锚桩法和自平衡试桩法。

8.7.2 大型群桩基础应进行承载力和沉降计算。大型群桩基础可布置监测系统，监测桩顶反力的分布、桩顶整体沉降与不均匀沉降等重要数据，控制群桩基础的反力及沉降对上部结构产生不利的附加应力。

条文说明

大型群桩基础属于整体破坏，承载力计算可按等代墩基础法和群桩效应系数法进行。

苏通大桥群桩基础的群桩效应采用了离心试验、室内外模型试验、数值模拟和理论分析等方法进行研究，其群桩效应系数综合上述研究成果取 0.82。

大型群桩基础沉降计算时不能忽略桩身压缩量。

大型群桩基础沉降计算参见现行《公路桥涵地基与基础设计规范》(JTG D63)。也可按等效墩法进行估算，该方法可利用单桩静载试验得到的桩承载性能推算群桩的沉降，能够考虑群桩的压缩量。

8.7.3 对于沉井基础，为使其顺利下沉，沉井自重(不排水下沉时，应计浮重度)应大于井壁与土体间的摩阻力标准值。

条文说明

沉井下沉是靠在井孔内不断取土，在沉井重力作用下克服四周井壁与土的摩阻力和刃脚底面土的阻力而实现的，因此在设计时需首先确定沉井在自身重力作用下是否有足够的重力使沉井顺利下沉。当沉井刃脚、隔墙和底梁下土被掏空后，沉井仅受侧壁土的摩阻力作用，下沉系数应满足：

$$k_{st} = \frac{G_k - F_{fw,k}}{R_f} \quad (8-44)$$

$$R_f = u \cdot (h - 2.5) \cdot q \quad (8-45)$$

式中：k_{st}——下沉系数，一般控制在 1.15~1.25 范围内；

G_k——沉井自重标准值(外加助沉重量的标准值)(kN)；

$F_{fw,k}$——下沉过程中水的浮托力标准值(kN)；

R_f——井壁总摩阻力标准值(kN)；

u——沉井下端面周长(m)，对阶梯形井壁，各阶梯端的 u 值取本阶梯段的下端面周长；

h——沉井入土深度(m)；

q——为井壁单位面积摩阻力加权平均值(kPa)，应根据实测资料或实践经验确定，当缺乏资料时，可根据土的性质、施工措施，按表 8-1 选用。

井壁与土体间的摩阻力标准值　　　　　表 8-1

土的名称	摩阻力标准值(kPa)	土的名称	摩阻力标准值(kPa)
黏性土	25~50	砾石	15~20
砂性土	12~25	软土	10~12
卵石	15~30	泥浆套	3~5

8.7.4 对于构造复杂的沉井基础、沉箱基础、沉井(箱)+桩复合基础以及其他大型深水基础,宜通过有限元模拟或模型试验验算其强度、变形和稳定性。

条文说明

针对条文 7.5.5 的条文说明中给出的琼州海峡大桥主塔基础设置吸力式裙筒与半刚性连接桩的沉箱复合基础方案,通过有限元模拟系统分析其承载性能。如图 8-4 所示,在竖向荷载作用下,由于裙筒和半刚性连接桩分担荷载,沉箱底浅层土塑性区范围进一步减小,并呈现向深度发展的趋势,在 $160 \times 10^5 \mathrm{kN}$ 作用下,塑性区形成以沉箱底外轮廓为起点、沿裙筒及半刚性连接桩向深部土体发展的趋势,表现为深基础的破坏模式。

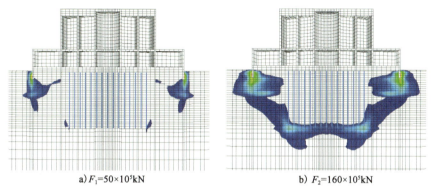

a) $F_1 = 50 \times 10^5 \mathrm{kN}$ b) $F_2 = 160 \times 10^5 \mathrm{kN}$

图 8-4 竖向荷载作用下塑性区分布

沉箱复合基础的竖向承载性能表现为以"后注浆垫层与半刚性连接桩"形成的复合地基承载为主、裙筒承载为辅,且随着竖向荷载的增加,复合地基分担的比例逐步增加,裙筒分担的比例逐步减小(图 8-5)。在加载初期,复合地基承担了约 70% 的竖向荷载;在竖向设计荷载($47 \times 10^5 \mathrm{kN}$)作用下,复合地基承担比例增加到 75%;达到极限承载状态时($156 \times 10^5 \mathrm{kN}$),复合地基承担比例进一步增加至 89%,而裙筒分担的荷载降低至 11%。

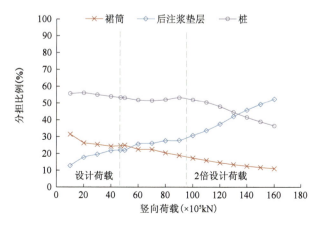

图 8-5 裙筒、后注浆垫层和半刚性连接桩的竖向荷载分担比例

施工期水平荷载作用下基础破坏时主要为浅层土体的塑性破坏(图8-6),但由于设置了沿沉箱底板周圈环向布置的裙筒,裙筒能够约束浅层土体的水平变形,且后注浆混凝土垫层进一步增强了裙筒的嵌固和约束作用,因此塑性区沿裙筒扩展,从而有效提高了基础的水平向承载能力。运营期水平向极限承载力较施工期进一步提高,由于同时设置了裙筒和半刚性连接桩,裙筒能够充分调动筒内外浅层土体的水平抗力,半刚性连接桩则驱动塑性区向深处延伸,因此对应的基础极限承载力大幅提高,满足设计要求($\geqslant 2 \times 4.2 \times 10^5 \mathrm{kN}$)。

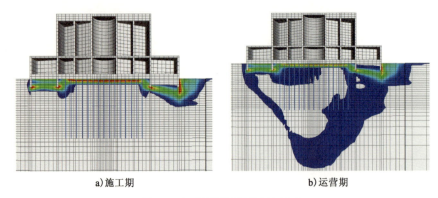

a) 施工期　　　　　　　　　　b) 运营期

图8-6　水平荷载作用下塑性区分布

在施工期和运营期,裙筒、后注浆垫层、半刚性连接桩在水平荷载作用下的分担比例如图8-7所示。从图中可看出,加载初期裙筒均分担了85%左右的水平荷载,随着水平荷载的增加,裙筒分担的荷载逐渐减小,后注浆垫层、半刚性连接桩分担的荷载逐渐增加。在运营期水平向1倍和2倍的设计荷载作用下,裙筒、后注浆垫层、半刚性连接桩的荷载分担比分别为71.3%、10.1%、18.7%和46.3%、21.1%、25.2%。受上部荷载作用影响,运营期裙筒分担的荷载较施工期略有降低,而后注浆垫层、桩分担的荷载较施工期略有增加。

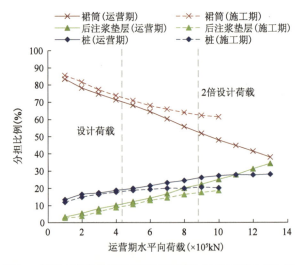

图8-7　裙筒、后注浆垫层和半刚性连接桩的水平向荷载分担比例

8.7.5 沉井(沉箱)+桩复合基础在组合荷载作用下应做如下验算：

(1)基底应力验算。

基底计算最大压应力 σ_{max} 不应超过沉井底面处地基土的设计承载力 $[\sigma]_h$，即 $\sigma_{max} \leq [\sigma]_h$。

(2)横向抗力验算。

横向应力 σ_{zx} 应小于沉井周围土的极限抗力值，应满足式(8.7.5-1)：

$$\sigma_{zx} \leq p_p - p_a = \frac{4}{\cos\varphi}(\gamma z \tan\varphi + c) \tag{8.7.5-1}$$

式中：γ——土的重度；

φ、c——分别为内摩擦角和黏聚力。

桥梁结构中，根据试验可知最大横向抗力大致出现在 $z = h/3$ 和 $z = h$ 处，见式(8.7.5-2)和式(8.7.5-3)：

$$\sigma_{\frac{h}{3}x} \leq \eta_1 \eta_2 \frac{4}{\cos\varphi}(\gamma_{\frac{h}{3}} \tan\varphi + c) \tag{8.7.5-2}$$

$$\sigma_{hx} \leq \eta_1 \eta_2 \frac{4}{\cos\varphi}(\gamma_h \tan\varphi + c) \tag{8.7.5-3}$$

式中：$\sigma_{\frac{h}{3}x}$——$z = h/3$ 深度处的土横向抗力；

σ_{hx}——$z = h$ 深度处的土横向抗力；

h——基础的埋置深度；

η_1——取决于上部结构形式的系数，一般取 $\eta_1 = 1$；

η_2——考虑恒载对基础底面重心所产生的弯矩 M_g 在总弯矩 M 中所占百分比的系数，$\eta_2 = 1 - 0.8 M_g/M$。

(3)墩台顶面水平位移验算。

基础在水平力和力矩作用下，墩台顶面会产生水平位移 δ。墩台顶面的水平位移 δ 应符合式(8.7.5-4)：

$$\delta \leq 0.5\sqrt{L} \tag{8.7.5-4}$$

式中：L——相邻跨中最小跨的跨度(m)，当跨度 $L < 25m$ 时，L 按25m计算；

δ——水平位移(cm)。

δ 由地面处的水平位移 $z_0\tan\omega$、地面到墩台顶 h_2 内的水平位移 $h_2\tan\omega$、在 h_2 范围内墩台身弹性挠曲变形引起的墩台顶水平位移 δ_0 三部分组成，即 $\delta = (z_0 + h_2)\tan\omega + \delta_0$。考虑转角一般均很小，可令 $\tan\omega = \omega$。如果沉井基底嵌入基岩内，则 $z_0 = h$。

条文说明

沉井(沉箱)+桩复合基础在组合荷载作用下的位移及作用效应计算图式如图8-8所示。在理论推导前，先做如下基本假定：

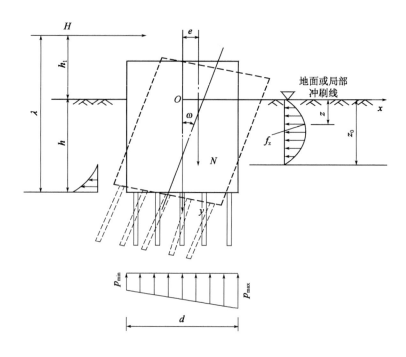

图 8-8 复合基础在组合荷载作用下的计算简图
e-基础底面处竖向力偏心距

(1) 地基土作为弹性变形介质，水平向地基系数随深度成正比例增加。

(2) 不考虑基础与土之间的黏结力和摩擦力（因基础底部水平位移为转角 w 的二次方，忽略不计）。

(3) 沉井（沉箱）基础的刚度与土的刚度之比可认为是无限大。

当水平力 H 与偏心竖向力 N 共同作用时

定义：

$$\lambda = \frac{Ne + Hl}{H} = \frac{\sum M}{H} \tag{8-46}$$

则土的抗力：

$$\Delta x = (Z_0 - Z)\tan\omega \tag{8-47}$$

$$\sigma_{zx} = \Delta x \cdot C_z = C_z(Z_0 - Z)\tan\omega \tag{8-48}$$

得：

$$\sigma_{zx} = mZ_0(Z_0 - Z)\tan\omega \tag{8-49}$$

基底压力：

$$\sigma_{\frac{d}{2}} = C_0 \delta_1 = C_0 \frac{d}{2}\tan\omega \tag{8-50}$$

式中:$C_0 = m_0 h$,且不得小于$10 m_0$;

　　d——基础宽度或直径。

由式(8-46)~式(8-50)可以建立如下两个平衡方程式,见式(8-51)、式(8-52):

$$\sum X = 0 \quad H - \int_0^h \sigma_{zx} b_1 \mathrm{d}z = H - b_1 m \tan\omega \int_0^h z(z_0 - z)\mathrm{d}z = 0 \qquad (8\text{-}51)$$

$$\sum M = 0 \quad H h_1 + \int_0^h \sigma_{zx} b_1 z \mathrm{d}z - \sigma_{\frac{d}{2}} W - \sum C_{pi} A_{pi} \tan\omega x_i x_i = 0 \qquad (8\text{-}52)$$

联立式(8-51)、式(8-52)解得:

$$z_0 = \frac{\beta b_1 h^3 (4\lambda - h) + 6dhW_0 + \dfrac{12}{m_0}\sum C_{pi} A_{pi} |x_i| x_i}{2\beta b_1 h^2 (3\lambda - h)} \qquad (8\text{-}53)$$

$$\tan\omega = \omega = \frac{12\beta H (3\lambda - h)}{m\beta b_1 h^4 + 18 dhm W_0 + 36\beta \sum C_{pi} A_{pi} |x_i| x_i} \qquad (8\text{-}54)$$

由$\sum N = 0$得:

$$N = N_s + N_p = \Delta C_0 A_s + \sum (\Delta + \tan w x_i) A_{pi} C_{pi} \qquad (8\text{-}55)$$

解得:

$$\Delta = \frac{N - \sum A_{pi} C_{pi} \tan w\, x_i}{C_0 A_s + \sum A_{pi} C_{pi}} \qquad (8\text{-}56)$$

式中:β——深度h处基础侧面的地基系数与基础底面土的地基系数之比,当基础底面置于非岩石类土上时,m、m_0按规范查取;

　　λ——$\lambda = (\sum M)/H$,地面或局部冲刷线以上所有水平力和竖向力对基础底面重心总弯矩与水平力合力之比;

　　d——水平力作用面(垂直于水平力作用方向)的基础直径或宽度;

W_0——基础底面的边缘弹性抵抗矩;

b_1——基础的计算宽度;

N——基础底面处竖向力标准值(包括基础自重);

N_s——基础底面处土承担竖向力标准值;

N_p——基础底面处桩承担竖向力标准值;

C_0——基础底部竖向地基系数;

A_s——基础底部与土接触面积;

A_{pi}——基础底部与桩接触面积;

M——基础底面处竖向力偏心弯矩标准值。

根据以上推导,可得到沉井+桩复合基础在水平及偏心竖向荷载作用及其组合荷载作用下的转角、转动点、位移。应用以上公式可做本条文中的各项验算。

8.8 动力特性计算

8.8.1 在特大跨径桥梁的设计计算中,应进行桥梁自振特性,包括振型和频率的计算。计算图式应正确反映桥梁质量、刚度、惯性矩以及约束和边界条件的实际分布并计入非线性的影响。

条文说明

琼州海峡大桥 $2\times1\,500$m 三塔斜拉桥方案的结构动力特性分析采用离散结构的有限元方法。有限元计算模型的总体坐标系以顺桥向为 X 轴,以横桥向为 Z 轴,以竖向为 Y 轴。其中主梁、桥塔以及桥墩采用空间梁单元模拟;拉索采用空间杆单元模拟。主梁通过刚臂连接形成"鱼骨式"力学计算模型,横隔板和桥面系假设均匀分布于主梁上,并考虑其平动质量和质量惯矩。桥塔与主梁的连接方式为:边塔和主梁仅仅横桥向约束,不设置竖向约束;过渡墩和辅助墩仅纵桥向自由,横桥向和竖向位移以及扭转位移均约束;中塔的塔梁,横桥向设置抗风支座,无竖向支座,纵桥向设置四个弹性约束。表8-2展示了边界条件的处理情况。动力特性分析使用的有限元计算模型见图8-9。

动力特性分析边界条件的处理   表8-2

约束位置	U_X	U_Y	U_Z	ROT_X	ROT_Y	ROT_Z
塔底、墩底	×	×	×	×	×	×
中塔梁交接处	△	⊕	×	×	⊕	⊕
边塔梁交接处	⊕	⊕	×	⊕	⊕	⊕
墩梁交接处	⊕	×	×	⊕	⊕	⊕

注:1.⊕表示该自由度放松;×表示该自由度约束;△表示弹性约束。
2.U_X、U_Y、U_Z分别表示 $X/Y/Z$ 方向的位移;ROT_X、ROT_Y、ROT_Z分别表示绕 $X/Y/Z$ 方向的转动位移。

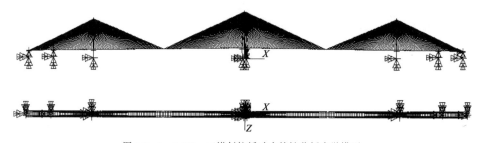

图8-9 $2\times1\,500$m 三塔斜拉桥动力特性分析力学模型

结构动力特性分析中的特征方程求解采用子空间迭代法,桥梁动力特性计算结果如表8-3所示。

2×1 500m 三塔斜拉桥自振频率及振型　　　　　　　　表 8-3

振　型	频率(Hz)	振　型	频率(Hz)
主梁一阶侧弯	0.081 011	主梁二阶竖弯	0.128 889
主梁二阶侧弯	0.087 408	主梁一阶扭转	0.352 384
主梁一阶竖弯	0.123 530	主梁二阶扭转	0.353 515

8.8.2 桥梁的自振频率及相应振型的准确计算应采用有限元方法,初步估算时也可参照现行《公路桥梁抗风设计规范》(JTG/T D60-1)中的相关条文。

9 多灾害作用下结构性能评价与设计对策

9.1 一般原则

9.1.1 在获得常规作用下特大跨径桥梁可行设计方案后,应进一步针对多灾害作用进行深入的结构性能评价和设计改进,最终的设计方案应能有效控制多灾害作用下的结构损伤破坏,避免人员伤亡,减少工程直接经济损失和因交通中断导致的间接经济损失。

9.1.2 多灾害作用下特大跨径桥梁结构设计应基于多灾害发生概率选择设计多灾害作用水平,并基于"基本多灾害组合无损、极端多灾害组合可用"的原则确定多灾害作用下特大跨径桥梁的性能标准。

条文说明

确定合理的结构灾害设防标准,原则上是要在防灾投入与灾后损失之间取得最佳平衡。然而,特大跨径桥梁由于投资巨大、地位重要,不到万不得已是不能拆除的,并且在任何灾害作用下,桥梁的完全倒塌和发生不可修复的损伤都是不可接受的。所以,在当今人类可以认识到的极端灾害作用下,保证桥梁经过维修后还可以使用,这才是特大跨径桥梁最基本的灾害设防原则。在特大跨径桥梁的抗灾设计中,考虑成本-效益准则确定设防标准反而是不合适的。"可用"应该成为特大跨径桥梁无论遭遇什么灾害的最低要求。鉴于此,本条文提出对于特大跨径桥梁,"一般灾害不修、极端灾害可用"应该成为其灾害设防的基本原则。

9.1.3 多灾害组合作用下的结构性能目标,应参考各灾害单独作用下的性能目标,选取要求较高者或者综合两种灾害的性能要求作为多灾害组合作用下的结构性能目标。

条文说明

具体选取多大概率水准的多灾害作用用于设防,可根据桥梁的重要程度和业主的经济条件、风险承受水平综合决策。本条文的规定体现了多灾害设防对结构的性能要求相比于仅对单一灾害进行设防的要求有实质意义上的提高。

9.1.4 灾害作用下特大跨径桥梁结构体系的性能评价,可在确定各个构件损伤程度的基础上,依据各构件在结构体系中的重要性,通过一定的加权方式综合确定结构体系的损伤程度和性能水平。

条文说明

由构件的损伤程度确定结构体系的性能水平,桥梁构件的层次关系如何确定以及各构件之间的权重关系如何选取是关键问题。在确定了各构件的相对重要性及权重关系后,可综合各构件的性能水平得到结构体系的性能水平。

以往构件重要性的评价多根据专家打分构造权值矩阵,通过权值矩阵的特征向量来确定各构件的相对重要性。特大跨径桥梁构件众多、受力复杂,通过专家打分或专家经验量化各构件之间的重要关系往往并不可靠,因此项目研究中提出了基于拆除构件的广义刚度法确定构件的重要性因子,使得整个评价过程更客观,结果更可靠。

灾害作用下,对桥梁结构体系的性能进行评价,其评价过程如图9-1所示。

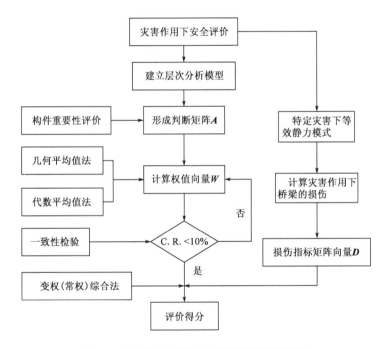

图9-1 灾害作用下结构体系性能评价流程示意图

注:图中C.R.表示某一互反矩阵取一致性程度,当C.R.≤某一临界值(一般为10%)时,认为矩阵是一致的,否则认为它不一致。

(1)通过灾变关键参数的研究,明确该灾害作用下结构的破坏模式,从而建立各构件的层次关系。

(2)通过查询灾害基础资料,确定灾害的发生概率,并确定其作用大小。

(3)利用有限元软件,通过数值计算确定该灾害作用下桥梁各构件的损伤情况,即确定其

损伤程度 $D(H_z)$，其中，H_z 表示某种灾害。

（4）对结构进行构件重要性评价，通过构件的重要性指标矩阵 I_{ij}，确定重要性因子向量 $\omega_i(H_z)$，其中，$I_{ij}=I_i/I_j$，$\omega_i=\sum_j I_{ij}$，i 和 j 分别表示构件的编号。

（5）利用式 $M_z=\sum_i D_i(H_z)\omega_i(H_z)$，对整个桥梁结构进行安全性评价。其中，$D_i(H_z)$ 为 i 构件在 H_z 灾害下的损伤指标向量，$\omega_i(H_z)$ 为 i 构件在 H_z 灾害下的重要性因子矩阵。

9.1.5 除技术措施外，还可采用一系列管理措施来减轻灾害对特大跨径桥梁结构的作用。

9.2 地震作用下结构性能评价与设计对策

9.2.1 特大跨径桥梁地震作用下的动力计算模型应能正确反映桥梁上部结构、下部结构、支座和地基的刚度、质量分布、边界条件及阻尼特性，深水基础宜考虑冲刷及动水效应的影响。

条文说明

桥墩、桥塔可采用空间梁单元模拟；桥面系应视截面形式选用合理计算模型；主缆、吊索、斜拉索可采用空间桁架单元；支承连接条件必须采用能反映支座力学特性的单元模拟支座；塔柱已进入非线性工作状态时，应选用适当的弹塑性单元模拟。

强震作用下桥梁的响应应考虑材料的非线性本构关系。混凝土可采用考虑约束的 Mander 模型，钢筋可采用考虑滞回的双线性模型。

基础的模拟应采用等效嵌固、弹性嵌固或截断等模型进行基础受力模拟，不应直接对塔/墩底采用六弹簧模拟形式。

桥塔的模拟应考虑恒载作用下几何刚度与 P-Δ 效应。

对于钢结构特大跨径桥梁，地震分析采用的结构阻尼比可取 2%。

9.2.2 特大跨径桥梁在强震作用下的计算分析必须考虑几何非线性、材料非线性、地震动空间变异性的影响，采用时程分析方法计算地震响应。

条文说明

应考虑永久作用下结构几何刚度、特大跨径桥梁大位移刚度、缆索垂度效应等几何非线性影响；应考虑强震作用下结构有可能进入塑性状态的材料非线性影响。

多振型反应谱法只能作为特大跨径桥梁抗震分析的估算方法，特大跨径桥梁在强震作用下非线性效应显著，采用非线性时程分析方法才能得出准确结果。

采用时程分析方法计算时,应至少采用3组地震加速度时程。当采用3组地震加速度时程时,最终结果应取各组结果的最大值;当采用7组及以上地震加速度时程时,最终结果可取结果的平均值。

9.2.3 地震作用下特大跨径桥梁性能标准建议按表9.2.3-1取用

地震作用下特大跨径桥梁性能标准　　　　　表9.2.3-1

地震作用水平	特大跨径桥梁结构体系性能目标
E1-重现期475年	Ⅰ:无损伤
E2-重现期2 475年	Ⅲ:中等损伤;可修构件中等损伤,重要构件轻微损伤

注:上表中,结构体系性能等级参照条文3.4.11取用。

地震灾害下,可采用两水准抗震设防,应着重控制E2水准的地震作用下特大跨径桥梁的性能,其详细的性能要求可参考表9.2.3-2取用,表9.2.3-3为材料各个损伤等级对应的容许应变。

E1~E2地震作用下特大跨径桥梁性能标准的详细要求　　　　　表9.2.3-2

地震水准	构件类别	构件性能要求	受力状态	桥梁整体功能要求
E1 重现期为 475年的地震	主梁	无损伤	保持弹性	所有构件处于线弹性状态,无任何损伤;震后不经修复保持完全通行能力
	悬索桥主缆	无损伤		
	拉索或吊索	无损伤		
	基础	无损伤		
	桥塔	无损伤		
	边墩	无损伤		
	支座	无损伤	正常工作	
	伸缩装置	无损伤		
	减震耗能装置	无损伤		
	悬索桥锚碇	无损伤		
E2 重现期为 2 475年的地震	主梁	轻微损伤	总体保持弹性	重要构件只受轻微损伤,边墩、支墩允许进入塑性状态,各构件强度无实质性减弱,所受的损伤从经济和技术角度考虑,是可修复的;总体而言,震后采用应急措施可确保通行,且构件的修复工作不中断交通
	悬索桥主缆	无损伤	保持弹性	
	拉索或吊索	可修复损伤	总体保持弹性	
	基础	无损伤	总体保持弹性	
	桥塔	轻微损伤	对应混凝土应变不大于0.004,钢筋应变不大于0.01	
	边墩	中等损伤	进入塑性,应具有足够的延性满足变形要求,桥墩不发生剪切破坏,具有足够承载力保证边墩不倒塌	
	支座	可修复损伤	适当修复,正常工作	
	伸缩装置	可修复损伤	适当修复,正常工作	
	减震耗能装置	轻微损伤	适当修复,正常工作	
	悬索桥锚碇	轻微损伤	正常工作	

材料各个损伤等级对应的容许应变　　　　　　　表9.2.3-3

材料		应变		
		轻微损伤	可修复损伤	显著
钢筋		0.01	0.025	$0.75\varepsilon_r$
箍筋		f_y/E_s	$1.1f_y/E_s$	$0.75\varepsilon_r$
混凝土	非约束混凝土	0.004	0.005	$0.75\varepsilon_r$
	约束混凝土		0.007	

注：ε_r表示材料的极限应变，f_y表示材料标准强度，E_s表示材料弹性模量。

条文说明

对于千米级多塔斜拉桥、三千米级悬索桥等特大跨径桥梁，以上给出的地震设防标准是建议的最低设防标准，业主可根据所在地区的经济条件、自身风险承受能力、桥梁的战略意义等因素，进一步提出更高的设防标准。

表9.2.3-2中给出特大跨径桥梁各类构件在E1地震和E2地震作用下的设防目标。表9.2.3-2中要求各类构件在E1地震作用下无损伤，结构在弹性范围工作。在E2地震作用下，根据各类构件的重要性、可检性、可修复性以及可换性来确定其性能目标，如悬索桥主缆、基础为主要承重构件，不可更换、也很难修复，要求在E2地震作用下保持弹性而主塔、主梁虽然也是重要构件，但在E2地震作用下，只要结构总体基本在弹性范围工作，局部可有限进入塑性，可局部开裂，可恢复；边墩是特大跨径桥梁中较容易修复的结构构件，因此要求其在E2地震作用下可以进入塑性状态，但也应经过延性设计保证其在塑性状态时强度无明显降低。

9.2.4 两水准的地震作用采用设计加速度反应谱和设计地震动加速度时程表征，应根据专门的工程场地地震安全性评价确定桥址设计地震作用。工程场地地震安全性评价应提供：①相应于各设防水准的基岩地震动加速度时程；②场地地表及基础持力层位的地震加速度时程；③加速度反应谱；④桥址附近同类地质条件下具有合理长周期分量的强震记录。特大跨径桥梁的抗震设计中宜考虑地震动空间变异性，包括波传播效应、部分相干效应和不同基础的场地差异造成的非一致激励效应。

条文说明

对于特大跨径桥梁，地震作用应考虑长周期效应，给出的设计加速度反应谱和设计地震加速度时程的周期范围应包含特大跨径桥梁结构的基本周期。

特大跨径桥梁的各支承点可能位于显著不同的场地土层上，由此导致各支承处输入地震波的不同，在地震反应分析中就要考虑多支承不同激励，简称多点激振。即使场地土层情况变化不大，也可能因地震波沿纵桥向先后到达的时间差，引起各支承处输入地震时程的相位差，简称行波效应。欧洲桥梁抗震设计规定,当桥长大于200m,并且有地质上的不连续或明显的不同地貌特征;或桥长大于600m时要考虑空间变化的地面运动特征。因此,对特大跨径桥梁建议进行多点非一致激励的抗震分析。

桥址距有发生6.5级以上地震潜在危险的地震活断层30km以内时,近断裂效应应包括上盘效应、破裂的方向性效应,以保证设计加速度反应谱长周期段的可靠性。

9.2.5 特大跨径桥梁抗震设计应遵循以下原则:
(1)应有可靠和稳定传递地震作用到地基的途径。
(2)应设置有效的位移约束,以可靠地控制结构地震位移。
(3)应避免部分结构构件的破坏而导致整个结构丧失抗震能力或对重力荷载的承载能力。
(4)上、下部结构之间的连接构造宜受力均匀。
(5)主要承重结构(索塔、支墩)宜选择有利于提高延性变形能力的结构形式及材料,避免发生脆性破坏。

9.2.6 特大跨径桥梁纵桥向主梁约束方式对桥梁地震响应影响很大,在纵向漂浮的情况下可考虑采用弹性索、阻尼器和限位阻尼器等措施以改善抗震性能;横桥向的横梁、边墩与主梁一般为约束,极端地震下可考虑约束失效,使用阻尼器装置能改善抗震性能。采用支座支承的桥面系统宜采用抗震支座、其他减隔震装置或限位措施。

条文说明

在纵桥向,常规的两种结构体系,即全漂浮体系和塔、梁刚性连接体系,都存在缺陷。采用隔震的全漂浮体系,则主塔的内力反应较小,但梁端、塔顶纵向位移过大;而塔、梁纵向刚性约束体系能大大减小梁端、塔顶位移,但会显著增大主塔的内力反应,而且温度引起的主塔内力很大。所以,两种常规体系均不宜在实际桥梁中采用,比较合理的做法是采用漂浮体系,但要设置合适的塔、梁连接装置将动静力反应控制到较小值。

在横桥向,边墩、梁横向滑动体系和边墩、梁横向刚性连接体系均不是理想的体系。前者导致的各边墩底的弯矩较后者小,但基础的受力减小不多,而梁端位移、边墩梁相对位移相当大。此外,这种体系无法提供使用荷载和风荷载所需要的横向刚度;而边墩、梁横向全限位体系导致的各边墩底的弯矩较大,而且对各支座的横向抗力提出了相当高的要求,给支座的设计带来较大的困难。对于特大跨径斜拉桥,一个比较理想的边墩、梁横向减震体系既要能提供正常使用荷载和风荷载所需要的刚度,又要尽量减小边墩及其基础的内力反应,还要将墩、梁间的相对位移限制在合理的范围内。

为了提高桥梁结构的抗震性能,建议考虑采用隔震设施和减震设施。

设置减震耗能装置的设计使用年限不应少于20年,并应考虑其可检、可修及可更换性。应通过试验对减震耗能装置的变形、阻尼比、刚度等参数进行验证。试验值与设计值的差别应控制在15%以内。

9.2.7 在可能出现塑性铰的地方应提供足够的延性。

条文说明

结构设计中应避免设计地震作用下发生过大的变形和出现较大的应力集中。因此,在允许出现塑性铰的区域,要保证具有足够的延性以避免整个结构系统的崩溃。

9.2.8 特大跨径桥梁强震性能检验应以桥塔、边墩、基础以及支撑连接装置作为重点验算部位,可按照现行《公路桥梁抗震设计细则》(JTG/T B02-01)进行强度验算和延性验算。

条文说明

特大跨径桥梁的地震反应分析表明:主梁和斜拉索在地震作用下的反应与其构件强度相比不大,其设计主要由恒载、活载、温度荷载等控制。特大跨径桥梁的抗震薄弱部位位于桥塔、边墩及其基础,以及支承连接装置,这些部分也是特大跨径桥梁抗震设计的重点。对特大跨径桥梁进行抗震研究时,重点就应放在桥塔、边墩及其基础,以及支承连接装置的抗震性能分析上。对塔、墩应按照能力设计思想进行抗剪强度验算,在进行塑性铰区域截面抗剪强度验算时必须考虑延性对抗剪强度的折减。

E1 地震作用下,地震作用和其他作用组合后,应按现行《公路钢筋混凝土及预应力混凝土桥涵设计规范》(JTG 3362)、《公路钢结构桥梁设计规范》(JTG D64)和《公路桥涵地基与基础设计规范》(JTG D63)进行桥塔、支墩、和基础的强度验算,对于轻微损伤构件,结构分析时需要对截面刚度进行适当折减。

E2 地震作用下,允许桥塔、边墩发生轻微及可修复塑性损伤,采用基于位移的抗震设计分析方法,进行 Pushover 推导分析。计算结构地震需求分析时需考虑构件的有效截面刚度;计算结构位移能力时需要采用合适的纤维铰单元模拟塑性铰区的非线性特性。在控制应变的条件下验算结构的位移/转角能力,对于基础等重要构件,需作为能力保护构件设计和验算。计算结果可参考现行《公路桥梁抗震设计细则》(JTG/T B02-01)相关规定进行验算,也可参考《AASHTO LRFD—Guide Specifications for Seismic Design》、《Caltrans Seismic Design Criteria Version 1.7》规范进行验算。

以下以琼州海峡大桥 2×1 500m 三塔斜拉桥方案为例对抗震计算进行说明。

跨海特大跨桥梁受海水流动、涌动对基础周围土体冲刷的影响,导致桥梁基础自由长度增大,基础刚度降低,从而改变桥梁的动力响应。针对琼州海峡大桥 2×1 500m 三塔斜拉桥方案无冲刷防护措施时(冲刷深度22.5m)的地震响应与采取冲刷防护措施后(冲刷深度3m)的地震响应,初步分析冲刷对桥梁地震响应的影响。

考虑土-结构相互作用开展计入不同冲刷深度的桥梁地震响应分析,分别确定了冲刷深度为22.5m时和3m时基础六个方向土弹簧刚度及阻尼值,建立有限元模型并进行模态分析和非线性动力时程分析。通过模态分析结果可知,冲刷由3m增大到22.5m后,主跨2×1 500m三塔斜拉桥的周期有所增加,但是增加幅度较小。

图9-2给出了纵向地震作用下主跨2×1 500m三塔斜拉桥不同冲刷深度下桥塔地震响应的对比,从图中可知采取冲刷防护措施使冲刷深度减小后,地震作用下桥塔的弯矩减小但轴力有所增加。这说明冲刷对特大跨径桥梁地震响应的影响机理较为复杂,难以用一种统一的变化规律来解释,所以对待具体的工程问题应考虑实际可能的冲刷深度和地震作用特性开展地震与冲刷组合作用下的结构响应分析。

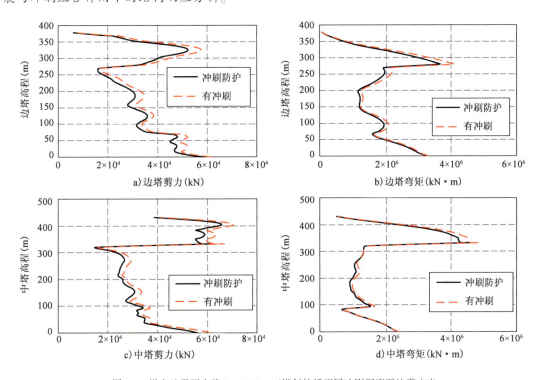

图9-2 纵向地震下主跨2×1 500m三塔斜拉桥不同冲刷深度下地震响应

根据本节给出的地震灾害作用下特大跨径桥梁及其各构件的性能标准,以及特大跨径桥梁结构体系及各构件性能等级的定量划分,针对琼州海峡大桥2×1 500m三塔斜拉桥方案开展考虑动水效应影响的地震与冲刷组合作用下的结构性能分析与评价。

首先确定各个设防概率水准的地震动参数,琼州海峡大桥的两个地震设防概率水准对应的重现期为475年和2 475年的地震动峰值加速度,分别为200gal、321gal。其次,由桥区地震安评报告中给出的反应谱参数,可分析得出与这两个概率水准对应桥址处的地震加速度时程曲线。

考虑结构的弹塑性行为,采用桥塔、桥墩关键截面的曲率延性系数作为桥塔、桥墩的性能评价指标,需要确定各个关键截面的初始屈服曲率,可根据地震作用下各截面的响应曲率确定截面的曲率延性系数,进而判断截面、构件和结构体系在地震作用下的性能等级。其中,重现期为2 475年(E2)地震作用与冲刷组合下的评判结果见表9-1。

重现期2 475年地震与冲刷组合下多塔斜拉桥方案的性能评价　　　　　表9-1

评价构件	最大截面曲率	截面初始屈服曲率	曲率延性系数	实际性能等级	限制性能等级	是否满足目标
边塔	0.000 171	0.000 33	0.519	无损伤	轻微损伤	满足
中塔	0.000 254	0.000 36	0.708	无损伤	轻微损伤	满足
过渡墩	0.000 335	0.000 82	0.409	无损伤	中等损伤	满足
辅助墩	0.000 518	0.000 82	0.632	无损伤	中等损伤	满足

9.3　强风作用下结构性能评价与设计对策

9.3.1　特大跨径桥梁强风作用下的动力计算模型,应能正确反映结构的质量分布、刚度、阻尼特性和边界条件。尤其注意对于主梁的模拟不仅需要考虑3个平动方向的刚度和质量,还必须严格考虑其扭转方向的刚度和转动惯量。

条文说明

单箱钢箱梁断面主梁应采用单梁式模型模拟,且必须严格考虑主梁4个方向的刚度、质量及转动惯量。分离钢箱梁断面主梁应采用双梁式模型模拟,横梁与边主梁的连接应采用刚臂单元(或主从约束)处理,应同时考虑横梁的刚度。桁架形式的主梁应严格模拟每个构件的刚度。

拉索的模拟应考虑拉索的多自由度特性。可利用多个单元模拟单根斜拉索,并且斜拉索分段数量不宜少于5段。

桥塔与桥墩宜采用梁单元模拟,应考虑桥塔以及桥墩的自由扭转刚度,宜考虑桥塔塔柱与横梁之间的刚域效应。

沉井基础可采用塔底、墩底固结的方式模拟。桩基础可采用在桩基础嵌固点固结的方式模拟,并应考虑承台的质量与转动惯量。

对于主梁与桥塔、主梁与桥墩之间的模拟,应根据具体的支座形式以及约束方式加以模拟。

钢主梁结构阻尼比可按0.005取用;组合梁主梁结构阻尼比可按0.01取用。在没有实测数据时,斜拉索固有阻尼比可按0.001取用;在有实测数据时,应采用实测结果。

9.3.2　特大跨径桥梁强风作用下分析计算应包括风荷载、动力特性、抗风稳定性、风振响应等计算和验算。结构风致响应应采用模型风洞试验结果或经过有效验证的数值计算结果。

9 ▶ 多灾害作用下结构性能评价与设计对策

条文说明

风荷载包括平均风作用、脉动风背景作用和结构惯性动力作用,平均风作用可按现行《公路桥梁抗风设计规范》(JTG/T D60-01)的有关规定计算,脉动风背景作用和结构惯性动力作用应基于模型风洞试验或数值计算结果确定。

主梁的静气动力系数必须采用节段模型试验或者数值模拟的方法获得,并通过静力三分力系数反映。桥塔的静气动力系数可通过分段二维或三维空间数值模拟的手段,或者是节段模型风洞分段测力试验的手段获得。

动力特性的计算宜采用三维有限元法。

抗风稳定性验算包括加劲梁或索塔的静风稳定性、驰振稳定性和颤振稳定性,风振响应计算包括加劲梁或索塔涡振和抖振以及吊索振动,应采用桥梁模型风洞试验结果或经过有效性验证的数值计算结果。

9.3.3 强风作用下特大跨径桥梁性能标准建议按表9.3.3取用。

强风作用下特大跨径桥梁性能标准　　　　　表9.3.3

风作用水平	设计风速取值	性能目标	设计目标
W1 水准	①施工期(根据施工安排取10年或20年重现期)的设计风速; ②当按①确定的主梁上的风速值大于25m/s时,取25m/s	Ⅰ	①与车辆等作用组合,应满足规定的强度、刚度、静力稳定性及耐久性要求; ②应满足规定的疲劳、行车或行人的安全性及舒适度要求; ③在W1水准及以下风速范围不应发生影响正常使用的涡激共振
W2 水准	以桥梁设计使用寿命作为重现期的设计风速	Ⅱ	①应满足规定的强度、刚度及静力稳定性要求; ②应满足规定的静风稳定性和气动稳定性要求; ③在W1水准至W2水准的风速范围内不应发生涡激共振

9.3.4 桥梁抗风性能的设计参数建议按表9.3.4取用。

强风作用下特大跨径桥梁性能标准　　　　　表9.3.4

风作用水平	作用效应	设计参数	设计状态
W1 水准	风荷载效应	内力、应力、静力稳定性等	承载能力极限状态
	风荷载效应	挠度、裂缝宽度等	正常使用极限状态
	涡激共振	振幅、加速度、起振风速、等效应力幅	正常使用极限状态
W2 水准	风荷载效应	内力、应力、静力稳定性等	承载能力极限状态
	静风稳定性	临界风速	
	涡激共振	起振风速	
	颤振	临界风速	
	驰振	临界风速	

9.3.5 特大跨径桥梁建设前期应进行桥位现场风环境观测研究。风环境观测周期宜大于 2 年,测站竖向测点宜多于 3 个。风环境观测应提供以下风参数:不同超越概率(重现期)水平下的设计风速、风剖面参数、紊流度、功率谱密度函数、空间相关系数、桥面高度处 10min 平均风速的年发生时间。

条文说明

一般大桥建设周期较长,具备为期 2 年以上的观测条件,并且短期的观测记录难以捕获长期的风场特性,因此桥位风观测周期宜大于 2 年。观测站高度方向布置 3 个及 3 个以上的测点,才能够获得风剖面较为准确的数据。测点布置要考虑常年风向的影响,避开观测塔对测点的不利影响。

9.3.6 特大跨径桥梁的各水准风速的确定应根据现场风观测、结合周边气象站资料分析得到。

条文说明

用于特大跨径桥梁设计设防的各水准的基本风速是指桥位风场条件下、离水面(地面)10m 高度处、各种重现期水平的(见表 9.3.3 的规定)、10min 平均年最大风速,其中 W2 水准的基本风速重现期为桥梁的设计使用寿命,与现行《公路桥梁抗风设计规范》(JTG/T D60-01)中定义的基本风速相吻合。各水准的设计基准风速是指桥位风场条件下、构件高度处、各种重现期水平的、10min 平均年最大风速。

9.3.7 特大跨径桥梁抗风设计应遵循下列原则:

(1)结构体系应具有足够的抗风强度、抗风刚度和抗风稳定性,保证桥梁不发生风致静动力失稳以及强度和刚度破坏,并能保证桥梁的风致振动不影响行车安全、结构疲劳和使用舒适性。

(2)加劲梁、索塔、吊索等主要构件设计应有利于减小风荷载、降低风致变形和避免风致失稳。

(3)结构体系的抗风性能可通过气动措施、结构措施和机械措施予以提高。

(4)结构抗风性能宜通过模型风洞试验进行检验。

条文说明

抗风设计可采用以下结构或机械措施:

(1)在主跨中央主缆和加劲梁之间设置中央扣。

(2)设置交叉吊索或水平拉索。

(3)在加劲梁两端设置纵向缓冲装置,在加劲梁与索塔或锚碇之间设置纵向阻尼装置或静力限位装置等。

抗风设计可采取下列气动措施:

(1)优化加劲梁断面、检修车轨道和桥面护栏等。

(2)在加劲梁上设置风嘴、导流板、分流板、裙板、中央稳定板、水平气动翼板等。

(3)采用分体式钢箱加劲梁。

(4)对索塔塔柱截面切角、倒角、安装导流板等。

(5)作吊索表面处理、增设阻尼器等。

9.3.8 特大跨径桥梁强风作用下性能检验应重点考虑以下几个方面:

(1)颤振稳定性:特大跨径桥梁颤振临界风速应通过全桥气弹模型试验验证。颤振临界风速应大于颤振检验风速。

(2)驰振稳定性:桥塔的驰振临界风速宜通过气弹模型试验获得,也可通过数值模拟获得桥塔的驰振力系数,并通过驰振分析方法获得驰振临界风速。驰振临界风速应大于驰振检验风速。

(3)静风稳定性:静风发散临界风速应通过非线性三维有限元分析方法与全桥气弹模型试验的手段获得,并应大于静风失稳检验风速。

(4)主梁涡激振动:特大跨径桥梁主梁应特别注意高雷诺数效应对涡激振动的影响、桥梁附属设施(检修轨道、栏杆等)对涡激振动的影响,并使得主梁在100年超重现期的风速范围内不发生涡激振动。

(5)桥塔涡激振动:桥塔的涡激振动应通过气弹模型试验进行研究,并在试验过程中严格控制模型的阻尼比。桥塔应满足在100年重现期的设计风速范围内不发生涡激振动。

(6)拉索振动:对于特大跨径斜拉桥,应对斜拉索的振动进行分析,尤其要重视自激振动的发生,如驰振和风雨振。

条文说明

以琼州海峡跨海大桥主跨 $2\times1500m$ 三塔两跨斜拉桥方案为例,通过 1:80 主梁节段模型的测振风洞试验,测定成桥状态和施工阶段的颤振临界风速,不同主梁桥面布置状态下的测动风洞试验如图9-3所示。主跨 $2\times1500m$ 三塔两跨斜拉桥成桥状态的颤振检验风速 $[V_{cr}]$ 为 $97.5m/s$,施工状态颤振检验风速 $[V_{cr}]$ 为 $78m/s$。试验结果表明:成桥状态和施工状态在风攻角 $-3°$、$0°$ 和 $+3°$ 下的颤振临界风速均高于该桥的颤振检验风速,满足颤振稳定性要求,具体见表9-2。

a) 主梁节段测振试验布置

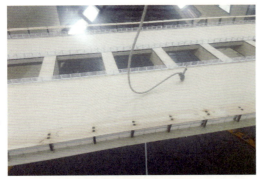

b) 成桥状态栏杆+气动翼板

c) 成桥状态栏杆+风障

d) 施工阶段裸梁+气动翼板

e) 施工阶段裸梁

图 9-3　气动试验模型及不同状态主梁节段细部

主跨 2×1 500m 三塔两跨斜拉桥颤振临界风速　　表 9-2

结构形式	工　况	颤振风速(m/s)	
		实桥值	检验值
成桥阶段　状态1：栏杆+水平气动翼板	−3°、0°、+3°	>120	97.5
成桥阶段　状态2：栏杆+风障	−3°、0°、+3°	>120	
施工阶段　状态1：裸梁+水平气动翼板	−3°、0°、+3°	>120	78.0
施工阶段　状态2：裸梁	−3°、0°、+3°	>120	

全桥气弹模型风洞试验共分三大类外形,分别是成桥状态原始栏杆、原始栏杆加风障控制措施、原始栏杆加水平气动翼板控制措施。这三种外形分别进行了不同风攻角和风偏角下的全桥气弹模型风洞试验,见图9-4。

图9-4 琼州海峡跨海大桥主跨2×1500m三塔两跨斜拉桥方案全桥气弹模型风洞试验

结果表明,成桥状态三种气动外形对应的颤振临界风速对应实桥均超过了实桥的颤振检验风速97.5m/s,试验风速均达到了6.8m/s,对应于实桥为121.6m/s,满足评估要求。

9.4 船撞作用下结构性能评价与设计对策

9.4.1 特大跨径桥梁船撞作用下的分析计算应全面考虑各种船型可能的碰撞场景,综合分析撞击局部效应及桥梁的整体响应。局部效应分析应采用接触碰撞精细化有限元方法,桥梁整体响应可采用全桥模型强迫振动法。

条文说明

碰撞场景确定应考虑桥梁上、下部结构尺寸和材料信息,桥区通航船舶的吨位分类、通航量、航速和习惯轨迹信息以及桥区的气象水文信息等,应对下部结构船艏撞击、上部结构船舱、桅杆撞击场景进行逐一甄别。

撞击分析应根据具体通航情况对撞击船舶进行分类,应区分轮船、驳船撞击。船舶分类应考虑船舶吨位(DWT)、负载情况(满载、部分载、压舱)、航速、每种船型年通航量。

船撞作用分析计算应获得的基本碰撞特性曲线,包括:①碰撞力时程曲线;②撞深时程曲线;③碰撞过程能量交换曲线;④结构局部损伤特性曲线。

桥梁整体响应分析应将碰撞力时程作为强迫力加载,至少应考虑横桥向和顺桥向两个工况,缺乏顺桥向撞击分析数据时,荷载可取为横桥向撞击荷载的50%,且两者不同时作用。

桥梁整体响应分析应包括：①塔底位移时程曲线；②塔顶位移时程曲线；③塔底力时程曲线，包括弯矩、剪力和轴力。

9.4.2 特大跨度桥梁船舶撞击动力接触计算模型应能正确反映桥梁的实际工作状态，尤其应考虑撞击区域结构初始内力。船舶模型应正确反映质量（包括附加水质量）、航速和接触区域的局部刚度。碰撞模型应考虑材料非线性、接触非线性和几何非线性等多种非线性因素，尤其应考虑船舶钢材力学性能的应变率效应。

条文说明

动力接触模型应对仿真模拟关键技术如单元类型、单元形状、接触类型、摩擦系数、网格尺度、失效应变取值、单元本构模型进行全面论证。

未进行相关研究时，钢材本构宜选取弹塑性强化模型，初始弹性模量宜在 20～21GPa 之间选择，泊松比宜在 0.24～0.30 之间选择，失效应变可取为 0.2。壳单元宜采用四边形网格划分，接触局部大变形区网格尺度不宜大于 2cm，计算公式宜采用 Belytschko-Tsay 公式、Hughe-Liu 公式及全积分壳单元公式。

动力接触计算模型应考虑水流对撞击特性的影响，缺乏相关资料时，可采用增加 5% 附加质量的方法等效。

动力接触计算模型中桩基础模拟应考虑桩-土相互作用，缺乏相关资料可采用等效桩长方法简化。

船舶模型应保证船舶与结构接触区域的精度，其余区域可在保证船体线形和质量分布的前提下，做简化或等效处理。

9.4.3 船撞作用下特大跨径桥梁性能标准建议按表 9.4.3 取用。

船撞作用下特大跨径桥梁性能标准　　　　　　　表 9.4.3

船撞作用水平	结构抗撞性能等级	结构总体性能描述	构件性能要求	
C1 水准	整体无损伤	结构构件的安全性能完全保持，即其承载能力和通行能力没有降低，局部轻微损伤，对长期功能影响微弱，可在完全不影响通信条件下进行修补	柱式构件	无须维修
			支座	支座可以保持正常功能
			桩基础	碰撞后基础正常工作
C2 水准	轻微损伤（长期功能降低）	结构构件的安全性能完全保持，即其承载能力和通行能力没有降低，但因局部损伤（如保护层混凝土剥落等）影响桥梁的耐久性，需要进行耐久性的修补	柱式构件	无须维修
			支座	支座可以保持正常功能
			桩基础	碰撞后基础正常工作

注：1. C1 水准表示整桥的最大年倒塌频率应小于 10^{-3}；
　　2. C2 水准表示整桥的最大年倒塌频率应小于 10^{-4}。

9 ▶ 多灾害作用下结构性能评价与设计对策

条文说明

特大跨径桥梁船撞风险评估将船撞事件视为风险事件,根据可接受风险的水平来评估桥梁船撞风险并指导设计。

9.4.4 特大跨径桥梁船撞设计使用的船舶类型以及确定的设计代表船舶的类型应符合交通运输部关于船舶类型的规定。船舶分类应区分驳船与轮船、船舶大小、负载情况。作为最低要求,船舶类型应至少确定各类船舶的年通航量和平均航速。特大跨径桥梁船撞作用设计应明确单向、双向通航或更复杂通航情况的航道中心线和航道边界,应明确特大跨径桥梁在航道中的位置和桥跨布置,以及桥塔、桥墩与上部结构的几何特征。

9.4.5 应采用概率船撞危险性分析方法确定设防代表船舶。概率船撞危险性分析应按图9.4.5-1的规定进行,其结果给出不同超越概率(或重现期)对应的船舶吨位,按图9.4.5-2表达。结合以重现期或基准期超越概率形式给出的多等级船撞设防水准(表9.4.3),就可以确定多等级的设防代表船舶。

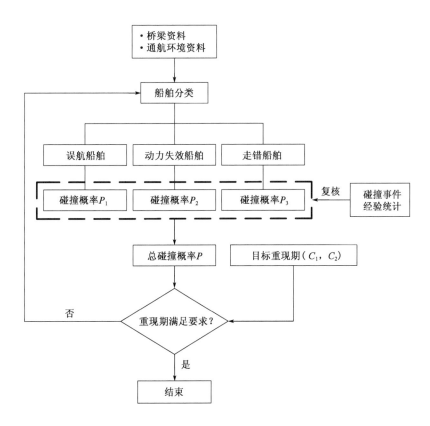

图9.4.5-1 概率船撞危险性分析流程示意图

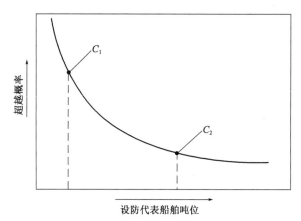

图 9.4.5-2　概率船撞危险性曲线

条文说明

确定设防代表船舶需要进行通航船舶统计预测,包括船型、尺度、吨位、装载、吃水、船舶上部结构水线以上高度、航速等参数。由于采用船舶吨位(DWT)作为船撞灾害强度的度量参数,因此需要按照船舶吨位(DWT)对船舶进行分级,用于船撞桥计算的每一DWT级别的船舶船型参数,比如空载排水深度、满载排水深度、船长、船宽、船头高度等,按船舶的实际组成情况进行加权得到。

依据一定的船桥碰撞概率计算方法,在获得了桥梁遭受各级别(按DWT划分级别)船舶撞击概率后,可以参考工程场地地震危险性分析的方法确定出任意给定超越概率下的设计代表船舶。具体确定方法为:对于一座特定的桥梁,可以先分别计算每一级船舶(以DWT区分船舶等级)的年碰撞频率,然后通过从小到大依次去除各级船舶的方式,计算剩余船舶撞击桥梁的年碰撞频率之和,其倒数便为重现期,剩余船舶中的最小吨位者便为该重现期对应的船型。这样,当给定以重现期或基准期超越概率表达的设防水准时,就可以进一步确定出设防代表船舶。

9.4.6 特大跨径桥梁的船舶撞击作用位置应考虑最高通航水位、最低通航水位和可能的最不利水位。船舶撞击速度应依据航行速度、水流速度、考虑撞击特大跨径桥梁结构距航道中心距离等确定。设防代表船舶的最小撞击速度不得低于年平均水流速度。

9.4.7 特大跨径桥梁船撞设计应首先考虑增强桥梁自身的抗撞能力。在此基础上,可采用结构性防撞措施减小或避免船撞对桥梁的损伤,但采用专门的防撞设施后不能降低桥梁的整体抗船撞能力。结构性防撞措施的采用应与桥梁结构的主体设计一同考虑。结构性防撞设施的比选应考虑有效性、耐久性、防腐蚀、可检修等综合因素。

条文说明

特大跨径桥梁桥塔、支墩等一般靠近通航孔,船舶失控、偏航、误航等撞击桥墩的概率明显大于其他非通航孔桥墩,鉴于主桥的重要性和难以修复性以及通航区域船舶难以全部控制的特点,桥梁下部结构应坚持自身抗击为主,防撞、船舶监控等措施为辅的原则。

在因船撞因素增加造价最低的条件下,应比较增强结构自身抗撞能力和采用附加防撞设施两种方案。一般情况下应首先采用增强结构自身抗撞能力的方案,若不可行或不合理,再考虑增加防撞设施。附加防撞设施的采用,应使桥梁主体构件的船舶撞击力下降到可以接受的水平。防撞设施的几何外形应有利于船舶改变航向,以便使更多的动能保留在船上,从而减小桥梁吸收的能量。

9.4.8 特大跨径桥梁船撞性能检验应以桥塔、支墩、基础、支座作为重点验算部位,检验这些部位在船撞作用下的响应和损伤是否满足性能目标的要求。

9.4.9 桥梁抗撞性能应符合以下要求:

(1)桥梁抗撞基于结构强度及延性性能的设计要求:

①构件抗力 > 船撞作用;

②整体抗力 > 船撞作用;

③构件延性(容许位移) > 船撞作用下结构位移;

④结构体系冗余度、撞损控制范围满足桥梁使用要求。

(2)桥梁抗撞基于风险概率控制性能的设计要求:

①船撞桥事故概率或船撞事故重现期满足风险准则要求;

②桥梁整体撞损概率或撞损事故重现期满足风险准则要求;

③船撞事故损失期望值控制满足风险准则要求。

条文说明

在船舶冲击作用下,桥梁构件可能发生弯曲破坏、剪切破坏或整体稳定性破坏。在船舶撞击下桥梁支座的破坏也可在桥梁船撞事件中观察到。考虑到我国跨航道桥梁广泛采用桩基础和桥梁船撞事件多数为船舶撞击桥梁下部结构的实际情况,因此桥梁船撞性能指标最主要的是解决桩基础和桥墩的验算指标问题。桥墩与桩基础一般为纤细的钢筋混凝土构件或钢管(钢管混凝土)构件,因此重点是此类纤细构件的抗剪和抗弯能力的确定问题。少数桥梁采用沉井基础,因此也需要解决沉井基础的船撞验算指标。因此桥梁船撞设计应解决表9-3中规定的验算指标问题。

桥梁构件船撞作用下性能验算内容 表9-3

桥梁构件对象	验算内容	桥梁构件对象	验算内容
混凝土构件	弯曲,剪切	沉井基础	稳定性,滑移
钢或钢管混凝土构件	弯曲,剪切	支座	剪切,位移
桩基础	弯曲,剪切,拉拔,整体稳定性		

针对琼州海峡大桥 $2\times1\,500$m 三塔斜拉桥方案,开展船撞与冲刷组合作用下的结构性能评价。依据桥位处涨落潮设计水流速度(最大设计流速为 2.88m/s),同时考虑到船舶的可操作性,船舶相对于水流的速度为 1m/s 以上,因此,采用桥区船舶实际航速为 4m/s。通航代表型船舶为带有球鼻艏的 30 万吨级油轮,考虑 3m 冲刷深度,开展船撞作用下桥梁结构响应分析。

建立代表型船舶模型与主塔基础分析模型,进行动力有限元分析,计算得到了主塔基础的船舶撞击力荷载,如图 9-5 所示。计算结果见表 9-4。

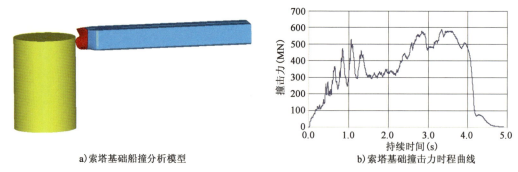

a) 索塔基础船撞分析模型 b) 索塔基础撞击力时程曲线

图 9-5 索塔基础船撞分析

30 万吨级船舶撞击索塔基础分析结果　　　　表 9-4

撞击位置	内容	单位	有限元分析结果
索塔基础	碰撞持续时间	s	4.89
	船艏最大水平向撞深	m	9.62
	最大碰撞力	MN	590.0

$2\times1\,500$m 三塔斜拉桥方案采用了一种设置吸力式裙筒与半刚性连接桩新型沉箱复合基础,如图 9-6 所示,这种基础的水平承载力可达到 760MN,能够满足船撞与冲刷组合作用下的结构性能要求,见表 9-5,对此类基础其他方面的力学性能、施工可行性以及经济性均进行了分析研究,显示其综合性能良好。

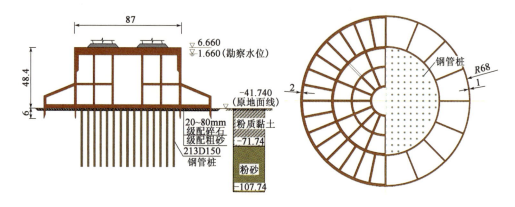

图 9-6 设置吸力式裙筒与半刚性连接桩新型沉箱复合基础(尺寸单位:m;高程单位:m)

船舶撞击作用下基础性能评价   表9-5

船舶撞击作用水平	桥梁整体功能描述	实际性能等级	限制性能等级	是否满足目标
30万吨级船舶	发生轻微整体滑移,修复后可正常工作	760MN	590MN	满足

对于特大跨桥梁,为降低船舶撞击的影响,可采用人工岛、防撞桩、漂浮网状结构等隔离式防撞措施;也可在桥墩外侧设置钢套箱或其他类似结构物等缓冲式防撞装置,以延长船舶撞击桥墩的时间,从而减小撞击力。同时,建议在通航孔区建立船舶通航导航系统,如VTS等,以提高船舶通航的安全性,避免船舶撞击跨海大桥。

9.5 火灾作用下结构性能评价与设计对策

9.5.1 桥梁抗火性能分析流程应包括以下内容:
(1)根据桥梁构造及布置特点,设置对桥梁结构最不利的火灾场景。
(2)进行火灾模拟及火场温度分析,确定结构周围空气温度分布。
(3)进行结构热分析,确定构件的最高温度和桥梁结构体系的温度分布特征。
(4)考虑火灾发生时桥梁所受荷载状况,进行桥梁构件及整体结构的受力分析,确定结构体系的受损状况及整体结构的安全状况。

条文说明

火灾场景的设定,即根据可燃物的分布与荷载等情况对危险源进行辨识,是评估桥梁火灾危害性、控制危险发生的依据。确定火灾场景后,在此基础上进行火灾分析,然后对结构进行抗火安全性能评估。桥梁抗火性能分析流程如图9-7所示。

9.5.2 火灾的发展可分为增长、稳定燃烧、衰减三个阶段,在桥梁火灾分析时,火灾场景应考虑前两个阶段。其中,桥梁火灾增长阶段可采用 t^2 型火灾公式来描述,当根据火灾危险源燃烧特性确定桥梁火灾为极快速型时,火灾增长系数 α 取为0.1878。当火灾进入稳定燃烧阶段后,热释放速率保持为恒定值。

条文说明

一般说来,火灾要经历一个缓慢、不均匀增长的潜伏期,然后开始稳定燃烧。根据多种物品的燃烧试验结果,从起火到旺盛燃烧阶段的热释放速率随时间大体按指数规律增长,这可用一个理想化的抛物线方程描述,故该模型又常称为 t^2 型火灾模型。通常在研究中不考虑火灾的前段酝酿期,即认为火灾从出现有效燃烧时算起,于是 t^2 型火灾模型可表示为式(9-1):

$$\dot{Q} = \alpha t^2 \tag{9-1}$$

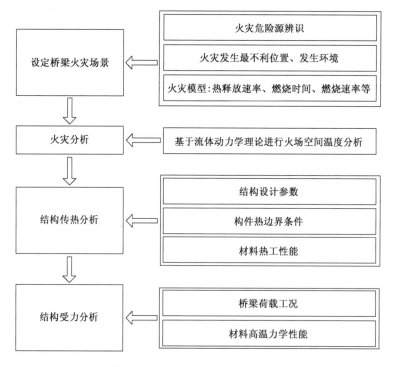

图 9-7 桥梁抗火性能分析流程示意图

式中：$\dot{Q}$——火灾热释放速率(kW)；

α——火灾增长系数(kW/s^2)；

t——有效燃烧时间。

火灾的发展可分为极快、快速、中速和慢速四种类型，对应的 α 值分别为 0.187 8、0.046 9、0.011 3 和 0.002 9。根据火灾危险源燃烧特性，桥梁火灾为极快速型，火灾增长系数 α 取为 0.187 8。桥梁火灾燃烧一段时间后，热释放速率便趋向于某一确定值。

9.5.3 桥梁火灾危险源主要为各种类型的车辆，按车辆类型可大致分为小汽车、客车、货车、油罐车等 4 种，最大热释放速率可按如下取值：小汽车 5MW（多辆小汽车 15MW）、客车（公共汽车）30MW、货车 150MW、油罐车 300MW。

9.5.4 火灾对桥梁结构的主要热作用形式为辐射换热和对流换热，在进行桥梁结构热分析时，应针对桥梁火灾场景设置特点，考虑火焰温度、高度以及火源与构件的相对位置等的影响，并考虑风环境的影响。

条文说明

火灾对桥梁结构的热作用形式分为辐射换热和对流换热。由于桥梁火灾位于开放环境，热烟气扩散较为迅速,因此辐射换热对于桥梁构件温度有重要影响。热辐射强度大小取决于火焰温度、高度以及火源与构件的相对位置,因此在进行桥梁结构热分析时,应充分考虑这些因素的影响。此外,风环境能够影响火焰的温度和倾角,同时还能够加快烟气扩散,使对流换热受到影响,因此当风速较大时,应考虑风环境的影响。

9.5.5 虽然火灾对特大跨径桥梁结构的影响多表现为局部损伤且范围有限,但应分析重要构件的抗火性能。考虑材料在高温时性能退化,当构件的承载能力下降到与外荷载(包括温度作用)产生的组合效应相等时,构件达到受火承载力极限状态,并进一步考虑构件受损对桥梁整体结构的影响。

条文说明

随着温度的升高,桥梁构件的承载力下降。当构件的承载能力下降到与外荷载(包括温度作用)产生的组合效应相等时,构件出现形成足够的塑性铰而成为机构,或者达到不适于继续承载的变形,或者结构整体丧失稳定,此时认为构件或者结构发生破坏。

9.5.6 火灾作用下特大跨径桥梁性能标准建议按表 9.5.6 取用。

特大跨径桥梁火灾设防标准 表 9.5.6

火灾大小	构件类别	构件性能要求	桥梁整体功能要求
15MW (多辆小汽车)	悬索桥主缆	无损伤	承载能力和通行能力没有降低,不影响车辆通行
	拉索或吊索	无损伤	
	桥塔	无损伤	
30MW (客车)	悬索桥主缆	无损伤	承载能力和通行能力没有降低,不影响车辆通行
	拉索或吊索	允许一根轻微损伤可修复	
	桥塔	无损伤	
150MW (货车)	悬索桥主缆	无损伤	承载能力和通行能力没有降低,修复无须中断交通
	拉索或吊索	允许一根可修复损伤	
	桥塔	无损伤	
300MW (油罐车)	悬索桥主缆	轻微损伤可修复	承载能力轻微降低,但不影响全桥的整体通行能力;损伤易于修复,修复无须中断交通,且修复后功能可以得到完全恢复
	拉索或吊索	允许一根损伤,相邻拉索轻微损伤可修复	
	桥塔	轻微损伤可修复	

条文说明

表 9.5.6 给出的火灾大小是根据火灾热释放速率划分的,并对应不同类型的车辆。对于千米级多塔斜拉桥、三千米级悬索桥等特大跨径桥梁,以上给出的火灾设防标准是建议的最低设防标准,业主可根据所在地区的经济条件、自身风险承受能力、桥梁的战略意义等因素,进一

步提出更高的设防标准。

9.5.7 在特大路径桥梁火灾性能评估中,火灾危险源的识别与危险火灾场景的设定是关键,应重点确定火源与火灾荷载密度、可燃物类型、火灾增长速率、最大释热速率、火灾空间的大小、通风情况等。

条文说明

车辆火灾的严重性(规模及持续时间)主要取决于:①车辆本身的大小及装载物品的数量与燃烧性能;②火灾空间大小及通风条件。车辆在桥梁上起火燃烧与在隧道中起火燃烧的最大不同之处在于火灾空间与通风条件的不同,而在火源、可燃物特性、火灾荷载密度等方面差别很小。车辆在桥梁上发生火灾(以下简称桥梁火灾)时,一般可认为火灾空间无限大,为燃料控制型火灾。这一点与隧道内发生的车辆火灾(以下简称隧道火灾)有极大的不同。隧道是相对封闭的空间,火灾时热烟气聚集、热量不易散发,因而隧道火灾周围环境的空气温度将远高于桥梁火灾。根据以上分析,对于桥梁火灾,可参考目前对隧道火灾的研究成果,确定火灾的部分参数,如火灾荷载数量与密度、最大热释放速率等。

由于大桥处于室外环境,个别车辆发生火灾后,燃烧产生的热量易散发,且其他未着火车辆内的人员受热烟气毒害、窒息而伤亡的可能性很小,这些车辆是易于疏导撤离火灾现场的,不会出现隧道火灾时可能造成的很多辆汽车着火的情况,因此可认为火灾仅限于最初发生火灾的个别车辆。

火灾的发生是随机的,从理论上来说,大桥桥面任何位置均可能发生车辆火灾。显而易见,在桥面横向方向上,在靠近大桥斜拉索或吊索处发生火灾是最不利的,而在大桥纵向方向,根据特大跨径三塔斜拉桥的结构特点,确定了如图9-8所示的6个典型位置发生火灾作为其危险火灾位置。由于大桥全桥断面的空间几何尺寸基本相同,因此任一位置处的危险火灾场景火灾模拟分析结果也适用于大桥其他位置。

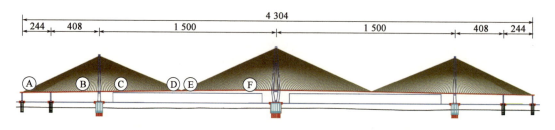

图9-8 特大跨径三塔斜拉桥纵桥向危险火灾位置(尺寸单位:m)

9.5.8 对于斜拉桥,火灾多发生于桥面,拉索是主要受损构件,应重点对主跨跨中、边跨梁端处拉索进行抗火分析。

条文说明

火灾对拉索的影响数目和损伤程度与拉索间距及水平倾角有关。拉索间距和水平倾角越小,其受火灾影响的数目越大,受损程度越严重。对于斜拉桥结构,主跨跨中、边跨梁端处拉索的间距和水平倾角相对其他位置更小,受火灾影响更严重,可能发生拉索断裂的数目较其他位置更多,对斜拉桥整体性能的影响更严重。因此应重点进行斜拉桥主跨跨中、边跨梁端处的抗火分析。

9.5.9 对于悬索桥,主缆和吊杆为主要承重构件,火灾可能对其造成损伤,须进行抗火分析。应重点考虑主跨跨中和锚固区主缆的火灾受损情况,并对这些部位的主缆采取防火保护措施,确保主缆不致发生严重损伤。

条文说明

悬索桥主缆为主要承重构件,且不可更换,火灾可能对其造成损伤,并影响桥梁的整体安全性能和使用寿命,因此必须进行抗火分析。主跨跨中和锚固区主缆距桥面较近,可能受到火灾的直接作用,应重点对该区域进行抗火分析。对于大型火灾,特别是油罐车火灾,由于其燃烧剧烈,火焰温度高,作用范围大,可能对主缆造成严重损伤,应重点分析,并采取必要的安全防护措施。

9.5.10 钢桥塔为主要承重构件,抗火性能较差,须进行抗火分析,并采取必要的防火保护措施。

条文说明

由于钢桥塔在高温作用下力学性能退化严重,在火灾作用下可能产生严重的局部变形,影响桥梁整体安全性能,同时还会对桥梁使用寿命造成影响,因此须进行抗火分析,并采取必要的安全防护措施。

9.5.11 进行桥梁抗火分析时,应考虑桥梁的实际构造和交通运营情况,选取合适的火灾危险场景进行抗火分析,并结合业主要求采取防火保护措施。

条文说明

火灾对特大型桥梁的危害主要表现为局部损伤,可结合桥梁的实际构造情况,选取易受火灾影响的构件和部位进行分析。同时应根据桥梁实际的交通情况,选取典型的火灾类型,并设定火灾大小。火灾为小概率事件,但可能对桥梁造成严重影响。应考虑火灾发生的概率及其造成的损失大小,结合业主的要求采取经济合理的防火安全措施。

针对琼州海峡大桥 2×1 500m 三塔斜拉桥方案,分析和评价了四种不同等级火灾作用下的桥梁性能,鉴于开放空间的桥面火灾对主梁的影响往往较小,这里主要对火灾紧邻桥塔发生时这种相对不利的情况开展分析计算,以评价桥塔在火灾作用下的性能,见图9-9。

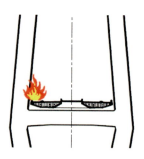

图 9-9 火灾发生位置示意图

考虑最不利情况,假设火灾发生于桥面最外侧靠近桥塔处,火焰可直接作用于桥塔结构,并对桥梁典型火灾场景进一步细化,得到用于琼州海峡大桥桥塔性能评价的四个等级的火灾参数如表 9-6 所示。

火 灾 参 数　　　　　　　　表 9-6

火灾场景	释热速率(MW)	火源模型	火源尺寸(m^3)	火灾危险源	持续时间(s)
I	15	t^2型火极快速	1.5×4×0.5	小汽车	3 600
II	30	t^2型火极快速	2.5×6×0.5	客车	5 400
III	150	t^2型火极快速	2.5×10×0.5	货车	7 200
IV	300	t^2型火极快速	2.5×10×0.5	油罐车	7 200

采用火灾模拟软件 FDS(Fire Dynamics Simulator)对危险火灾场景进行数值模拟分析,进而确定火灾空气温度场,如图 9-10 所示。

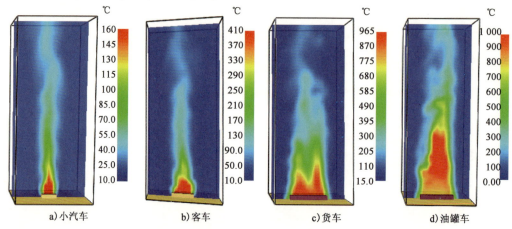

a) 小汽车　　　　b) 客车　　　　c) 货车　　　　d) 油罐车

图 9-10 火灾温度场模拟

根据以上车辆火灾数值模拟结果,将火焰等效为长方体,将其温度设定为火焰温度,采用三维热实体单元建立桥塔模型,通过建立表面效应单元考虑火焰和烟气热对流及热辐射对桥塔温度场的影响,采用瞬态热分析计算结构随时间变化的温度场。小汽车火灾中取桥塔受火部分长度为25m,此类火灾对桥塔温度影响非常有限,在3 600s时受火面最高温度约为84℃。对于客车火灾,随着火灾作用时间的增长,在5 400s时桥塔受火面温度达到最大值,其最高温度约为258℃。货车火灾主要对塔柱受火部分温度场有较大影响,在7 200s时桥塔最高温度可达702℃。最严重的油罐车火灾对桥塔温度场有十分明显的影响,在7 200s时,桥塔最高温度可达960℃。桥塔受火部分温度场的模拟结果如图9-11所示。

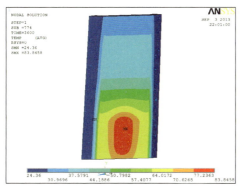

a) 小汽车, 3 600s b) 客车, 5 400s

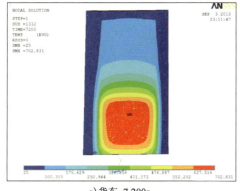
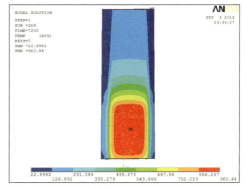

c) 货车, 7 200s d) 油罐车, 7 200s

图9-11 桥塔受火部分温度场

混凝土温度在250～420℃之间时会发生爆裂,在300℃以上时开始产生微裂缝,500℃以上时微裂缝迅速扩展并贯通。根据不同等级火灾作用下桥塔温度分布以及混凝土高温损伤特性,可认为小汽车火灾作用下桥塔无损伤;客车火灾作用下基本无损伤;货车火灾作用下混凝土发生开裂剥落现象,其开裂剥落厚度可达0.02m,面积约为10m×15m左右,桥塔产生轻微损伤,但承载能力无明显降低;油罐车火灾作用下混凝土同样会发生开裂剥落现象,其开裂剥落厚度可达0.03～0.04m,开裂剥落的面积约为15m×20m左右,桥塔产生中等损伤,承载能力略微降低,需尽快进行修复。火灾作用下琼州海峡大桥桥塔性能分析与评价结果列于表9-7。

火灾作用下桥塔性能评价 表9-7

火灾作用水平	桥梁整体功能描述	实际性能等级	限制性能等级	是否满足目标
小汽车	承载能力和通行能力没有降低	无损伤	无损伤	满足
客车	承载能力和通行能力没有降低	无损伤	轻微损伤	满足
货车	承载能力和通行能力没有明显降低	轻微损伤	中等损伤	满足
油罐车	承载能力略微降低但不影响通行	中等损伤	中等损伤	满足

9.6 爆炸作用下结构性能评价与设计对策

9.6.1 特大跨径桥梁抗爆炸荷载设计时,应考虑爆炸造成的构件局部损伤。当对桥梁局部构件进行爆炸荷载作用下的设计分析时,应考虑爆炸作用在结构构件上的冲击波造成的动力效应,不宜采用爆炸力的等效静力分析方法。

9.6.2 采用数值模拟方法进行结构构件在爆炸荷载作用下局部受力分析时,应建立流固耦合分析模型,通过定义空气、炸药和桥梁构件的材料模型以及反映流固耦合特性的状态方程来计算爆炸荷载以及爆炸作用下的结构损伤。当不具备流固耦合分析条件时,可采用现有的爆炸荷载模型对结构加载计算。

9.6.3 对特大跨径桥梁结构体系在爆炸荷载作用下的整体动力响应进行分析时,宜采用爆炸动力荷载时程对结构进行直接加载,通过非线性时程分析计算结构响应。

9.6.4 进行特大跨径桥梁结构整体在爆炸荷载作用下的受力和动力响应分析时,宜建立梁系模型,考虑爆炸造成的构件局部损伤(截面特性折减、截面中心偏移、吊杆断裂等),爆炸荷载以集中力的形式施加在目标节点上。

9.6.5 当特大跨径桥梁整体结构或桥梁局部构件需进行内部或外部爆炸受力分析时,应综合考虑以下因素确定综合爆炸作用的取用水平。

(1)爆炸物当量;
(2)爆炸物外形;
(3)爆炸类型;
(4)爆炸物与目标间距;
(5)爆炸物位置;
(6)运送爆炸物的可能形式以及相应的运载能力(如爆炸物的最大重量取决于运输车辆的类型,车辆类型包括小型汽车、货车、船等);
(7)爆炸物的碎片。

条文说明

爆炸物的尺寸、外形、位置和类型决定了爆炸物爆炸的强度。为便于进行计算分析，所有的爆炸物都要被换算成相同当量的 TNT 炸药。

爆炸物与目标间距是指爆炸物的爆炸中心与计算目标之间的距离。根据爆炸冲击波在空气中传播的特性，增加爆炸物与目标间距会导致作用在目标表面上的压力峰值呈现指数下降的现象（例如，一定量的爆炸物，增加一倍的爆炸物与目标距离会使得目标承受的压力峰值急剧减小）。

爆炸物的位置决定了周围结构和地面反射的冲击波的折减系数。

爆炸物的位置同时决定了爆炸碎片产生的破坏。在通常情况下，爆炸产生的碎片主要对车辆、人员安全产生严重威胁，对于结构整体安全无严重威胁。因此在结构整体计算时可以忽略爆炸碎片的影响。

9.6.6 爆炸作用下特大跨径桥梁性能标准建议按表 9.6.6 取用。

特大跨径桥梁爆炸设防标准　　　　表 9.6.6

爆炸设防水准	性能等级	整体性能描述	构件类别	构件性能要求
微量爆炸	整体无损伤，长期功能降低	所有构件的初始性能完全保持，承载能力和通行能力没有降低，但因靠近爆炸区域局部损伤（如桥面板铺装层剥落等）影响桥梁的耐久性，仅需要在完全不影响通行的条件下进行耐久性补修	受爆炸影响的主梁	保持弹性，只需耐久性修补
			受爆炸影响的桥塔	保持弹性，只需耐久性修补
			受爆炸影响的缆索结构	保持弹性，只需耐久性修补
227kg TNT 爆炸当量	可修复损伤，极轻微安全功能丧失	直接遭受爆炸的构件（桥塔、主梁或吊杆）受到极轻微损伤或可修复损伤，其承载能力轻微降低，但不影响全桥的整体通行能力；损伤易于修复，修复无须中断交通，且修复后功能可以得到完全恢复	受爆炸影响的主梁	轻微损伤，总体保持弹性
			受爆炸影响的桥塔	保持弹性，只需耐久性修补
			受爆炸影响的缆索结构	保持弹性，只需耐久性修补
454kg TNT 爆炸当量	可修复损伤，部分安全功能丧失	直接遭受爆炸的构件（桥塔、主梁或吊杆）受到损伤，其承载能力降低，影响全桥的整体通行能力；损伤修复影响交通，但修复后功能可以得到完全恢复	受爆炸影响的主梁	局部塑性损伤，总体保持弹性
			受爆炸影响的桥塔	保持弹性，只需耐久性修补
			受爆炸影响的缆索结构	保持弹性，只需耐久性修补

续上表

爆炸设防水准	性能等级	整体性能描述	构件类别	构件性能要求
1 000kg TNT 爆炸当量	中度损伤,安全功能中度丧失	直接遭受爆炸的构件(桥塔、主梁或吊杆)受到损伤,其承载能力中度降低,影响全桥的整体通行能力;损伤修复困难,需要进行大规模修补或者构件替换	受爆炸影响的主梁	局部塑性损伤,总体保持弹性
			受爆炸影响的桥塔	保持弹性,只需耐久性修补
			受爆炸影响的缆索结构	保持基本功能,需要替换
1 814kg TNT 爆炸当量	严重损伤,安全功能严重丧失	直接遭受爆炸的构件(桥塔、主梁或吊杆)受到损伤,其承载能力严重降低,需要关闭大桥;损伤修复困难,需要进行构件替换	受爆炸影响的主梁	大面积塑性损伤,总体保持弹性
			受爆炸影响的桥塔	局部混凝土破碎,需耐久性修复
			受爆炸影响的缆索结构	功能丧失,需要替换

条文说明

爆炸灾害的发生很难以概率方法进行度量,也很难区分不同地区桥梁所面临的爆炸危险性的差异,因此对于爆炸灾害,宜直接按等效 TNT 当量给出爆炸灾害作用水平。

9.6.7 爆炸作用下极端状况特大跨径桥梁结构动力计算应建立梁系有限元模型,将爆炸时程作用力以集中力的方式加载在模型上,计算模型的动力响应。计算公式见式(9.6.7)。

$$P(x,t) = \begin{cases} P_0 \exp\left[-\left(t - \frac{|X|}{C_1}\right)/t_0\right] & \left(\frac{|X|}{C_1} \leq t \leq \frac{|X|}{C_2} - \frac{|X|}{C_1}\right) \\ P_0 \exp\left[-\left(\frac{|X|}{C_1} - 2\frac{|X|}{C_2}\right)/t_0\right] & \left(\frac{|X|}{C_2} - \frac{|X|}{C_1} \leq t \leq \frac{|X|}{C_2}\right) \\ P(x,t) = 0 & (\text{其余时间}) \end{cases} \quad (9.6.7)$$

式中:P_0——峰值压力,建议值 $3.5 \times 10^9 \times \exp[(1-|X|)/2.2]$;

C_1——冲击波的传递速度,建议值 1 800m/s;

C_2——热空气的传播速度,建议值 800m/s;

t_0——时间常数,建议值 0.01s;

$|X|$——计算点距离起爆中心距离(m);

t——时间(s)。

爆炸压力时程曲线见图 9.6.7。

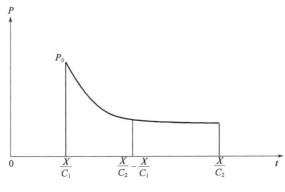

图9.6.7 爆炸压力时程曲线

条文说明

采用数值模拟的手段,开展了爆炸作用下琼州海峡大桥两种桥型方案的结构响应分析。基于流固耦合分析模型,计算了三个典型的桥面爆炸场景的爆炸荷载,分别为跨中位置钢箱梁之上中间车道爆炸、跨中位置钢箱梁之上路旁停车道爆炸、桥塔与主梁交界处爆炸情景,爆炸荷载计算结果如图9-12所示。

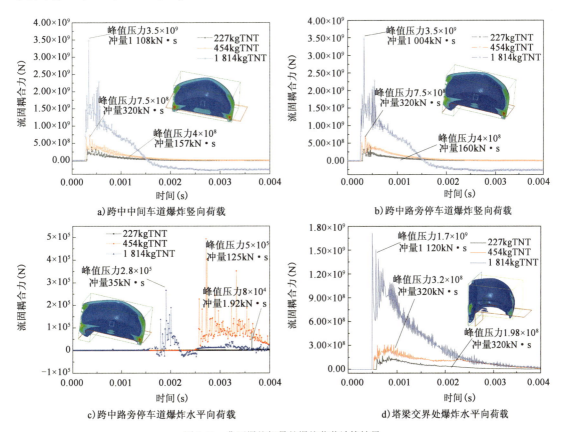

a) 跨中中间车道爆炸竖向荷载

b) 跨中路旁停车道爆炸竖向荷载

c) 跨中路旁停车道爆炸水平向荷载

d) 塔梁交界处爆炸水平向荷载

图9-12 典型爆炸场景的爆炸荷载计算结果

采用以上获得的主梁内车道、主梁外车道、塔梁交界处三种爆炸场景各三个等级的爆炸荷载(227kg、454kg、1 814kg TNT 当量)，分别计算主梁内车道处、主梁外车道处和桥塔局部的损伤。这里给出三种爆炸场景最高设防等级的爆炸作用下(1 814kg TNT 当量)主梁和桥塔的损伤结果，如图 9-13 和图 9-14 所示。

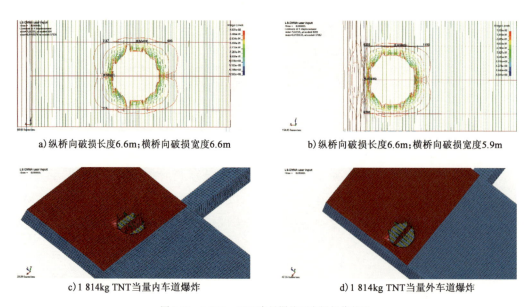

图 9-13　1 814kg TNT 当量爆炸下主梁损伤状况

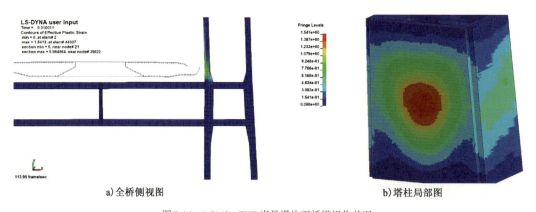

图 9-14　1 814kg TNT 当量爆炸下桥塔损伤状况

对于主梁，由分析结果可看出，227kg TNT 当量爆炸导致钢箱梁顶板大面积凹陷，凹陷深度接近但不超过 20cm；454kg TNT 当量爆炸导致钢箱梁顶板大面积凹陷，并有少量破损；1 814kg TNT 当量爆炸导致钢箱梁顶板大面积破损，破损面积可达 6.6m×6.6m。对于顶板凹陷的状况，作者认为爆炸过后，变形的顶板仍然具有承载能力，钢材的材料性质不受爆炸的影响，凹陷只导致钢箱梁截面的截面模量发生变化；对于顶板破损的状况，认为爆炸过后在爆炸范围之内的钢箱梁顶板全部消失，实际情况中爆炸范围边缘的变形严重的顶板也认为失去承载能力。从爆炸损伤结果可看出，沿主梁纵向和横向爆炸破坏只局限于 $2 \times L$（L 为横隔板间距）和 7m 范围内，超过此范围的钢箱梁顶板不受爆炸影响。总体来看，三种等级爆炸作用下，主梁结构会产生不同程度的损伤，大等级爆炸甚至能够对主梁产生数十平方米的损伤范围，但由于桥梁结构本身尺度很大，且损伤基本限制在桥面板上，主梁不会由于爆炸作用而出现压溃或断裂，不会发生连续倒塌破坏。

对于桥塔，由分析结果可以看出，由于混凝土桥塔塔壁较厚，227kg、454kg 和 1 814kg TNT 当量爆炸对混凝土桥塔的影响都非常小，只有 1 814kg TNT 当量爆炸后混凝土塔壁出现了轻微受损的情况。总体来看，三个等级的爆炸作用下，桥塔损伤均较小，更不会发生桥塔整体破损倒塌压溃等现象。

爆炸作用下琼州海峡大桥主梁和桥塔的性能分析与评价结果汇总于表 9-8。

爆炸作用下结构性能评价　　　　　　　　　　表 9-8

爆炸作用水平（TNT 当量）	桥梁整体功能描述	构件实际性能等级	构件限制性能等级	是否满足目标
227kg	主梁轻微损伤，桥塔无损伤	轻微损伤	轻微损伤	满足
454kg	主梁中等损伤，桥塔基本无损伤	中等损伤	中等损伤	
1 814kg	主梁严重损伤，桥塔轻微损伤	严重损伤	严重损伤	

9.7　风-浪-流耦合作用下结构性能评价与设计对策

9.7.1　对于台风多发海区的跨海特大跨径桥梁，在进行桥梁设计时，应考虑桥梁所处海洋环境中风、浪和流之间的耦合特性及风-浪-流耦合作用下的结构动力特性。

条文说明

在传统跨海桥梁设计中，通过计算分析或模型试验分别确定桥梁结构在风、波浪、海流单因素作用下的效应然后再进行叠加，没有合理考虑风、波浪、海流之间的耦合相关性。而且，设计采用刚性模型试验方法确定桥梁结构在波浪、海流作用下的响应，严重低估了波浪、海流对桥梁结构的动力作用效应，而这一动力作用效应对深水海域的桥梁结构可能会造成致命的灾难。

项目在研究过程中对琼州海峡桥位海域的风-浪-流耦合场进行了同步观测，观测发现风场和浪场间存在着极强的耦合相关性，两者与流场间也存在较强的相关性，风速、波高、波周期和流速等特征参数间存在着耦合关系。在风-浪-流耦合场中，在风力的直接作用下会形成波浪且由于波浪运动导致海面上下起伏并随时间变化，改变了气液界面的粗糙度，因此，波浪运动也将反过来引起风场的变化。波浪和海流之间也具有耦合性，两者相遇时，它们之间的相互作用将影响各自的传播特性，即波浪将发生变形和折射，同时水流的流速分布也将发生变化。

跨海特大跨径桥梁的刚度低、阻尼小，在风的作用下，桥梁结构可能会发生涡激振动、抖振、驰振，甚至可能诱发气动失稳；在波浪和水流作用下，特别是在波浪卓越周期与桥梁振动周期接近的情况下，将会引起桥梁结构发生大幅共振。因此，在风-浪-流耦合场中，桥梁结构可能会出现大幅振动，甚至可能遭受毁灭性破坏。

可见，风、波浪、海流之间的耦合作用及其与桥梁结构之间的耦合作用同时发生，并交织在一起，是复杂的气-液-固耦合作用问题，在跨海特大跨径桥梁设计时必须给予足够重视。

9.7.2 跨海特大跨径桥梁工程所在海域位置及附近有长期的风、浪和流同步实测资料时，对实测资料进行统计分析获得同步的风、浪和流特征参数系列；跨海特大跨径桥梁工程所在海域位置及附近无长期的波浪和海流实测资料时，可根据历史台风数据，采用数值模拟方法，推算台风产生的波浪要素和水流要素，获得同步的风、浪和海流特征参数序列。对同步的风、浪和海流特征参数序列，采用复合极值理论进行概率分析，确定不同重现期的设计风速、设计波高和设计流速。

9.7.3 跨海特大跨径桥梁风-浪-流作用效应简化分析时一般可分为单风作用和波流作用两个部分独立进行。当桥梁结构比较柔，特别是设计波浪周期与结构自振周期接近时，应考虑波浪的动力作用效应，将风、浪流作用视为动力荷载，同时施加在结构上进行动力分析，获得最不利的荷载响应。

条文说明

与风作用类似，自然界中的波浪作用也是一个动力过程，大部分波浪还表现出随机性。当结构比较柔，波浪或者波流激励下的桥梁结构可能会发生一定程度的振动，这种振动有可能会改变桥梁结构受到的气动力，进而改变结构在风作用下的动力响应。由于台风多发海区的风和浪具有极大的相关性，因此有必要开展风-浪-流耦合作用下桥梁动力响应分析。

动力分析时首先必须建立桥梁结构有限元动力分析模型。建立风-浪-流耦合作用下的桥梁结构动力分析模型时，桥梁基础部分的有限元模型需要特别的考虑，以便能够更好地传递波浪荷载，例如高桩承台基础需要对承台部分和桩部分分为不同的单元；对于沉井或沉箱基础，基础结构单元划分需要和计算波浪力时的水动力模型中的单元划分统一起来。

自然界中的波浪通常分为风浪和涌浪，当不能确定桥区位置的波浪是以风浪为主还是以涌浪为主时，应该考虑波浪为规则波浪和不规则波浪两种类型进行分析，以获得最不利的荷载响应。

通常情况下，结构动力分析时的波浪荷载可以作为一种外部激励以力的方式输入，波浪力计算过程与结构动力分析过程分开处理；特殊情况下，当水中结构的变形很大引起辐射波浪时，应该考虑结构受到的辐射波浪荷载。此时，结构波浪力计算和结构动力分析计算应该同时进行，在每个时间步内，首先假设当时的结构状态来修改水动力分析的边界，进而计算当时的波浪荷载,再求解结构动力分析方程获得一个新的结构状态。如果假设状态和求得状态收敛,则进入下一个时间步;如果不收敛,则需要进一步迭代直到收敛。

9.7.4 风-浪-流耦合作用下跨海特大跨径桥梁的性能标准建议按表 9.7.4 取用。

特大跨径桥梁风-浪-流耦合作用设防标准表　　　　表 9.7.4

作用水平	风-浪-流耦合场参数取值	性能目标	说　　明
W1 水准	①重现期 10 或 20 年(根据施工期确定)的风-浪-流耦合场参数; ②主梁上的风速值等于 25m/s 时对应风场、波浪场及合理的流场	I	①与车辆等作用组合,应满足规定的强度、刚度、静力稳定性及耐久性要求; ②应满足规定的疲劳、行车或行人的安全性及舒适度要求; ③在 W1 水准风-浪-流耦合作用中的风速水平及以下范围不应发生影响正常使用的涡激共振
W2 水准	以桥梁设计使用寿命作为重现期对应的风-浪-流耦合场参数	II	①应满足规定的强度、刚度及静力稳定性要求; ②应满足规定的静风稳定性和气动稳定性要求; ③在 W2 水准风-浪-流耦合作用中的风速水平及以下范围内不应发生涡激共振

注:在基于联合概率分布特性确定风-浪-流耦合场特征参数时,分为"以风速为主"和"以波高为主"两套参数,应根据桥梁方案特点分别考虑。

条文说明

针对琼州海峡大桥 $2\times1\,500\text{m}$ 三塔斜拉桥方案,以中塔最大双悬臂施工状态为例,开展基于数值分析的风-浪-流耦合作用评估工作,在分析中仅考虑洋流对波浪波形及波周期的影响,忽略其对桥梁结构的静力作用。

在海洋环境中,特大型桥梁将同时受到风场和波浪场的耦合作用,如图 9-15 所示。桥梁上部结构主要承受强风激发的平均风荷载、非定常抖振力和由气弹相互作用产生的自激力,桥

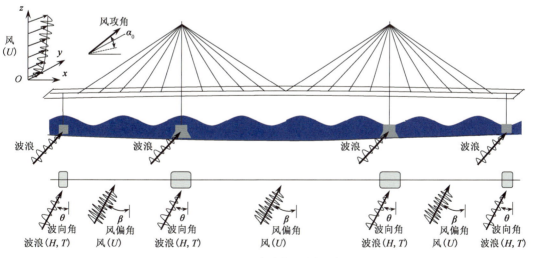

图 9-15　桥梁风-浪耦合作用受力示意图

梁水中基础主要承受波浪激发的入射波浪力、绕射波浪力和由水弹相互作用产生的辐射波浪力。跨海特大型桥梁结构在风-浪耦合作用下的动力响应分析涉及到风场与波浪场、风与结构、波浪与结构之间的气-液-固多物理场耦合问题。

进行桥梁风-浪耦合作用分析时，桥梁结构一般采用三维梁单元进行模拟。针对水中的大型深水基础结构，需要建立结构有限元-边界元联合分析模型，应用有限元计算结构的力学响应，利用边界元法计算大型深水基础结构受到的水动力作用。如图9-16所示，将静水面以下大型深水基础结构离散为若干个三维结构梁单元 $E_i(i=1,2,\cdots,n)$，对每个结构梁单元对应的基础边界划分边界单元，并将该结构单元内的所有边界单元视为一个边界单元组。这样，结构梁单元受到的水动力实际为其对应的边界单元组受到的水动力。当桥梁大型深水基础的刚度很大时，基础部位的变形非常小，可以忽略由于桥梁基础结构变形引起的辐射波浪力，从而将桥梁基础波浪作用问题视作固定结构受波浪作用的绕射问题，再根据上述的势流理论和边界元方法计算基础上的水动力效应。

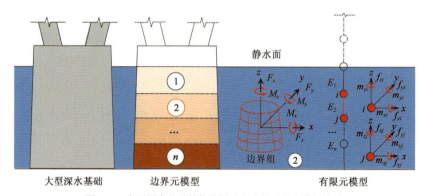

图9-16　大型深水基础结构有限元和边界元联合分析模型

琼州海峡大桥 $2\times1\,500\mathrm{m}$ 三塔斜拉桥方案中主梁采用分体式双主梁钢箱梁，梁宽60.5m，梁高5m；中索塔为四塔柱钢筋混凝土塔，塔高460m；桥梁基础采用了一种设置吸力式裙筒与半刚性连接桩新型沉箱复合基础，截面直径90m。中塔主梁最大双悬臂施工状态的结构有限元计算模型如图9-17所示，其中主梁、桥塔和基础结构采用空间梁单元模拟，拉索采用空间杆单元模拟，桥塔与主梁固结，沉井底部在海床以下20m处固结。结构前10阶动力特性分析结果见表9-9。

图9-17　中塔主梁最大双悬臂状态有限元模型

固有频率及振型特征 表9-9

阶数	角频率 ω(rad/s)	振型特征
1	0.401 7	主梁横向摆动
2	0.441 1	主梁一次对称横向弯曲
3	0.821 8	主梁垂直摆动
4	0.972 1	桥塔一阶侧弯
5	1.633 5	主梁一阶对称竖弯
6	1.686 6	主梁一阶反对称竖弯
7	2.038 0	主梁二阶对称竖弯
8	2.049 9	主梁第二阶反对称竖弯
9	2.356 2	主梁一阶扭转及主梁横弯
10	2.459 2	主梁二阶扭转及主梁横弯

为提高桥梁评估水准,采用桥位处风-浪-流耦合场30年一遇设计值作为计算分析用参数,其中水深为43.4m,有效波高为7.6m,波浪有效周期为11.8s,10min平均风速为47.8m/s。

随机波浪谱采用改进的JONSWAP谱,水平脉动风谱采用Simiu谱,竖向脉动风谱采用Lumley-Panofsky谱,主梁气动导纳函数选用Sear函数,拉索和桥塔的气动导纳函数均取为1。

在评估分析中,风偏角β、波向角θ和风攻角Ψ均取为0。在计算中,有效积分范围取为$\omega \in [0.34,15.335]$rad/s,$d\omega = 0.005$rad/s,计算采用的模态阶数为1 200阶。分析工况具体见表9-10。

分析工况 表9-10

工况	荷载	风及波浪方向
1	单浪	$\theta = 0°$
2	正交风	$\beta = 0°, \Psi = 0°$
3	正交风-浪	$\beta = 0°, \Psi = 0°, \theta = 0°$

在波浪、正交风、正交风-浪耦合作用下,桥梁深水基础侧向剪力和侧向弯矩沿高度的变化见图9-18和图9-19,侧向剪力和侧向弯矩的峰因子沿高度变化见图9-20和图9-21。结果显示:①在波浪作用下,海床位置处桥梁深水基础的侧向剪力标准差为90.6 MN、侧向弯矩标准差为3 557MN·m,波浪对桥梁深水基础的作用非常显著。②与风致响应相比,风-浪耦合作用下桥梁深水基础的内力显著增大。其中,波浪激发的侧向剪力占主导地位,且其随水深的增加显著增大;波浪激发的侧向弯矩在海床面附近与风效应基本相当,但在海床面以下波浪效应更大。③在正交风-浪耦合作用下,桥梁深水基础的内力峰因子介于风单独作用和波浪单独作用工况的结果之间,其中侧向剪力峰因子为3.00~3.16,侧向弯矩峰因子为3.09~3.20,在本分析中取3.2进行结构安全评估。

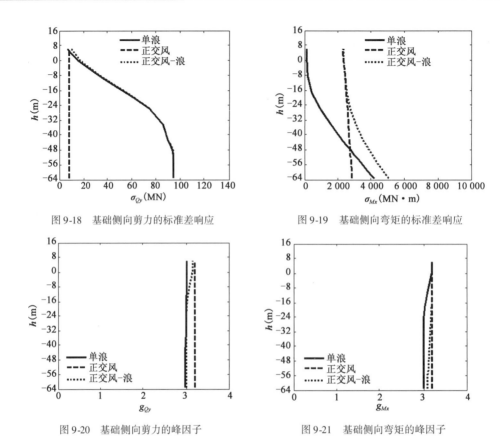

图 9-18　基础侧向剪力的标准差响应　　　　图 9-19　基础侧向弯矩的标准差响应

图 9-20　基础侧向剪力的峰因子　　　　　　图 9-21　基础侧向弯矩的峰因子

风-浪-流耦合作用下琼州海峡大桥 $2 \times 1\,500\mathrm{m}$ 三塔斜拉桥方案,施工阶段的性能分析与评价结果汇总于表 9-11。

风-浪-流耦合作用下施工阶段结构性能评价　　　　表 9-11

作用水平	桥梁整体功能描述	构件实际性能等级	构件限制性能等级	是否满足目标
W1 水准	结构处于弹性状态	剪力:760MN 弯矩:560 300MN·m	剪力:290MN 弯矩:11 382MN·m	满足

9.7.5　提高跨海特大跨径桥梁抵御风-浪-流耦合作用的能力,可从减小荷载输入和提高结构抗振性能两方面出发。减少荷载输入主要是通过优化主梁、主塔结构的气动外形来减少风荷载,通过优化基础结构的外形或增加消浪装置来减少波流荷载;提高结构抗振性能主要是在桥梁结构上安装主动或被动振动控制装置(如 TMD\TLD)来改变结构的动力特性,从而减小随机动力荷载下的结构响应。

9.8　风-雨组合作用下缆索结构性能评价与设计对策

9.8.1　特大跨径斜拉桥的设计应避免斜拉索发生自激发散性的风雨激励振动。若分析表明斜拉索达到发生风雨振条件时,应采用减振措施控制拉索的振动。

条文说明

斜拉索风雨激振,也被称为斜拉索风雨振,是指在风和雨共同作用的条件下,斜拉桥拉索发生的一种激烈的大幅振动。风雨振为斜拉索的自激发散振动,振动过程中作用的力是斜拉索运动本身的函数。这种空气动力失稳引起大幅振动现象会当风速超过一定的临界风速时突然发生,具有较大的危害,所以必须要抑制这种振动。

9.8.2 对于光圆斜拉索,其不发生风雨振动的条件可采用式(9.8.2-1)判定:

$$\frac{m\zeta}{\rho D^2} > 10 \qquad (9.8.2\text{-}1)$$

对于使用有效表面处理的斜拉索,其不发生风雨振动的条件可采用式(9.8.2-2)判定:

$$\frac{m\zeta}{\rho D^2} > 5 \qquad (9.8.2\text{-}2)$$

式中:m——拉索每延米质量;

ζ——斜拉索阻尼比;

ρ——空气密度;

D——斜拉索直径。

如有充分的风洞试验证明,则以上两式提出的不发生风雨振动条件可以放松。

条文说明

表达式 $m\zeta/\rho D^2$ 称为质量阻尼系数。公式表明对于典型斜拉索质量密度和直径,阻尼比 ζ 为0.5%~1.0%,或对数衰减率在0.03以上时可基本控制斜拉索的风雨振动。

斜拉索的风雨激振是由于气流流经斜拉索时流态发生周期性的改变而对斜拉索进行激励而引起的。斜拉索使用有效表面处理措施就是通过改变斜拉索的横断面形状或斜拉索的表面形态来改变斜拉索的气动特性,使流经拉索的气流不再引起拉索的振动。气动措施对抑制风雨激振十分有效。

条文中两式是基于有限的风洞试验结果得到的较保守估计,如果有充分的风洞试验证明,则以风洞试验结果为准。

9.8.3 在有实测数据时,斜拉索固有阻尼比按照实测结果选取。在没有实测数据时,斜拉索的固有阻尼比对于未安装内置阻尼器的斜拉索可取0.1%,安装内置阻尼器的斜拉索取0.2%。斜拉索安装外置阻尼器后的结构体系阻尼计算参照条文9.8.6。斜拉索多个位置同时安装阻尼器时,斜拉索所能得到的阻尼值为各个阻尼装置提供的阻尼值之和。

条文说明

实测到的斜拉索阻尼比值为 0.1%~0.5%。由于可能值的范围大，同时因为阻尼的影响很大，在条件具备时宜对斜拉索固有阻尼比进行测量。本设计指南对斜拉索减振设计偏安全起见，在没有实测数据时将斜拉索的固有阻尼比取偏保守值，在有实测数据时，按照实测结果确定斜拉索阻尼比。

条文 9.8.6 根据现有的理论研究成果，提供了斜拉索安装外置阻尼器后的阻尼比的计算公式。

斜拉索多个位置同时安装阻尼器时，例如斜拉索两端，斜拉索所能得到的阻尼值近似符合叠加原理。

9.8.4 应根据斜拉桥的结构特点、场地环境条件，以及斜拉索的力学、几何参数等因素综合确定斜拉索的减振措施。斜拉索减振措施可采用下列三种之一或其组合：气动措施、附加阻尼装置、安装辅助索。

条文说明

斜拉索减振设计需考虑的结构特点包括斜拉索的锚固构造、间距、主梁和索塔自身的动力特性等；场地环境主要考虑斜拉索的设计风速情况；最后斜拉索减振设计还需计算斜拉索的各阶自振频率、固有阻尼，并与斜拉索的外径尺寸有关。

斜拉索的风雨激振是由于气流流经拉索时流态发生周期性的改变而对拉索进行激励引起的。气动措施就是通过改变拉索的横断面形状或拉索的表面形态来改变拉索的气动特性，使流经拉索的气流不再引起拉索的振动。气动措施对抑制风雨激振十分有效，对抑制涡激振动也有较好的效果。

用辅助索将多根斜拉索横向连接起来，能起到提高单根斜拉索自振频率、增大附加质量和结构阻尼的效果，主要用来抑制斜拉索的参数振动和线性内部共振。

在斜拉索的适当部位（通常是在斜拉索锚固端附近）安装各种形式的阻尼器，可通过提高斜拉索的模态阻尼来耗散斜拉索的振动能量。阻尼器是一种"广谱的"减振措施，对各种斜拉索振动都有良好的减振效果。

实际斜拉桥拉索的减振可针对不同类型斜拉索振动采用上述一种或几种措施的组合。

9.8.5 斜拉索气动减振措施主要通过改变斜拉索的断面形状，破坏雨线的形成，使其空气动力学性能得到改善。为改进斜拉索在风和雨作用下的动力行为，对斜拉索表面处理方式有：

(1) 在斜拉索 PE 管表面沿轴向开设凹槽或凸起肋条；
(2) 在斜拉索表面打凹孔或凹坑；
(3) 在斜拉索表面沿轴向螺旋状加设带状结构或间隔缠绕带状物。
斜拉索表面处理的具体方案应通过风洞试验验证后方能实施。
表面处理对各种动力激励的影响以及对阻力系数的影响，应加以考虑。斜拉索采用表面处理后，阻力系数不宜大于 0.8。

条文说明

根据大量的风洞试验研究，特定的斜拉索表面处理，对于控制风雨振动十分有效。
斜拉索表面主要的处理方式及其特点如下：
(1) 在斜拉索 PE 管表面沿轴向开设凹槽或凸起。这一剖面形式能控制雨水在凹槽中沿索轴向流动，因而斜拉索不会因雨水积聚改变外形。这种外形设计一要考虑美观；二要考虑在凹槽的拐角处不能产生大的应力集中，以免缩短保护层的寿命；三要防止出现其他形式的气动不稳定及阻力的增大。
(2) 在斜拉索表面打凹孔或凹坑，即对索进行表面处理。索表面的凹孔可破坏水线和轴向流的形成，在各种雨量及无雨情况下都有极好的稳定性，能有效抑制风雨激振。
(3) 在斜拉索表面沿轴向螺旋状加设带状结构或间隔缠绕带状物。二者都能干扰或截断水线的形成，起到减振的作用。
气动减振措施机理的理论研究进展缓慢，目前尚无最有效的理论分析方法，在这种情况下，气动措施的具体方案需要通过风洞试验来验证。
斜拉索采用表面处理措施后，一定程度上会影响斜拉索的阻力系数，因此斜拉索生产厂商对所采用的表面处理方式应通过风洞试验数据证明其阻力系数不大于 0.8 的要求。

9.8.6 斜拉索宜设置内置阻尼提高斜拉索固有体系阻尼比。安装外置阻尼器后给斜拉索的附加阻尼比可按式(9.8.6)计算：

$$\frac{\xi_n}{x_c/L} \cong \frac{\pi^2 \kappa}{(\pi^2 \kappa)^2 + 1} \quad (9.8.6)$$

式中：κ——无量纲的阻尼器阻尼参数，$\kappa \cong \frac{c}{mL\omega_{01}} n \frac{x_c}{L}$，$c$ 为阻尼器阻尼系数；

L——拉索长度；

x_c——阻尼器安装位置距较近索端的距离，也称为阻尼器安装高度；

n——斜拉索模态阶数。

考虑斜拉索垂度与倾角、阻尼器的刚度影响、连接件的缝隙等不可预知的因素后，阻尼器实际附加阻尼比应折减 50%。

外置阻尼器安装位置应在斜拉索面内,或者在斜拉索面内两侧对称安装。为保证斜拉索安装阻尼器的效果,方便施工安装,又不影响斜拉索的美观,阻尼器安装位置距较近索端的距离与斜拉索长度的比值 x_c/L 宜在 1%~5% 之间。

条文说明

斜拉索通常使用内置阻尼是在斜拉索与主梁或索塔锚固端钢套筒之间的环形空间填充阻尼材料,阻尼材料固定在锚固套筒上防止移位。

外置阻尼是通过安装在主梁或主塔上的阻尼装置提供斜拉索附加阻尼。现有的理论分析和工程实践表明:在斜拉索上安装外置阻尼器能有效提高斜拉索振动的模态阻尼比,达到抑制斜拉索风致振动的目的。

斜拉索的垂度与倾角、阻尼器的刚度对阻尼器的效率存在一定影响,尤其随斜拉索索长的增加,垂度效应越来越明显,倾角也越来越小,这时阻尼器的效率将明显降低。因此,尤其在长拉索的阻尼器减振设计时,必须考虑这些因素的影响。设计时可取阻尼器效率为 50%。

安装阻尼器期望附加阻尼较高时,对应的阻尼器安置位置同样需要提高,但带来的负面影响是影响斜拉桥的美观。而通常给出的控制目标是附加阻尼比须大于 0.5%,因此,阻尼器安置位置比 x_c/L 在 1%~5% 之间。

在大多数工程应用中,面内振动要比面外振动剧烈很多,所以应该以面内振动控制为主。对于斜拉索面外振动,以前的工程实例中也较多安装一对带有夹角的阻尼器,这样也使斜拉索面外振动的模态阻尼比得到提高。但同时,面内的阻尼效率会有所降低。也就是说,不可能使面内与面外所获得的附加阻尼比同时达到最大,是此消彼长的关系。因此,也有较多的工程实例仅在斜拉索面内安装减振阻尼器。

9.8.7 斜拉索设置附加阻尼器后的对数衰减率不宜小于 0.03。

条文说明

一般根据斜拉桥所处桥位的气象资料、跨度、拉索参数等因素设定拉索减振优化设计的控制目标。目前,本设计指南所采用的控制目标是拉索附加阻尼器后的对数衰减率不小于 0.03。

9.8.8 辅助索减振设计应满足以下要求:

(1)辅助索宜采用柔性索,不宜采用预应力钢绞线或其他刚性杆件。

(2)辅助索应具有一定的预张力,在固定点之间各个辅助索节段中的预张力,应不小于 2 倍的辅助索风荷载内力。

(3)辅助索风荷载内力为作用在被连接斜拉索上动风荷载引起的力,斜索上动风荷载取垂直于索平面上静风力,阵风系数取2。

(4)辅助索设计强度应不小于4倍的辅助索风荷载内力。

(5)当使用辅助索时,辅助索对斜拉索的垂度和倾角,以及对桥梁整体结构和斜拉索锚固构造的影响,在设计过程中应进行分析。

(6)斜拉索和辅助索之间的连接构造,应避免产生如斜拉索疲劳、斜拉索钢丝或钢绞线腐蚀、斜拉索连接处产生折线以及过度横向挤压力引起的斜拉索套筒破坏等现象出现。

条文说明

通过辅助索将斜拉索连起来,可缩短斜拉索有效自由长度进而可提高斜拉索的固有频率以及对动力激励的抗力。横向连接元件同样也是附加阻尼的来源。辅助索的终端可以在斜拉索上或者在主梁上。辅助索的连接方式有水平方向、垂直方向、与索垂直方向以及与索方向垂直且呈弧形等形式。

辅助索可由于作用在斜拉索上的动态风荷载而放松,辅助索的放松在重载时可引起冲击,这必须通过足够的预张紧来避免。

辅助索作用在斜拉索上的横向力对斜拉索垂度影响较大,同时使斜拉索在锚固点的倾角受到较大影响,并降低斜拉索承受竖向荷载的效率。

9.8.9 特大跨径桥梁设计过程中应制订必要的减振预案,当斜拉索在施工和成桥阶段发生不可预见的振动时,可实施振动控制措施。

条文说明

斜拉索在没有正式安装减振装置前的施工阶段往往容易发生大幅振动,这时应考虑采取临时措施控制斜拉索振动。对于施工过程短期内,斜拉索的振动可通过简单的连接绳子控制,通过手工预张,并固定在桥面上。目前对斜拉索尤其超长斜拉索振动机理还没有完全掌握。因此设计时宜预留一些构造,如安装辅助索,在不可预见振动发生时可采取控制措施。

在交通运输重大科技专项项目"多灾害作用下特大跨径桥梁适宜结构体系、关键结构与原型设计研究"的研究中,分别进行了单根拉索的风-雨耦合作用试验、并列索网的风-雨耦合作用试验、串列索网的风-雨耦合作用试验、斜列索网的风-雨耦合作用试验、辅助索的抑振作用试验,见图9-22。

综合试验的所有工况来看,拉索的振动受风速、雨强和拉索间的相对位置等多种因素的交叉影响。总的来说拉索的面外振动相对较小,可忽略不计。而对面内振动来说,当风速小于$10m/s$时,拉索的振动会随雨强的增加而增加,大雨时的加速度均方值最大可比无雨时大50%。但由于此时风速较低,风-雨耦合作用的总响应仍然较小。而随着风速的增加,雨强的

a) 索网模型试验　　　　　　　　b) 辅助索的连接方式

图 9-22　辅助索的抑振作用试验

影响在总响应中所占的比例不断减弱直至可以忽略不计。当拉索之间的面内或是面外间距在 6 倍拉索直径之内时,其振动响应随拉索间相对位置的改变而变化显著。但一旦拉索间的相对位置固定,雨强几乎不会改变拉索的动荷载响应。拉索振动的加速度测量结果和索力测量结果均表明降雨对于拉索的动荷载响应没有明显影响,辅助索对拉索的振动响应有明显的抑制作用。

10　指南用词说明

为便于在执行本指南条文时区别对待,对执行指南条文严格程度的用词说明如下:

表示很严格,非这样做不可的用词:正面词采用"必须",反面词采用"严禁"。

表示严格,在正常情况下均应这样做的用词:正面词采用"应",反面词采用"不应"或"不得"。

表示允许稍有选择,在条件许可时首先应这样做的用词:正面词采用"宜",反面词采用"不宜"。

表示有选择,在一定条件下可以这样做的,采用"可"。

条文中指明应按其他有关标准、规范执行的写法为:"应按……执行"或"应符合……要求或规定"。

参 考 文 献

［1］ 中华人民共和国国家标准.GB 50153—2008　工程结构可靠性设计统一标准［S］.北京:中国建筑工业出版社,2008.

［2］ 中华人民共和国国家标准.GB 50158—2010　港口工程结构可靠性设计统一标准［S］.北京:中国计划出版社,2010.

［3］ 中华人民共和国行业标准.JTG B01—2014　公路工程技术标准［S］.北京:人民交通出版社,2014.

［4］ 中华人民共和国行业标准.JTG D60—2015　公路桥涵设计通用规范［S］.北京:人民交通出版社股份有限公司,2015.

［5］ 中华人民共和国行业标准.JTG/T D65-05—2015　公路悬索桥设计规范［S］.北京:人民交通出版社股份有限公司,2015.

［6］ 中华人民共和国行业标准.JTG/T D65-01—2007　公路斜拉桥设计细则［S］.北京:人民交通出版社,2007.

［7］ 中华人民共和国行业标准.JTG D64—2015　公路钢结构桥梁设计规范［S］.北京:人民交通出版社股份有限公司,2015.

［8］ 中华人民共和国行业标准.JTG 3362—2018　公路钢筋混凝土及预应力混凝土桥涵设计规范［S］.北京:人民交通出版社股份有限公司,2018.

［9］ 中华人民共和国行业标准.JTG/T D64-01—2015　公路钢混组合桥梁设计与施工规范［S］.北京:人民交通出版社股份有限公司,2015.

［10］ 中华人民共和国行业标准.JTG/T B02-01—2008　公路桥梁抗震设计细则［S］.北京:人民交通出版社,2008.

［11］ 中华人民共和国行业标准.JTG/T D60-01—2004　公路桥梁抗风设计规范［S］.北京:人民交通出版社,2004.

［12］ 中华人民共和国行业标准.JTG D63—2007　公路桥涵地基与基础设计规范［S］.北京:人民交通出版社,2007.

［13］ 中华人民共和国行业标准.JTS 145-2—2013　海港水文规范［S］.北京:人民交通出版社,2013.

［14］ 中华人民共和国国家标准.GB/T 714—2015　桥梁用结构钢［S］.北京:中国标准出版社,2015.

［15］ 中华人民共和国行业标准.SL 279—2016　水工隧洞设计规范［S］.北京:中国水利水电出版社,2016.

［16］ 中华人民共和国国家标准.GB/T 17101—2008　桥梁缆索用热镀锌钢丝［S］.北京:中国标准出版社,2008.

［17］ 中华人民共和国国家标准.GB/T 18365—2001　斜拉桥热挤聚乙烯高强钢丝拉索技术条件［S］.北京:中国标准出版社,2018.

［18］ 中华人民共和国国家标准.GB/T 5224—2014　预应力混凝土用钢绞线［S］.北京:中国标准出版社,2014.

[19] 中华人民共和国行业标准. YB/T 152—1999 高强度低松弛预应力热镀锌钢绞线[S]. 北京:中国标准出版社,1999.

[20] 中华人民共和国行业标准. CJ/T 297—2016 桥梁缆索用高密度聚乙烯护套料[S]. 北京:中国标准出版社,2016.

[21] 中交公路规划设计院有限公司,等. 特大型桥梁防灾减灾与安全控制技术研究报告[R]. 2015.

[22] 中交公路规划设计院有限公司,等. 多灾害作用下特大跨径桥梁适宜结构体系、关键结构与原型设计研究报告[R]. 2015.

[23] 长沙理工大学,等. 特大型桥梁风、雨作用监测与模拟技术研究报告[R]. 2015.

[24] 中交公路规划设计院有限公司,等. 特大型桥梁风-浪-流耦合作用研究报告[R]. 2015.

[25] 中交公路规划设计院有限公司,等. 特大型桥梁综合防灾减灾技术系统与装备研究报告[R]. 2015.

[26] 交通运输部公路科学研究所,等. 特大型桥梁综合防灾减灾理论与方法研究报告[R]. 2015.

[27] 交通运输部公路科学研究所,等. 特大型桥梁灾变安全监测预警与应急管理平台研究[R]. 2015.

[28] 《中国公路学报》编辑部. 中国桥梁工程学术研究综述·2014[R]. 中国公路学报,2014,27(5):1-96.

[29] 李国豪. 桥梁结构稳定与振动[M]. 北京:中国铁道出版社,1992.

[30] 项海帆,等. 桥梁概念设计[M]. 北京:人民交通出版社,2011.

[31] 项海帆,等. 高等桥梁结构理论(第二版)[M]. 北京:人民交通出版社,2013.

[32] 项海帆,葛耀君,朱乐东,等. 现代桥梁抗风理论与实践[M]. 北京:人民交通出版社,2005.

[33] 项海帆. 21世纪世界桥梁工程的展望[J]. 土木工程学报,2000,33(3):1-6.

[34] 谢礼立,马玉宏,翟长海. 基于性态的抗震设防与设计地震动[M]. 北京:科学出版社,2009.

[35] 秦顺全. 武汉天兴洲公铁两用长江大桥关键技术研究[M]. 北京:人民交通出版社,2009.

[36] 聂建国. 钢-混凝土组合结构桥梁[M]. 北京:人民交通出版社,2011.

[37] 陈政清. 桥梁风工程[M]. 北京:人民交通出版社,2005.

[38] 张喜刚,陈艾荣. 千米级斜拉桥设计指南[M]. 北京:人民交通出版社,2010.

[39] 张喜刚,等. 公路桥梁和隧道工程设计安全风险评估[M]. 北京:人民交通出版社,2010.

[40] 张喜刚,陈艾荣. 千米级斜拉桥—结构体系、性能与设计[M]. 北京:人民交通出版社,2010.

[41] 张喜刚,刘高,马军海,等. 中国桥梁技术的现状与展望[J]. 科学通报,2016,61:415-525.

[42] 张喜刚,田雨,陈艾荣. 多灾害作用下桥梁设计方法研究综述[J]. 中国公路学报,2018,31(9):7-19.

[43] 张喜刚,刘高,高原,等. 中空型外壁钢板-混凝土组合桥塔塔柱承载力研究[J]. 土木工程学报, 2018,51(3):90-98.

[44] 张劲泉,冯兆祥,杨昀. 多塔连跨悬索桥技术研究[M]. 北京:人民交通出版社,2013.

[45] 陈艾荣. 基于给定结构寿命的桥梁设计过程[M]. 北京:人民交通出版社,2009.

[46] 陈艾荣,盛勇,钱锋. 桥梁造型[M]. 北京:人民交通出版社,2005.

[47] 刘高,陈上有,刘天成,王昆鹏. 跨海特大型桥梁风-浪耦合作用的随机振动分析[J]. 应用数学和力学,2017,38(1):75-89.

[48] 刘高,付佰勇,过超. 设置裙边与桩的沉箱复合基础及承载性能研究[J]. 中国公路学报, 2017,30(1):

35-47.

[49] 孟凡超,徐国平,刘高,等.桥梁工程全寿命设计方法及工程实践[M].北京:人民交通出版社,2012.

[50] 王君杰,耿波.桥梁船撞概率风险评估与措施[M].北京:人民交通出版社,2010.

[51] 王君杰,王福敏,赵君黎.桥梁船撞研究与工程应用[M].北京:人民交通出版社,2011.

[52] 阮欣,陈艾荣,石雪飞.桥梁工程风险评估[M].北京:人民交通出版社,2008.

[53] 牛荻涛.混凝土结构耐久性与寿命预测[M].北京:科学出版社,2003.

[54] 马军海,陈艾荣,贺君.桥梁全寿命设计总体框架研究[J].同济大学学报(自然科学版),2007,35(8):1003-1007.

[55] 阮欣,尹志逸,陈艾荣.风险矩阵评估方法研究与工程应用综述[J].同济大学学报(自然科学版),2013,41(3):381-385.

[56] 崔京浩.灾害的严重性及土木工程在防灾减灾中的重要性[J].工程力学,2006,23(S2):49-77.

[57] 庄卫林,刘振宇,蒋劲松.汶川大地震公路桥梁震害分析及对策[J].岩石力学与工程学报,2009,28(7):1377-1387.

[58] 彭利,欧进萍.沿海建筑物地震与海啸损失估计[J].土木工程学报,2013,46(S1):308-313.

[59] 高小旺,鲍霭斌.地震作用的概率模型及其统计参数[J].地震工程与工程振动,1985,5(1):13-22.

[60] 叶爱君,范立础.大型桥梁工程的抗震设防标准探讨[J].地震工程与工程振动,2006,26(2):8-12.

[61] 李宏男,李超.基于全寿命周期的桥梁结构抗震性能评价与设计方法研究进展[J].中国公路学报,2014,27(10):32-45.

[62] 陆本燕,刘伯权,刘鸣,等.钢筋混凝土桥墩性能指标量化研究[J].中国公路学报,2010,23(6):49-57.

[63] 陆本燕,刘伯权,邢国华,等.桥梁结构基于性能的抗震设防目标与性能指标研究[J].工程力学,2011,28(11):96-103,137.

[64] 庞于涛,袁万城,党新志,等.考虑材料劣变过程的桥梁地震易损性分析[J].同济大学学报(自然科学版),2013,41(3):348-354.

[65] Hwang H,刘晶波.地震作用下钢筋混凝土桥梁结构易损性分析[J].土木工程学报,2004,37(6):47-51.

[66] 王宇鹏,马如进.考虑减振问题的斜拉桥极限跨径[J].公路,2014,(8):263-267.

[67] 周云,汪大洋,陈小兵.基于性能的结构抗风设计理论框架[J].防灾减灾工程学报,2009,29(3):244-251.

[68] 陈艾荣,马如进,王达磊,等.基于性能的苏通大桥抗风设计[J].公路,2009(5):139-145.

[69] 刘德辅,王莉萍,宋艳,等.复合极值分布理论及其工程应用[J].中国海洋大学学报(自然科学版),2004,34(5):893-902.

[70] 陈子燊.波高与风速联合概率分布研究[J].海洋通报,2011,30(2):159-164.

[71] 董胜,周冲,陶山山,等.基于Clayton Copula函数的二维Gumbel模型及其在海洋平台设计中的应用[J].中国海洋大学学报,2011,41(10):117-120.

[72] 董胜,翟金金,陶山山.基于Archimedean Copula函数的风浪联合统计分析[J].中国海洋大学学报,2014,44(10):134-141.

[73] 李忠献,黄信.地震和波浪联合作用下深水桥梁的动力响应[J].土木工程学报,2012,45(11):134-140.

[74] 周道成,段忠东.耿贝尔逻辑模型在极值风速和有效波高联合概率分布中的应用[J].海洋工程,2003,21(2):45-51.

[75] 仇学燕,王超,秦崇仁.多元概率分析方法在海洋工程中的应用现状[J].海洋工程,2001,19(3):91-95.

[76] 师燕超,李忠献.爆炸荷载作用下钢筋混凝土结构破坏倒塌分析研究进展[J].土木工程学报,2010,43(增刊):83-92.

[77] 朱劲松,邢扬.爆炸荷载作用下城市桥梁动态响应及其损伤过程分析[J].天津大学学报(自然科学与工程技术版),2015,48(6):510-519.

[78] 胡志坚,唐杏红,方建桥.近场爆炸时混凝土桥梁压力场与响应分析[J].中国公路学报,2014,27(5):141-147,157.

[79] 马明雷,马如进,陈艾荣.车致桥梁火灾发生概率评价模型研究[J].华南理工大学学报,2015,43(12):133-140.

[80] 孙博,肖汝诚.基于层次分析-模糊综合评价法的桥梁火灾风险评估体系[J].同济大学学报(自然科学版),2015,43(11):1619-1625.

[81] 刘沐宇,田伟,李海洋.桥梁运营期汽车燃烧风险概率模型及应用[J].武汉理工大学学报,2014,36(4):128-133.

[82] 姜华,王君杰,贺拴海.钢筋混凝土梁桥船舶撞击连续倒塌数值模拟[J].振动与冲击,2012,31(10):68-73.

[83] 马军海.基于全寿命的桥梁设计过程及其在混凝土连续梁桥中的应用[D].上海:同济大学,2007.

[84] 彭建新.基于寿命周期成本的桥梁全寿命设计方法研究[D].长沙:湖南大学,2009.

[85] 阮欣.桥梁工程风险评估体系及关键问题研究[D].上海:同济大学,2006.

[86] 张杰.大跨度桥梁施工期风险分析方法研究[D].上海:同济大学,2007.

[87] 焦驰宇.基于性能的大跨斜拉桥地震易损性分析[D].上海:同济大学,2008.

[88] 高孟潭.针对大地震设防的地震动参数确定方法研究[D].北京:中国地震局地球物理研究所,2013.

[89] 戴彤宇.船撞桥及其风险分析[D].哈尔滨:哈尔滨工程大学,2002.

[90] 耿波.桥梁船撞安全评估[D].上海:同济大学,2007.

[91] 付涛.基于性能的桥梁船撞设计方法研究[D].上海:同济大学,2011.

[92] 李利军.公路火灾温度场数值模拟及大跨径缆索承重桥梁火灾分析[D].西安:长安大学,2013.

[93] 马明雷.桥梁车致火灾及抗火设计[D].上海:同济大学,2016.

[94] 朱新明.钢箱梁爆炸冲击局部破坏数值模拟研究[D].长沙:国防科学技术大学,2011.

[95] 张涛.爆炸荷载作用下的桥梁结构特性[D].上海:同济大学,2013.

[96] 王莉萍.多维复合极值分布理论及其工程应用[D].青岛:中国海洋大学,2005.

[97] AASHTO. Guide specification for LRFD seismic bridge design(2nd Edition)[S]. American Association of State Highway and Transportation Officials, Washington D. C., 2011.

[98] AASHTO. Guide specification and commentary for vessel collision design of highway bridges[S]. American As-

sociation of State Highway and Transportation Officials, Washington D. C. ,2009.

[99] ATC-40. Seismic evaluation and retrofit of concrete buildings[S]. Applied Technology Council, Red Wood City, 1996.

[100] Caltrans. Caltrans seismic design criteria version 1.7[S]. California Department of Transportation, Los Angeles, 2013.

[101] FEMA-356. Prestandard and commentary for the seismic rehabilitation of buildings[S]. Federal Emergency Management Agency, Washington D. C. , USA, 2000.

[102] FEMA-445. Next-generation performance based seismic design guidelines, program plan for new and existing buildings[S]. Federal Emergency Management Agency, Washington D. C. ,2006.

[103] Baker J W, Cornell C A. Vector-valued ground motion intensity measures for probabilistic seismic demand analysis[R]. Berkeley: Pacific Earthquake Engineering Research Center, PEER, Report No. PEER 2006/08, 2006.

[104] COWI. Risk analysis of sea traffic in the area around Bornholm[R]. COWI A/S, Report No: P-65775-002, Kongens Lyngby, 2008.

[105] Cornell C A, Krawinkler H. Progress and challenges in seismic performance assessment[R]. PEER News, April, 2000.

[106] Comerio M C. PEER testbed study on a laboratory building: exercising seismic performance assessment[R]. Pacific Earthquake Engineering Research Center, PEER, Report No. PEER 2005/12, 2005.

[107] Feng M. China's major bridges[R]. IABSE Symposium Report, volume 95, 2009. 1-24.

[108] Federal Emergency Management Administration(FEMA). The Federal Emergency Management Agency's(FEMA) methodology for estimating potential losses from disasters[R]. Report No. : HAZUS-MH-MR3 technical manual. Federal Emergency Management Agency, Department of Homeland Security, Washington D. C. ,2007.

[109] Federal Emergency Management Administration(FEMA). Multi-hazard estimation methodology-hurricane model [R]. Report No. : HAZUS-MH-MR4 technical manual. Federal Emergency Management Agency, Department of Homeland Security, Washington D. C. ,2007.

[110] FHWA. Tidal hydrology, hydraulics, and scour at bridges[R]. HEC-25. 1st ed. ,2004.

[111] Ghosn M, Moses F, Wang J. Design of highway bridges for extreme events[R]. NCHRP Report 489, Transportation research Board of the National Academics, Washington D. C. ,2003.

[112] Lee G C, Tong M, Yen W P. Design of highway bridges against extreme hazard events: Issues, principles and approaches[R]. Report NO. MCEER-08-SP06, State University of New York, Buffalo, 2008.

[113] Lee G C, Liang Z, Shen J J, O'Connor J S. Extreme load combinations: A survey of state bridge engineers [R]. Report NO. MCEER-11-0007, State University of New York, Buffalo, 2011.

[114] Lee T H, Mosalam K M. Probabilistic seismic evaluation of reinforced concrete structural components and systems[R]. Pacific Earthquake Engineering Research Center, PEER, Report No. 2006/04, 2006.

[115] O'Connor J, McAnany P. Damage to bridges from wind, storm surge and debris in the wake of Hurricane Kat-

rina[R]. MCEER special report series, MCEER-08-SP05, 2008.

[116] Perkins D M, Algermissen S T. Probabilistic estimate of maximum acceleration in rock in the contiguous United States[R]. USGS Open-File Report.

[117] Sewell R T, Toro G R, McGuire R K. Impact of ground motion characterization on conservatism and variability in seismic risk estimates[R]. Report NUREG/CR-6467, U. S. Nuclear Regulatory Commission, Washington D. C., 1991.

[118] World Bank IEG. Hazards of nature, risks to development. An IEG evaluation of world bank assistance for natural disasters[R]. Independent Evaluation Group, Washington, D. C., 2006.

[119] Ang A H, Tang W H. Probability concepts in engineering: Emphasis on applications to civil and environmental-engineering[M]. 2nd ed. Hoboken: John Wiley & Sons, Inc., 2007.

[120] Kunz C U. Ship bridge collision in river traffic, analysis and design practice[M]. Rotterdam: A. A. Balkema, 1998:13-21.

[121] Krawinkler H, Miranda E. Performance-based earthquake engineering, in earthquake engineering: from engineering seismology to performance-based engineering [M]. Boca Raton: eds. Y. Bozorgnia and V. V. Bertero, 2004.

[122] Simiu E, Scanlan R H. Wind effect on structures[M]. 2nd ed. Hoboken: John Wiley & Sons Inc., 1986.

[123] Simiu E, Heckert N A. Extreme value distribution tails: A "peaks over threshold" approach, NIST Build[M]. Gaithersburg: Sci. Ser. Nat. Inst. of Standards and Technol. (NIST), 1995.

[124] Adey B, Hajdin R, Brühwiler E. Risk-based approach to the determination of optimal interventions for bridges affected by multiple hazards[J]. Engineering Structures, 2003, 25:903-912.

[125] Asprone D, Jalayer F, Prota A, et al. Proposal of a probabilistic model for multi-hazard risk assessment of structures in seismic zones subjected to blast for the limit state of collapse[J]. Structural Safety, 2010, 32 (1):25-34.

[126] Akiyama M, Frangopol D M, et al. Reliability of bridges under tsunami hazards: Emphasis on the 2011 Tohoku-Oki earthquake[J]. Earthquake Spectra, 2013, 29(S1):S295-S314.

[127] Abé M, Shimamura M. Performance of railway bridges during the 2011 Tohoku earthquake[J]. Journal of Performance of Constructed Facilities, 2014, 28(1):13-23.

[128] Ataei N, Padgett J E. Probabilistic modeling of bridge deck unseating during hurricane events[J]. Journal of Bridge Engineering, 2013, 18(4):275-286.

[129] Ataei N, Padgett J E. Limit state capacities for global performance assessment of bridges exposed to hurricane surge and wave[J]. Structural Safety, 2013, 41:73-81.

[130] Ataei N, Stearns M, Padgett J E. Response sensitivity for probabilistic damage assessment of coastal bridges under surge and wave loading[J]. Transportation Research Record: Journal of the Transportation Research Board, 2010, 2202:93-101.

[131] Alipour A, Shafei B, Shinozuka M. Reliability-based calibration of load and resistance factors for design of RC

bridges under multiple extreme events: Scour and earthquake[J]. Journal of Bridge Engineering, 2013, 18 (5): 362-371.

[132] Aktan A E, Ellingwood B R, Kehoe B. Performance-based engineering of constructed systems[J]. Journal of Structural Engineering, 2007, 133: 311-323.

[133] Alipour A, Shafei B, Shinozuka M. Capacity loss evaluation of reinforced concrete bridges located in extreme chlorid-laden environments[J]. Structure and Infrastructure Engineering, 2013, 9(1): 8-27.

[134] Augusti G, Ciampoli M. Performance-based design in risk assessment and reduction[J]. Probabilistic Engineering Mechanics, 2008, 23: 496-508.

[135] Azadbakht M, Yim S. Simulation and estimation of tsunami loads on bridge superstructures[J]. Journal of Waterway, Port, Coastal, and Ocean Engineering, 2015, 141(2): 04014031.

[136] Barbato M, Petrini F, Unnikrishnan V U, Ciampoli M. Performance-Based Hurricane Engineering (PBHE) framework[J]. Structural Safety, 2013, 45: 24-35.

[137] Banerjee S B, Prasad G G. Seismic risk assessment of reinforced concrete bridges in flood-prone regions[J]. Structure and Infrastructure Engineering, 2013, 9(9): 952-968.

[138] Bradley B A, Dhakal R P, Cubrinovski M et al. Improved seismic hazard model with application to probabilistic seismic demand analysis[J]. Earthquake Engineering and Structural Dynamics, 2007, 36: 2211-2225.

[139] Battjes J A, Groenendijk H W. Wave height distributions on shallow foreshores[J]. Coastal Engineering Journal, 2000, 40: 161-182.

[140] Bennetts I, Moinuddin K. Evaluation of the impact of potential fire scenarios on structural elements of a cable-stayed bridge[J]. Journal of Fire Protection Engineering, 2009, 19(2): 85-106.

[141] Barbato M, Gu Q, Conte J P. Probabilistic push-over analysis of structural and soil-structure systems[J]. Journal of Structural Engineering, 2010, 136(11): 1330-1341.

[142] Crosti C, Duthinh D, Simiu E. Risk consistency and synergy in Multi-Hazard design[J]. Journal of Structural Engineering, 2011, 137(8): 844-849.

[143] Chen Q, Wang L, Zhao H. Hydrodynamic investigation of coastal bridge collapse during Hurricane Katrina[J]. Journal of Hydraulic Engineering, 2009, 135(3): 175-186.

[144] Chen L, Letchford C W. Numerical simulation of extreme winds from thunder storm downbursts[J]. Journal of Wind Engineering and Industrial Aerodynamics, 2007, 95(3): 977-990.

[145] Ciampoli M, Petrini F, Augusti G. Performance-based wind engineering: Towards a general procedure[J]. Structural Safety, 2011, 33: 367-378.

[146] Chang S E, Shinozuka M. Life-cycle cost analysis with natural hazar drisk[J]. Journal of Infrastructure Systems, 1996, 2(3): 118-126.

[147] Cheung K F, Wei Y, Yamazaki Y, et al. Modeling of 500-year tsunamis for probabilistic design of coastal infrastructure in the Pacific Northwest[J]. Coastal Engineering, 2011, 58: 970-985.

[148] Coles S G, Tawn A J. Modelling extreme multivariate events[J]. J. R. Statist. Soc. B, 1991, 53(2): 377-392.

[149] Deng L, Wang W, Yu Y. State-of-the-art review on the causes and mechanisms of bridge collapse[J]. ASCE Journal of Performance of Constructed Facilities, 2015:04015005.

[150] Duthinh D, Simiu E. Safety of structures in strong winds and earthquakes: Multi hazard considerations[J]. Journal of Structural Engineering, 2010, 136(3):330-333.

[151] Dong Y, Frangopol D M, Saydam D. Time-variant sustainability assessment of seismically vulnerable bridges subjected to multiple hazards[J]. Earthquake Engineering and Structural Dynamics, 2013, 42:1451-1467.

[152] de Michele C, Salvadori G, Passoni G, et al. A multivariate model of sea storms using Copulas[J]. Coastal Engineering, 2007, 54:734-751.

[153] Dong Y, Frangopol D M. Probabilistic ship collision risk and sustainability assessment considering risk attitudes[J]. Structural Safety, 2015, 53:75-84.

[154] Dargahi B. Controlling mechanism of local scouring[J]. Journal of Hydraulic Engineering, 1990, 116(10):1197-1214.

[155] Decò A, Bocchini P, Frangopol D M. A probabilistic approach for the prediction of seismic resilience of bridges [J]. Earthquake Engineering and Structural. Dynamics, 2013, 42:1469-1487.

[156] Dong Y, Frangopol D M, Saydam D. Sustainability of highway bridge networks under seismic hazard[J]. Journal of Earthquake Engineering, 2014, 18:41-66.

[157] Decò A, Frangopol D M. Risk assessment of highway bridges under multiple hazards[J]. Journal of Risk Research, 2011, 14(9):1057-1089.

[158] Ettouney M M, Alampalli S, Agrawal A K. Theory of multi hazards for bridge structures[J]. Bridge Structures, 2005, 1(3):281-291.

[159] Ellingwood B R. Performance-based engineering for multiple hazards: Role of risk assessment[R]. Keynote lecture, International Symposium on Reliability Engineering and Risk Management(ISRERM2010), Shanghai, China, September, 23-26, 2010.

[160] Esteva L, et al. Life-cycle optimization in establishment of performance-acceptance parameters for seismic design[J]. Structural Safety, 2002, 24(2):187-204.

[161] Ellingwood B R. Risk-informed condition assessment of civil infrastructure: State of practice and research issues[J]. Structure and Infrastructure Engineering, 2005, 1(1):7-18.

[162] Frangopol D M. Life-cycle performance, management, and optimisation of structural systems under uncertainty: Accomplishments and challenges[J]. Structure and Infrastructure Engineering, 2011, 7(6):389-413.

[163] Ferreira J A, Guedes Soares C. An application of the peaks over threshold method to predict extremes of significant wave height[J]. Journal of Offshore Mechanics and Arctic Engineering, 1998, 120(3):165-176.

[164] Fujino Y, Siringoringo D. Vibration mechanisms and controls of long-span bridges: A review[J]. Structural Engineering International: Journal of the International Association for Bridge and Structural Engineering (IABSE), 2013, 23(3):248-268.

[165] Frangopol D M, Soliman M. Life-cycle of structural systems: Recent achievements and future directions[J].

Structure and Infrastructure Engineering,2016,12(1):1-20.

[166] Frangopol D M,Liu M. Maintenance and management of civil infrastructure based on condition,safety,optimization,and life-cycle cost[J]. Structure and Infrastructure Engineering,2007,3(1):29-41.

[167] Faruque M M,Hiroshi N. Design method of time-dependent local scour at circular bridge pier[J]. Journal of Hydraulic Engineering,2003,129(6):420-427.

[168] Garlock M,Paya-Zaforteza I,Kodur V,et al. Fire hazard in bridges:Review,assessment and repair strategies [J]. Engineering Structures,2012,35:89-98.

[169] Günay S,Mosalam K M. PEER performance-based earthquake engineering methodology,revisited[J]. Journal of Earthquake Engineering,2013,17:829-858.

[170] Ghosh J,Padgett J E. Aging consideration in the develop of time-dependent seismic fragility curves[J]. Journal of Structural Engineering,2010,136(12):1497-1511.

[171] Ghosh J,Padgett J E. Probabilistic seismic loss assessment of aging bridges using a component-level cost estimation approach[J]. Earthquake Engineering and Structural Dynamics,2011;40:1743-1761.

[172] Hanne T W,Dag M,Havard R. Statistical properties of successive wave heights and successive wave periods [J]. Applied Ocean Research,2004,26(3-4):114-136.

[173] Hao H,Tang E K C. Numerical simulation of a cable-stayed bridge response to blast loads,Part II:Damage prediction and FRP strengthening[J]. Engineering Structures,2010,32(10):3193-3205.

[174] Hikami Y,Shiraishi N. Rain-wind induced vibrations of cables in cable-stayed bridges[J]. Journal of Wind Engineering and Industrial Aerodynamics,1988,29:409-418.

[175] Hose Y,Silva P,Seible F. Development of a performance evaluation database for concrete bridge component and systems under simulated seismic load[J]. Earthquake Spectra,2000,16(2):413-442.

[176] Jalayer F,Asprone D,Prota A,et al. Multi-hazard upgrade decision making for critical infrastructure based on life-cycle cost criteria[J]. Earthquake Engineering and Structure Dynamics,2011,40(10):1163-1179.

[177] Johnson P A,Dock D A. Probabilistic bridge scour estimates[J]. Journal of Hydraulic Engineering,1998,124 (7):750-754.

[178] Johnson P. Uncertainty of hydraulic parameters[J]. Journal of Hydraulic Engineering,1996,122(2): 112-114.

[179] Kawashima K,Buckle I. Structural performance of bridges in the Tohoku-Oki earthquake[J]. Earthquake Spectra,2013,29(S1):S315-S338.

[180] Kameshwar S,Padgett J E. Multi-hazard risk assessment of highway bridges subjected to earthquake and hurricane hazards[J]. Engineering Structures,2014,78:154-166.

[181] Kunnath S K,Larson L,Miranda E. Modeling considerations in probabilistic performance-based seismic evaluation:Case study of the I-880 viaduct[J]. Earthquake Engineering and Structural Dynamic,2006,35(1): 57-75.

[182] Kaplan S. The words of risk analysis[J]. Risk Analysis,1997,17(4):407.

[183] Kodur V K R, Naser M Z. Importance factor for design of bridges against fire hazard[J]. Engineering Structures,2013,54:207-220.

[184] Lwin M M, Yen W P, et al. U. S. highway bridge performance from recent natural hazards: Hurricanes[J]. Journal of Performance of Constructed Facilities,2014,28(1):40-48.

[185] Liang Z, Lee G C. Towards multiple hazard resilient bridges: A methodology for modeling frequent and infrequent time-varying loads part I, comprehensive reliability and partial failure probabilities[J]. Earthquake Engineering and Engineering Vibration,2012,11:293-301.

[186] Liang Z, Lee G C. Towards multiple hazard resilient bridges: A methodology for modeling frequent and infrequent time-varying loads part II, examples for live and earthquake load effects[J]. Earthquake Engineering and Engineering Vibration,2012,11:303-311.

[187] Lange D, Devaney S, Usmani A. An application of the PEER performance based earthquake engineering framework to structures in fire[J]. Engineering Structures,2014,66:100-115.

[188] Lee K M, Cho H N, Cha C J. Life-cycle cost-effective optimum design of steel bridges considering environmental stressors[J]. Engineering Structures,2006,28(9):1252-1265.

[189] Liu Y J, Liu Q, Song F C. Bridges in fire: State-of-the-art and research needs[J]. Applied Mechanics and Materials,2013,353:2263-2268.

[190] Liu C H, Wang T L. Statewide vessel collision design for bridges[J]. Journal of Bridge Engineering,2001,6(7):1213-1291.

[191] Menzies J B. Bridge failures, hazards and societal risk[J]. Safety of Bridges,1997:36-41.

[192] Mackie K R, Stojadinović B. Performance-based seismic bridge design for damage and loss limits states[J]. Earthquake Engineering and Structural Dynamics,2007,36(13):1953-1971.

[193] Naser M Z, Kodur V K R. A probabilistic assessment for classification of bridges against fire hazard[J]. Fire Safety Journal,2015,76:65-73.

[194] Nielson B G, DesRoches R. Seismic fragility methodology for highway bridges using a component level approach[J]. Earthquake Engineering and Structural Dynamics,2007,36,(6):823-839.

[195] Neuenhofer A, Filippou F C. Evaluation of nonlinear frame finite-element models[J]. Journal of Structural Engineering,1997,123(7):958-966.

[196] Okeil A, Cai C. Survey of short-and medium-span bridge damage induced by hurricane Katrina[J]. Journal of Bridge Engineering,2008,13(4):377-387.

[197] Omira R, Baptista M A, Miranda J M, et al. Tsunami vulnerability assessment of Casablanca-Morocco using numerical modeling and GIS tools[J]. Nat Hazards,2010,54:75-95.

[198] Okasha N M, Frangopol D M, Fletcher F B, et al. Life-cycle cost analyses of a new steel for bridges[J]. Journal of Bridge Engineering,2012,17(1):168-172.

[199] Ochi M K. Wave statistics for the design of ships and ocean structures[J]. Tran SNAME,1978,86:47-76.

[200] Pickands J. Statistical inference using extreme order statistics[J]. Annals of Statistics,1975.

[201] Potra F, Simiu E. Multi hazard design: Structural optimization approach[J]. Journal of Optimization Theory and Applications, 2010, 144: 120-136.

[202] Padgett J E, Spiller A, Arnold C. Statistical analysis of coastal bridge vulnerability based on empirical evidence from Hurricane Katrina[J]. Structure and Infrastructure Engineering, 2012, 8(6): 595-605.

[203] Park S, van de Lindt J W, et al. Successive earthquake-tsunami analysis to develop collapse fragilities[J]. Journal of Earthquake Engineering, 2012, 16: 851-863.

[204] Prasad G G, Banerjee S. The impact of flood-induced scour on seismic fragility characteristics of bridges[J]. Journal of Earthquake Engineering, 2013, 17: 803-828.

[205] Padgett J E, Tapia C. Sustainability of natural hazard risk mitigation: Life cycle analysis of environmental indicators for bridge infrastructure[J]. Journal of Infrastructure Systems, 2013, 19: 395-408.

[206] Padgett J E, Li Y. Risk-based assessment of sustainability and hazard resistance of structural design[J]. Journal of Performance of Constructed Facilities, 2016, 30(2): 04014208.

[207] Park Y J, Ang A H S. Mechanistic seismic damage model for reinforced concrete[J]. Journal of Structural Engineering, 1985, 111(4): 722-739.

[208] Pang Y T, Wu X, Shen G Y, et al. Seismic fragility analysis of cable-stayed bridges considering different sources of uncertainties[J]. Journal of Bridge Engineering, 2014, 19(4): 111-122.

[209] Pan Y, Agrawal A K, Ghosn M. Seismic fragility of continuous steel highway bridges in New York state[J]. Journal of Bridge Engineering, 2007, 12(6): 689-699.

[210] Padgett J E, Nielson B G, DesRoches R. Selection of optimal intensity measures in probabilistic seismic demand models of highway bridge portfolios[J]. Earthquake Engineering and Structural Dynamics, 2008, 37(5): 711-725.

[211] Rattanapitikon W, Shibayama T. Estimation of shallow water representative wave heights[J]. Coastal Engineering Journal, 2007, 49: 291-310.

[212] Rojas H A, Foley C, Pezeshk S. Risk-based seismic design for optimal structural and nonstructural system performance[J]. Earthquake Spectra, 2011, 27(3): 857-880.

[213] Ren W X, Obata M. Elastic-plastic seismic behavior of long span cable-stayed bridges[J]. Journal of Bridge Engineering, 1999, 4(3): 194-203.

[214] Reid S G. Specification of design criteria based on probabilistic measures of design performance[J]. Structural Safety, 2002, 24: 333-345.

[215] Shoji G, Morikawa T. Evaluation of the structural fragility of a bridge structure subjected to a tsunami waveload[J]. Journal of Natural Disaster Science, 2007, 29: 73-81.

[216] Suppasri A, Mas E, Charvet I, et al. Building damage characteristics based on surveyed data and fragility curves of the 2011 Great East Japan tsunami[J]. Nat Hazards, 2013, 66: 319-341.

[217] Shi D J, Zhou S S. Moment estimation for multivariate value distribution in a nested logistic model[J]. Institute of Statistical Mathematics. Annals, 1999, 51(2): 253-264.

[218] Sha Y Y, Hao H. Nonlinear finite element analysis of barge collision with a single bridge pier[J]. Engineering Structures, 2012, 41:63-76.

[219] Simon J, Bracci J M, Gardoni P. Seismic response and fragility of deteriorated reinforced concrete brdiges[J]. Journal of Sturctural Engineering, 2010, 136(10):1273-1281.

[220] Seo D W, Caracoglia L. Estimating life-cycle monetary losses due to wind hazards: Fragility analysis of long-span bridges[J]. Engineering Structures, 2013, 56:1593-1606.

[221] Son J, Lee H J. Performance of cable-stayed bridge pylons subjected to blast loading[J]. Engineering Structures, 2011, 33:1133-1148.

[222] Soukissian T H, Tsalis C. The effect of the generalized extreme value distribution parameter estimation methods in extreme wind speed prediction[J]. Natural Hazards, 2015, 78(3):1777-1809.

[223] Shi D J. Moment estimation for multivariate value distribution in a nested logistic model[J]. Ann. Inst. Statist. Math, 1999, 51(2):253-264.

[224] Saydam D, Frangopol D M. Time-dependent performance indicators of damaged bridge superstructures[J]. Engineering Structures, 2011, 33:2458-2471.

[225] Stein S M, Young G K, Trent R E, et al. Prioritizing scour vulnerable bridges using risk[J]. Journal of Infrastructure Systems, 1999;5(3):95-101.

[226] Tang E K C, Hao H. Numerical simulation of a cable-stayed bridge response to blast loads, Part I: Model development and response calculations[J]. Engineering Structures, 2010, 32(10):3180-3192.

[227] Turkstra C J, Madsen H. Load combinations in codified structural design[J]. Journal of Structural Engineering, 1980, 106(2):2527-2543.

[228] Tawn J A. Bivariate extreme value theory: Models and estimation[J]. Biometric, 1988, 75(3):397-415.

[229] Vamvatsikos D, Fragiadakis M. Incremental dynamic analysis for estimating seismic performance sensitivity and uncertainty[J]. Earthquake Engineering and Structural Dynamics, 2010, 39(2):1-16.

[230] Wen Y K. Minimum lifecycle cost design under multiple hazards[J]. Reliability Engineering and System Safety, 2001, 73(3):223-231.

[231] Wang Z, Dueñas-Osorio L, Padgett J E. Influence of scour effects on the seismic response of reinforced concrete bridges[J]. Engineering Structures, 2014, 76:202-214.

[232] Wang Z, Padgett J E, Dueñas-Osorio L. Risk-consistent calibration of load factors for the design of reinforced concrete bridges under the combined effects of earthquake and scour hazards[J]. Engineering Structures, 2014, 79:86-95.

[233] Wen Y K. Reliability and performance-based design[J]. Structural Safety, 2001, 23:407-428.

[234] Winget D G, Marchand K A, et al. Analysis and design of critical bridges subjected to blast loads[J]. Journal of Structural Engineering, 131(8):1243-1255.

[235] Whitney M W, Harik I E, Griffin J J, et al. Barge collision design of highway bridges[J]. Journal of Bridge Engineering, 1996, 1(2):47-58.

[236] You Q Z, He P, Dong X W, et al. Sutong bridge—the longest cable-stayed bridge in theworld[J]. Structural Engineering International:Journal of IABSE,2008,18(4):390-395.

[237] Yi J H, Kim S H, Kushiyama S. PDF interpolation technique for seismic fragility analysis of bridges[J]. Engineering Structures,2007,29(7):1312-1322.

[238] Zachary S, Feld G, Ward G, et al. Multivariate extrapolation in the offshore environment[J]. Applied Ocean Research,1998,20(5):273-295.

[239] Zhu B J, Frangopol D M. Reliability, redundancy and risk as performance indicators of structural systems during their life-cycle[J]. Engineering Structures,2012,41:34-49.

[240] Zhu B J, Frangopol D M. Risk-based approach for optimum maintenance of bridges under traffic and earthquake loads[J]. Journal of Structural Engineering,2013,139(3):422-434.

[241] Zhang L, Singh V P. Bivariate flood frequency analysis using the Copula method[J]. Journal of Hydrologic Engineering,2006,(3):150-164.

[242] Zhou J P, Yan S W. Artificial neural networks-based model for forecasting critical height of GRW[J]. Chinese, Journal of Geotechnical Engineering,2002,24(6):782-786.

[243] Akiyama M, Frangopol D M. Life-cycle design of bridges under multiple hazards:Earthquake, tsunami, and continuous deterioration[C]. Safety, Reliability, Risk and Life-Cycle Performance of Structures and Infrastructures. Keynote lecture, Proceedings of the Eleventh International Conference on Structural Safety and Reliability (ICOSSAR2013). New York, NY, USA, June 16-20,2013:3-16.

[244] Akiyama M, Frangopol D M. Reliability of bridges under seismic and tsunami hazards[C]. Vulnerability, Uncertainty, and Risk, Quantification, Mitigation, and Management. Proceedings of the Second International Conference on Vulnerability and Risk Analysis and Management (ICVRAM2014) and the Sixth International Symposium on Uncertainty Modeling and Analysis (ISUMA2014). Liverpool, UK, July 13-16, 2014:1696-1705.

[245] Beck J L, Porter K A, Shaikhutdinov R V. Simlified estimation of seismic life-cycle costs[A]// Frangopol D M, Bruhwiler E, Faber M H, et al. Life-cycle Performance of Deteriorating Structures:Assessment, Design, and Management[C]. Reston:ASCE,2003:229-236.

[246] Crosti C, Olmati, P, Gentili F. Structural response of bridges to fire after explosion[A]// Biondini F, Frangopol D M. Bridge Maintenance, Safety, Management, Resilience and Sustainability:Proceedings of the Sixth International Conference on Bridge Maintenance, Safety and Management, IABMAS 2012[C]. Leiden:CRC Press/Balkema (Taylor & Francis Group),2012:2017-2023.

[247] Chen A R, Tian Y, Ma R J, et al. Framework of bridge design method under multi-hazard and its application to super-span multi-pylon cable-stayed bridges[C]. IABSE Conference-Structural Engineering:Providing Solutions to Global Challenges, Geneva, Switzerland, September 23-25 2015.

[248] Cornell C A. Calculating building seismic performance reliability:A basis for multi-level design norms 1996 [C]. Proc. Eleventh Conf. on Earthquake Engineering, Acapulco, Mexico,1996.

[249] Coles S G, Tawn J A. Statistical methods for extreme values[C]. A course presented at the 1998 RSS conference. Strathdyde, 1998.

[250] Gimsing N J. Evolution in span length of cable-stayed bridges[C]. International Conference on Bridge Engineering-Challenges in the 21st Century, Hongkong, 2006.

[251] Goulet C, Haselton C B, Mitrani-Reiser J, et al. Evaluation of the seismic performance of a code-conforming reinforced-concrete frame building—part I: ground motion selection and structural collapse simulation[C]. 8th National Conference on Earthquake engineering (100th Anniversary Earthquake Conference), San Francisco, CA, April 18-22, 2006.

[252] Kameshwar S, Padgett J E. Multi-hazard reliability analysis of bridges based upon damage indices[A] // Chen A R, Frangopol D M, Ruan X. Bridge Maintenance, Safety, Management and Life Extension: Proceedings of the 7th International Conference of Bridge Maintenance, Safety and Management, IABMAS 2014[C]. Leiden: CRC Press/ Balkema (Taylor & Francis Group), 2014: 709-717.

[253] McCullough M C, Kareem A. A framework for performance-based engineering in multi-hazard coastal environments[C]. Proceedings of the 2011 Structures Congress, ASCE, Las Vegas, USA, April 14-16, 2011: 1961-1972.

[254] Moehle J P. A framework for performance-based earthquake engineering[C]. Proceedings of ATC-15-9 Workshop on the Improvement of Building Structural Design and Construction Practices, Maui, HI, June, 2003.

[255] Petrini F, Palmeri A. Performance-based design of bridge structures subjected to multiple hazards: A review [A] // Bridge Maintenance, Safety, Management, Resilience and Sustainability, Proceedings of the sixth international conference on bridge maintenance, safety and management, IABMAS 2012[C]. London: Taylor & Francis Group, 2012: 2040-2047.

[256] Pickands J. Multivariate extreme value distribution[C]. In Proc. 43rd Session I. S. I, Buenos Aires, 1981, 859-878.

[257] Woodworth M, Wright W, Lattimer B, et al. Fire risks for highway bridges: A statistical Investigation[C] // Structures Congress 2013. Pittsburgh: American Society of Civil Engineers, 2013: 744-757.

[258] Lin N. Multi-hazard risk analysis related to hurricanes[D]. Princeton: Princeton University, 2010.

[259] Mackie K. Fragility-based seismic decision making for highway overpass bridges[D]. Berkeley: University of California, Berkeley, 2005.

[260] Nielson B G. Analytical fragility curves for highway bridges in moderate seismic zones[D]. Georgia: Georgia Institute of Technology, 2005.

图书在版编目(CIP)数据

多灾害作用下特大跨径桥梁结构设计指南/张喜刚等编著. — 北京：人民交通出版社股份有限公司,2018.9
ISBN 978-7-114-14903-0

Ⅰ.①多… Ⅱ.①张… Ⅲ.①长跨桥—桥梁结构—结构设计—指南 Ⅳ.①U448.432-62

中国版本图书馆CIP数据核字(2018)第161207号

"十三五"国家重点图书出版规划项目
交通运输科技丛书·公路基础设施建设与养护
特大型桥梁防灾减灾与安全控制技术丛书（一期）

书　　名：	多灾害作用下特大跨径桥梁结构设计指南
著 作 者：	张喜刚　陈艾荣　刘　高　马军海　田　雨
责任编辑：	周　宇　丁　遥　周佳楠
责任校对：	刘　芹
责任印制：	张　凯
出版发行：	人民交通出版社股份有限公司
地　　址：	(100011)北京市朝阳区安定门外外馆斜街3号
网　　址：	http://www.ccpress.com.cn
销售电话：	(010)59757973
总 经 销：	人民交通出版社股份有限公司发行部
经　　销：	各地新华书店
印　　刷：	北京雅昌艺术印刷有限公司
开　　本：	787×1092　1/16
印　　张：	13.75
字　　数：	352千
版　　次：	2018年10月　第1版
印　　次：	2018年10月　第1次印刷
书　　号：	ISBN 978-7-114-14903-0
定　　价：	95.00元

(有印刷、装订质量问题的图书，由本公司负责调换)